20 世纪中国图书馆学文库·59

图书馆文献编目

傅椿徽 主编

国家图书馆出版社

本书据武汉大学出版社 1989 年 9 月第 1 版排印（原书附录未排印）

前　言

　　《图书馆文献编目》是高等学校图书馆学专业基础课教材之一，主要供本科学生使用。

　　本教材以讲授图书馆文献编目的基础理论、基本知识、基本技能等内容为主，立足于我国图书馆文献编目的工作实践，并为逐步实现图书馆文献编目自动化、网络化作应有的准备。本书原稿曾于1981年和1984年两次修订、印刷过，除供武汉大学图书情报学院图书馆学专业本科学生使用外，还为其他一些院校图书馆学专业本科学生及武汉大学历届函授生、走读生、进修生所采用。

　　根据图书馆界形势的发展，1986年我们对教材进行了第三次修订。此次修订，以国家标准《文献著录总则》、《普通图书著录规则》、《连续出版物著录规则》、《非书资料著录规则》、《地图资料著录规则》、《中国标准书号》等为依据，对原教材进行了全面的修订和补充，除更新原教材的若干内容外，考虑到图书馆文献编目的累积性与发展趋势，在第三章著录格式、著录项目部分采用了比较式的编写体例，并增加了第十章"计算机在编目工作中的应用"，以便学生学习后，既能以国家标准为主进行文献编目工作，又能了解传统的文献编目的理论与方法，把手工编目与计算机编目联系起来，以适应文献编目自动化的发展要求。

　　本教材已列入国家教育委员会组织制定的高等学校文科教材编选计划（1985—1990）。1987年4月国家教委组织了图书馆学术界有关的专家、教授对本教材进行审阅、讨论。到会代表范世伟、黄万新、李纪有、谢宗昭、骆伟、邓以宁、何维珍、陈培荣等同志针对教材的体系结构及具体内容进行了广泛、深入的讨论，大家对教材作了充分的肯定，并提出了宝贵的修改意见。武汉大学出版社肖作铭、严红同志亦到会听取并提了意见。对以上各位同志，我们表示衷心的感谢。会后，我们认真地研究、吸收大家的意见，逐章逐节地进行修改，并根据大会建议将原教材《图书馆目录》名称改为《图书馆文献编目》。1987年5月15日经国家教育委员会批准该教材作为高等学校文科教材正式出版。

定稿后，教材内容共分为十一章。第一章由詹德优同志编写，第二章至第九章由傅椿徽同志编写，第十章由刘荣同志编写，第十一章与附录，由黄葵同志编写。在编写过程中，我们参阅和利用了国内外有关文献编目的研究成果，并得到院、系领导和校内、外许多同志的热情支持和帮助，在此一并表示感谢。

因为我们水平有限，教材中一定还存在着不少缺点和错误，恳切希望读者与同行批评指正。

傅椿徽

1987 年 11 月

目　次

第一章　图书馆文献编目概论

第一节　文献、目录与图书馆文献编目

"文献"，我国国家标准《文献著录总则》（GB3792.1–83）下的定义是："记录有知识的一切载体"。即凡是用文字、图形、符号、声频、视频等技术手段，记录人类知识和信息的一切载体，都统称为"文献"。"文献"一词，在我国最早见于《论语·八佾》记载："夏礼吾能言之，杞不足征也；殷礼吾能言之，宋不足征也。文献不足故也。足，则吾能征之矣。"汉朝和宋朝学者都把"文"解释为文章、典籍；"献"解释为贤人、贤才。例如，何晏《论语集解》引郑（玄）注说："献犹贤也，我不以礼成之者，以此二国之君文章贤才不足故也。"朱熹在《四书章句集注》里说："文，典籍也；献，贤也。"元朝马端临在《文献通考》一书的自序中，进一步把"文献"解释为包括经史、历代会要、百家传记等录之于书的文字资料，及臣僚奏疏、诸儒评论、名流燕谈、稗官记录等传之于口的言论资料。以上说明，在古代人们一般把书面上记载的有关典章制度的文字资料和多闻熟悉掌故的人口头相传的言论资料，统称为文献。

后来，随着印刷术的发明和书写工具的改进，图书典籍等书面文字资料大量出现，"图书"（典籍）遂变成"文献"的同义词。同时，由于记载有文字资料的地下文物不断发现，人们又把"文献"的外延从图书扩展到文物资料。例如《辞海》（1979 年修订本）解

1

释说:"文献,原指典籍与宿贤。……今专指具有历史价值的图书文物资料。……亦指与某一学科有关的重要图书资料。"现在,随着科学技术的进步,人类掌握了记录和传递知识信息的先进手段,各种形式的知识载体层出不穷,图书情报界通常把各种形式的知识载体,都统称为"文献"。例如,国际图联制定的《国际标准书目著录(总则)》(ISBD〔G〕)指出:"item(文献)是指以任何实体形式出现的文献"。《文献情报术语国际标准》(ISO/DIS5127)也明确规定:文献是"在存贮、检索、利用或传递信息的过程中,可作为一个单元处理的,在载体内、载体上或依附载体而存贮有信息或数据的载体。"综上所述,一切载体,只要记载着知识信息,都可称为文献。

文献的载体形式,多种多样。有甲骨、金石、简牍、缣帛、纸张、唱片、胶卷、胶片、磁带、磁盘、光盘等等。现代图书馆的文献类型,按出版形式等综合考察,除大量是图书和报刊之外,还有为数众多的特种文献,如科学报告、政府出版物、会议文献、学位论文、专利文献、技术标准、产品样本、档案资料、地图、图片、乐谱等。此外,还有缩微资料、视听资料、机读资料,以及新出现的直感图书、电视唱片、光学录像盘与光盘、立体形象资料等等。

"目录",是一批相关文献的著录,并按一定次序编排组织而成的揭示、报导和检索文献的工具。"目录"一词在我国出现很早,据《文选》任昉《为范始兴作求立太宰碑表》注所引,汉刘歆《七略》一书曾记载:"《尚书》有青丝编目录",这是指一书的目录,即篇名目录。作为后世的图书目录,即群书目录,始见于班固《汉书》。《汉书·艺文志》记载:刘向校书"条其篇目,撮其旨意。录而奏之。"《汉书·叙传》又说:"刘向司籍,九流以别。爰著目录,略序洪烈。"可见,"目录"是对一批相关文献的篇章名目及内容的记录和揭示,并分门别类地加以组织,以显示出文献内容学术思想的宏深博大。如今的"目录",含义很广。任何物品名目的清册,都可称为"目录",如产品目录、商品目录、财产目录等等。但这些目录与文献目录截然不同。狭义的"目录",专指图书目录,如《辞海》(1979 年修订本)解释为:"'图书目录'的简称。记录图书的书名、著者、出版、内容与收藏等情况,按照一定的次序编排而成,为反映馆藏、指导阅读、检索图书的工具"。实际上,图书(文献)目录,又可分为出版发行目录、读书目录和藏书目录等。图书馆的文献目录主要属于藏书目录。

"图书馆文献编目",是指对馆藏文献的加工、整理工作,它包括文献著录、目录组织和制订目录制度等工作程序。"文献著录"是对文献内容和形式特征进行分析、选择和记录,并组合成款目。"目录组织"是把一批反映文献内容和形式特征的款目,按照一定次序编排成一种文献报导与检查的工具——目录。"目录制度"是为保证目录质量、充分发挥目录作用而制订的一系列规章制度——编目工作条例。

文献编目工作实际上是把一种种文献的信息,有选择地记载在文献著录款目上。通过款目把该文献的信息传递给读者,一个款目传递一种文献的某一信息,一套文献目录就传递一大批文献的信息。文献目录就是传递文献信息的媒介。文献目录传递文献信息的容量,取决于目录的种类、目录的形式及读者的使用能力。目录种类越多,传递信息量就越大;目录形式越先进,传递信息量就越大、速度越快;读者使用能力越强,检索速度就越快、效果越佳。

文献编目工作可以追溯到春秋时期孔子整理"六经"、编写《书序》和《诗序》,以及汉初张良、韩信序次兵法,杨仆纪奏《兵录》。西汉末,刘向、刘歆父子编纂《别录》和《七略》,已标志着编目工作发展到了一个新阶段。他们为编目工作积累了许多有关文献著录及目录组织的经验,开创了古代编目工作的优良传统,并一直影响到后世。到了现代,文献编目工作有了很大的发展和巨大的变化。

《图书馆文献编目》就是研究现代图书馆文献目录（简称"图书馆目录"）编制及组织管理的理论和方法的一门学问。换句话说，它是研究揭示、报导图书馆馆藏文献与读者对馆藏文献特定需要之间的矛盾运动规律的一门科学。其研究对象具体包括图书馆馆藏文献的特征、读者的检索要求，图书馆文献目录的编制及组织管理。它从读者的检索要求出发，根据图书馆馆藏文献的特征，探讨图书馆文献目录的编制及组织管理的理论和方法。

《图书馆文献编目》的研究内容主要包括：图书馆目录的一般理论与历史，图书馆目录的著录原理和方法，目录组织和建立目录体系的原则与方法，编目工作的现代化及组织管理等。

如同文献编目是图书馆业务和书目工作的基础一样，《图书馆文献编目》不仅是图书馆学的重要组成部分，而且与目录学也有内在的联系，有人称之为"图书馆目录学"或"图书编目学"。

第二节　图书馆目录的性质

图书馆目录是根据一定的规则著录和组织起来的一种揭示、报导、检索馆藏文献的目录工具。

"任何运动形式，其内部都包含着本身特殊的矛盾。这种特殊的矛盾，就构成一事物区别于他事物的特殊的本质"，"科学研究的区分，就是根据科学对象所具有的特殊的矛盾性"（毛泽东《矛盾论·矛盾的特殊性》）。图书馆目录这个事物涉及到三个概念：读者、馆藏文献及目录。它研究如何从读者的需要出发，运用一定的规则把馆藏文献的特征和内容准确地记录下来，编成目录并组成目录体系，向读者揭示和报导馆藏，供读者识别和选择文献，以满足读者的各种检索要求。或者说，图书馆目录是为解决馆藏文献的复杂性与读者对文献的特殊需要之间的矛盾而编制的文献目录。这种文献目录具有下列基本特征。

一、检索性

图书馆目录是一种方便读者检索的文献目录,它检索途径多样,检索手段齐备。

"图书馆是组织社会利用出版物的文化教育和科学的辅助机关"(《苏联大百科全书》)。人们称图书馆为"书籍的海洋","知识的宝库",其藏书数量异常庞大,文献种类十分繁多,内容非常繁杂。按语言文字分,有中文、西文、俄文、日文以及其它各种文种。其中有装饰性的远东表意文字,有拼音化的印欧音素文字,还有一气呵成的美丽的中东文字,以及弯弯曲曲的东南亚环形文字。按学科门类分,上至天文、下至地理,大到宇宙太空、小到电子离子。有马列主义著作,有哲学社会科学,还有自然科学和技术科学,以及古代的经、史、子、集。另一方面,图书馆的读者对象也是各式各样、千差万别的,他们有性别、年龄之不同,更有职业、文化素养之差异。因此,他们的阅读需要就多种多样。对于某一个读者来说,利用文献资料带有一定的目的性。没有也不可能有这样的读者,对于图书馆几百万件馆藏文献都认为是他所需要的。但是,怎样才知道在这几百万件馆藏文献中哪些是他真正所需要的呢?又如何从这些文献中挑选出最好的呢?而且随着科学技术的迅猛发展,文献的数量急剧增长,出现了人们所说的"情报爆炸";并且随着时间的推移,许多文献又会"过时",形成"资料老化"。这就使得巨大的文献财富与读者的特定需要产生了矛盾。特别是对于从事科学研究的读者来说,要想详细地占有资料,充分掌握前人的研究成果,及时了解国内外的科学动态就更非易事。面对浩如烟海的文献资料,纵使"学富五车"、"满腹经纶"的学者,有时也会感到束手无策。这时,极需要有"目录"工具。

图书馆目录以它著录的准确细致、目录组织的严密适用、目录体系的系统完备，足能满足读者各种各样的阅读需要和检索要求。它能帮助读者从书名、著者、类目、主题等任何一个途径找到所需要的文献，同时也能提供某一书刊、某一著者、某一类目、某一主题文献的馆藏情况；还能帮助读者从版本方面或者其他特定方面选择文献资料等等。特别是建立了自动化系统的图书馆目录，它能按照特定的指令，输出形式多样、载体各异的各种目录，包括卡片式目录、书本式目录、缩微型目录、机读型目录（MARC）。它输出目录速度快、检索途径多、更方便读者检索文献资料。

总之，从一定意义上说，图书馆目录兼有藏书目录和读书目录两方面的特点，比一般文献目录更具检索性。

二、馆藏性

图书馆目录是一种以反映图书馆馆藏为基本特征的文献目录，它反映特定的一个图书馆或多个图书馆的馆藏。

文献是智慧的结晶、知识的翅膀，几千年来，多少哲人的深思、诗人的幻想、科学巨匠的发明创造，藉助文献的记载保存到今天，而且通过图书馆的搜集、整理、保管和传递得到更好的利用。图书馆目录以揭示馆藏文献为己任，藉助确切的业务注记，诸如索书号、登录号、储藏地点及根查等，为读者利用文献和图书馆工作者管理文献提供方便，并以此而区别于其他文献目录。

随着现代科学知识的整体化日益加深和扩大，科学研究的规模越来越大，涉及的知识领域越来越宽广。一个图书馆不可能也没有必要收集古今中外的全部文献。但图书馆目录不仅能反映一个图书馆的馆藏，而且能反映多个图书馆的馆藏，甚至反映一个地区、一个国家或几个国家的图书馆馆藏文献。这在以往的图书馆集中编目和联合编目工作已经开始实现。随着社会信息化的发展和联机联网编目的开展，未来的图书馆目录将是一种"多源目录"。它能对图书馆网络的全部文献及其各种知识项目进行比较完全的记录与检索,以实现"资源共享"。国际图联和国际标准化组织正在协力攻关,希望能研制出一种通用的机读目录(UNIMARC),让所有的文献检索点,能为一切用户所识别;并可从一种语言文字,转译为另一种语言文字;可以选用这一种操作方法,也可选用另一种操作方法。但是,机读目录的功能无论如何齐全,图书馆目录的本质却没有变,它仍然是揭示馆藏、组织馆藏的工具。

三、学术性

图书馆目录是一种具有一定学术性的文献目录,它收录丰富、著录完备、揭示深入。

古往今来,图书文献无限丰富。古时人们常用"汗牛充栋"来形容书籍之多。随着社会科学文化事业的发展,图书出版业日新月异,如今的图书文献已发展到如浩瀚的大海、茂密的森林。据不完全的统计,我国从汉至清的两千年间,出版的书籍大约在18万种以上。民国时期的几十年间,出版的图书超过10万种。新中国成立30年,出版的新书达到33万多种。近年来,每年问世的图书在3.4万种以上。世界各国的图书出版量,则更为惊人。据联合国教科文组织1985年统计年鉴统计,1983年这一年全世界出版新书就达到77万多种。如此众多的出版物,不可能收藏在某一个或某几个图书馆里。但图书馆藏书具有累积性和保存性的特点,一般省市图书馆、高等院校图书馆和科学院图书馆的藏书量,均在百万册以上。我国的国家图书馆——北京图书馆拥有藏书1000多万册。而且随着科学文化事业的日益发展,图书馆的藏书量在不断增长。如1985年,我国出版新书45600多种,正式登记出版的期刊4100多种、报纸1632种。而这一年北京图书馆入藏的"中文出版物,图书3万多种,期刊10701种(包括非正式出版)、报纸

1084 种(不包括县及县以下报纸)。少数民族文字出版物,图书 1443 种、期刊 103 种、报纸 55 种。中国版外文图书约 1000 余种"(黄俊贵《中国国家书目计划及其进展》,载《图书馆学通讯》1986年第 3 期)。

在现代图书馆藏书巨大发展的趋势推动下,图书馆目录与目录学的书目正在重新走向融合。尤其是国家图书馆最终将成为国家书目自动化、网络化的中心。图书馆目录以它丰富的收录,成为图书馆藏书和学术文化的一个缩影。通过它,可窥见一代学术文化之概貌;藉助它,可知晓各个学科的发展脉络与现状;利用它,能探知一家一派学术之宗旨。

图书馆目录还以它完备的著录、深入的揭示,为读者治学指引门径。它不仅能以题名、责任者、版本、出版发行、载体形态等项目,反映馆藏文献的基本特征,而且能运用分类号、主题词及附注、提要等方法,进一步揭示每种文献的基本内容与观点,充分揭示、报导和传递馆藏文献的情报信息,以便读者"即类求书,因书就学"(章学诚《校雠通义》)。

可见,一部完备的图书馆目录,好比是"学术之眉目,著述之门户"(王鸣盛《十七史商榷》),具有一定的学术性。

四、思想性

图书馆目录是一种比较强调思想性的文献目录,它注重图书的揭示与评价,以及对读者的区别服务。

图书馆具有对读者进行思想政治教育的职能。在不同的社会里,图书馆对读者进行思想政治教育的目的和内容,有着很大的不同和区别。它们各自反映一定的阶级意识和愿望,为一定的政治制度服务。图书馆目录也必然要贯彻同一的政治目的,完成它所担负的任务。

图书馆的教育职能是通过对图书馆藏书的宣传报导,以及读者对馆藏的选择和利用来实现的。而图书馆藏书有一些是有思想倾向的,它"一方面被用为传播科学知识,但另一方面也能用作模糊人们的意识。……在很多浸透着反动阶级政治、哲学、科学和艺术观点的坏书中,才能得一本好书。"(见(苏)Г. Б. 芳诺托夫著、徐文绪译《列宁论书目》)。同时,读者的成份也是各式各样的。面对成千上万的不同类型的读者,图书馆工作者绝不能用简单地说:"那本书可以读"、"那本书不能读"的办法来对待读者。以向读者宣传和推荐具有高度思想价值和科学价值图书为己任的图书馆,必须藉助图书馆目录去揭示和评价图书,并且有区别地为读者服务。

实际上,在各种社会制度下编制出来的图书馆目录,往往都有一个宣传什么、突出什么的问题。从封建社会的宣扬五经、六艺,尊孔崇儒,到资本主义社会的宣扬资产阶级思想意识、鼓吹唯心论和宗教,再到社会主义社会宣传马列主义、宣传科学和无神论,莫不反映一定的思想性。许多图书馆以区别对待的原则揭示藏书,将目录区分为读者目录和公务目录,读者目录又划分为公共性目录和内部参考性目录;其次在揭示藏书时,通过著录和分类对每一种书作出客观的、切合实际的评价,以及运用附加著录、分析著录的方法,分清优劣,指明价值,供读者选用时参考;再次,在组织目录时,对那些值得推荐的优秀图书作明显的标志,加强宣传作用,以提高图书馆目录的思想性。

第三节　图书馆目录的作用

图书馆目录是一种文献检索工具,它通过对馆藏文献完备准确的著录和实现多途径检索,向读者提供图书馆藏书的知识,并向读者宣传推荐图书,以满足读者对图书文献的各种需求。图书馆

目录的作用是多方面的,具体分述如下:

一、图书馆目录是读者利用图书馆的工具,能帮助读者检索和利用馆藏文献

图书馆目录是记录图书馆馆藏文献的工具,它通过对每一种馆藏文献的描述和标引,向读者提供每种文献的特征和内容的简要目录学知识,帮助读者确认和了解每一种文献。

建立图书馆目录的第一步,是对馆藏文献的著录。这要求图书馆工作者按照一定的著录规则,对每种文献的特征和内容作出完整的记录和正确的评价。人们在长期的实践中积累了一系列可用来描述文献外形特征及其内容特点的方法和经验。其中题名与责任者项、版本项、出版发行项、载体形态项、附注项、标准书号及有关记载项、提要项等,是揭示文献外形特征及其内容特点的主要著录事项。根据这些著录事项著录而成的款目,并进而组成的图书馆目录,就为读者确认和了解馆藏文献提供了基本的条件。藉助这些条件,读者就能"自己选择他所需要的图书"了(娜·康·克鲁普斯卡娅语,转引自刘国钧等编《图书馆目录》,高等教育出版社 1957 年出版)。

图书馆目录担负着全面、系统、连续地报导和揭示馆藏的重要任务,它能帮助读者迅速准确地检索各种文献资料。一个图书馆的规模越大、藏书越丰富、读者服务面越广,那么读者的需要和对图书馆工作提出的要求也就越复杂。有的读者要查阅某个书名的书,有的要查阅某位著者的著作;有的要查找某一知识门类的图书,有的要查找某个主题的资料;有的要了解本馆藏有什么书、藏于何处,有的要了解别馆藏有什么书等等。那么,图书馆目录通过什么来发挥报导和揭示馆藏的作用呢? 图书馆工作者在长期的工作中,积累了把个别分散的文献著录款目用科学的方法组织起来的经验,即组织目录和建立目录体系的经验。通过编制分类目录、书名目录、著者目录、主题目录、总目录与部门目录,并附以编制专题目录、新书通报及特藏目录等,建立起完整的目录体系,向读者揭示馆藏文献,反映馆藏特点和藏书地点,以满足读者从不同角度检索文献资料的要求。

在阶级社会里,图书馆目录往往具有一定的政治倾向性,它有宣传和推荐图书的作用,能辅导读者正确阅读。各图书馆通过不断改进目录的编制与组织,逐步提高目录的思想性,加强其对读者阅读的指导作用。

二、图书馆目录是图书馆科学管理的工具,能协助图书馆工作者开展各项业务工作

"古者史官既司典籍,盖有目录以为纲纪"(《隋书·经籍志》)。图书馆目录对于读者来说,是了解馆藏、检索文献的工具;对图书馆工作者来说,则是管理图书、服务读者的工具。

采集图书和补充藏书时,需要藉助目录了解馆藏等情况,以拟定采购计划,建立与完善藏书体系,合理使用图书馆经费。进行图书分类和编目时,也必须利用馆藏目录"查重",以了解是否为复本书,防止同书异号、异书同号及著录不一等现象发生。开展阅览外借、宣传辅导、参考咨询等工作时,更需要利用各种目录揭示馆藏、宣传图书、编制书目索引、提供文献或文献信息。清点和调拨藏书、编制统计报表等,也必须借助图书馆目录,才能顺利开展。

总之,图书馆目录无论对广大读者或是对图书馆工作者,都是不可缺少的。正如我国图书馆学教育家、原武昌文华图书馆专科学校校长沈祖荣教授所说:"图书馆活动全持目录,目录者如网之纲,如丝之绪,绝对不可少也"(转引自黄俊贵、罗健雄编著《新编图书馆目录》,书目文献出版社 1986 年出版)。随着机读目录的出现,图书馆目录的各种作用将得到更充分的发挥。使用机读目录,不仅可加快编目和检索的速度,增加检索途径,提高检索质量,

而且能生产出卡片式目录、书本式目录和缩微型目录。这对实现编目工作自动化和促进采购、流通、参考工作的自动化,必然起着巨大的作用。

第四节　图书馆目录与藏书开架

在藏书开架的情况下,图书馆目录还有没有作用? 答案是肯定的。可是有的图书馆,由于种种原因,目录制度不够健全,目录组织比较混乱,文献著录不完备,不便于读者检索文献资料。他们非但不去认真整理目录,反而认为"藏书开架了,图书馆目录没有什么作用了",并试图单纯以藏书开架来减轻读者需要对图书馆的压力。这种看法和做法是片面的、消极的。

图书馆目录是图书馆从图书的知识门类、学科体系、事物属性、著者及书名等各个方面,来揭示馆藏、宣传图书的一种工具。它向读者提供关于藏书的知识,满足他们对图书的需求,同时可供图书馆工作者开展各项业务工作参考使用。藏书开架是图书馆根据本馆的任务和不同的服务对象,选择不同的藏书范围,来流通和宣传推荐图书的一种方式和方法。这两项工作是相辅相成的。藏书开架固然是一种流通图书的好方式,但无法代替图书馆目录的作用,其理由如下:

1. 图书馆目录反映全馆的藏书,而藏书开架一般只向广大读者开放局部的藏书。稍具规模的图书馆,总有一部分藏书是属于内部参考性的或特殊性的,不便向广大读者开放,更不能开架。即使特定对象的读者可利用这部分藏书,但也不能混同于开架的流通书库的藏书,一般要利用目录查检。

2. 图书馆目录不仅反映了全馆的藏书,而且目录组织有相对的稳定性。读者通过目录能找到他所需要的某一种书或了解全馆的藏书;开架的流通书库的藏书却是流动性的,许多有价值的书、常用的书,经常在读者手中流通,书架上的书不能反映藏书的全貌。

3. 图书馆目录能从知识门类、学科体系、事物属性、著者和书名等各个方面揭示同一种书。例如,冯之浚、赵红洲著的《现代化与科学学》一书,可从分类——G30 科学研究理论(《中国图书馆图书分类法》)、书名——现代化与科学学、著者——冯之浚、赵红洲和主题——科学学(《汉语主题词表》)等多方面反映。而且每一个方面还可以从不同角度去揭示。例如,文化部图书馆事业管理局编的《列宁论图书馆事业》一书,按分类应分在 A267 列宁著作专题汇编(《中国图书馆图书分类法》)中,另外,可在 G25a 图书馆学、目录学、图书馆事业类加以反映,以便读者从不同的门类都能找到它。而图书在书架上是按实体排列的,无论是分类排架还是其它方式排架,一本书只能排在一个位置上,因此,只能从一个方面去揭示图书。

4. 图书馆目录中的著者目录,能把馆藏文献的同一著者不同类别或不同著作方式的图书集中在一起;主题目录,能把分散在不同门类的同一事物、同一研究对象、同一问题的图书集中在一起,有利于读者检索资料。而在书架上,上述图书却被分散到不同的地方,无从查起。

5. 图书馆目录是图书馆工作者藉以向读者开展工作的工具,开架借阅容易错架乱架,没有目录就无法向读者推荐图书、提供资料,甚至有些书,会因此而变成"死书"。

总的说来,开架借阅是图书馆为读者服务的一种好方式。书架上陈列着的图书,就好比是直观的目录,读者可直接从架上找书,免除翻检目录之劳。但是,目录仍然有目录的作用,绝不能因开架而忽视或削弱目录的编制工作。即使开架借阅比较广泛的一些欧美国家,也还在不断改进目录工作,以使其更加完善,发挥更大的作用。

第五节　文献编目与图书分类

文献编目与图书分类有密切的关系,但也有区别。

文献编目是指根据一定的著录格式和规则对馆藏文献进行著录,并按多种方法将各种款目组织成不同目录的整个工作过程。编目工作的基础是文献著录,它利用若干著录事项,把各种文献的基本特征和内容准确无误地揭示出来,以备识别某一文献。著录出来的款目,通过组织成为有机联系的各种目录,以供检索之用。

图书分类是指根据一定的图书分类法类分图书、组织藏书的一种工作程序和方法。它将大量的图书,逐一根据它们的内容性质、立场观点、地区时代、形式体裁和读者用途等的异同,按一定的图书分类法加以标引类号,以确定它在整个知识体系中的地位,使藏书形成一个完整的系统,以便读者从知识门类去查找、利用图书文献。

文献编目与图书分类有着极为密切的关系。它们都是以馆藏文献为加工对象的一种揭示馆藏、宣传图书、辅导阅读的手段,是图书馆读者服务工作的基础。从工作组织来看,它们都属于编目部(组),分类可看成是编目工作的一个环节。在编制分类目录时,两者之间的关系就更为密切了。图书分类号乃是文献著录的一个项目,是组织分类目录的主要依据;而图书分类目录则是图书分类的直接应用和具体体现。尤其是分类中的分类附加(互见分类标引)和分类分析(分析分类标引),必须通过著录和目录组织来实现。

文献编目与图书分类也有区别。文献编目主要以文献的基本特征为著录对象,并根据一定的著录条例来著录;而图书分类主要

14

以图书的内容性质为揭示对象,并采用一定的分类法来类分。

在某些情况下,文献编目与图书分类也可单独进行,互不牵涉。有时分类只解决分类排架问题,不一定要编制分类目录。如美国的某些图书馆采用分类排架,但没有编制分类目录。我国一些基层图书馆,按统一书号排架,因图书少也有不编制分类目录的。另方面,只编目不分类也有,如图书采用固定排架,只编书名、著者、主题等目录。但我国图书馆一般都采用分类排架,又以分类目录作为图书馆的主要目录,编目与分类的联系贯穿于编制分类目录的整个过程,关系极为密切。

随着联机编目的发展,对编目工作的要求将越来越高。编目员不仅要懂得编目,而且要懂得分类和主题标引。文献编目与图书分类的关系,将更为密切。

第六节　图书馆文献编目与目录学

"图书馆文献编目"作为图书馆学、目录学的一个交叉分支学科,有人称之为"图书馆目录学"或"图书编目学"。它与"目录学"(即"普通目录学")有着内在的联系,但也有区别。

图书馆文献编目与目录学,都是研究解决人类巨大的文献财富与人们对文献特定需要之间的矛盾运动规律的,并且都以目录作为自己的重要研究内容。但图书馆文献编目是以图书馆为特定范围,探讨如何运用一定的原理、原则和方法记录图书、揭示馆藏,以达到宣传图书、辅导阅读的目的。换句话说,图书馆文献编目是研究怎样将繁杂的图书编成简明的目录,使读者据目录以寻求图书,从图书以研究学问,从而使图书馆藏书变成社会教育和科学活动的一种"资源"。而目录学是从更广泛的意义上来探讨如何"科学地揭示与有效地报导文献的信息,以满足读者对文献的特定需要"。"研究书目编纂方法是目录学的重要内容之一,但它不是目录学的研究对象","目录学是研究书目工作形成和发展的一般规律(即研究书目情报运动规律)的科学"(见彭斐章等编《目录学》,武汉大学出版社 1986 年出版)。

图书馆目录(Catalog 或 Catalogue)和作为书目工作成果的书目(Bibliography)都是图书和其它各种资料的目录,即文献目录。但图书馆目录是一个图书馆或多个图书馆的馆藏文献目录。它大都是根据一个实在的图书馆或多个图书馆来登记所藏的所有文献资料,以便读者检索;不太注重专门按某个时代、某个地区、某个人物、某个类别、某个专题等去揭示文献。而书目意为泛载一切有关的文献,一般不论藏书处所。它详尽无遗地或有选择地著录和揭示一批"相关的"文献。书目所揭示的图书通常不限于馆藏,但又不可能把古今中外所有的文献资料都编成一个目录,因此它往往按某个时代、某个地区、某个人物、某个类别、某个专题等来编制。

图书馆目录和书目都离不开对文献资料的著录和揭示。但图书馆目录著录文献比较重款式,即讲求著录格式和规则,以提供简要的目录学知识。而书目的编制特别重义理揭示,即讲求"辨章学术,考镜源流"、"论其指归,辨其讹谬",乃至文摘与述评,以提供读书治学的门径。

图书馆文献编目与目录学尽管有上述种种区别,但有着互为依存的关系。目录学的原则和方法是图书馆编目工作的基础,而丰富多彩的图书馆编目实践又是目录学理论产生和发展的重要源泉。编目工作者常常把书目成果运用于工作实际,而目录学家则必须使用图书馆目录来帮助他的研究。同时,书目的编制往往以图书馆目录为根据,尤其是大型的图书馆目录同样可当作是重要的书目。随着联机联网编目的实现,图书馆目录与书目的关系就更密切了。

第七节　我国图书馆目录的发展

我国图书馆目录,源远流长。早在古代,不少目录学家和藏书家已创造出许多宝贵的编目方法和经验。到了近现代,许多图书馆学家和目录学家在传统的基础上吸收了欧美国家的一些编目方法和理论,使我国图书馆目录有了进一步的发展。新中国成立以来,由于社会主义图书馆事业和现代科学技术的发展,以及借鉴苏联和欧美国家的经验,我国的图书馆目录出现了一个崭新的局面。

一、我国古代图书馆目录

如同我国的图书馆可追溯到古代的藏书楼一样,我国的图书馆目录也可溯源到古代藏书楼的藏书目录。图书馆目录的编制产生于"纲纪群籍"的需要,人们在长期的收藏和整理图书的实践中,不断创造出图书编目的方法和经验。早在公元前6年(汉哀帝建平元年),由刘歆等编定的《七略》就是一部完备的书本式国家藏书目录。它已初步确立了著录图书的基本方法,包括书名、著者、附注,提要(解题)等著录项目。并初步运用了"互著"和"别裁"的方法。唐初,魏征等以梁、隋国家藏书为基础编纂的书目《隋书·经籍志》,不仅初步奠定了著录图书先著录书名、后著录著者的格式,而且对图书的真伪、亡佚、残缺情况分别给予注明,开创了有稽核项的先例。南宋尤袤编制的私人藏书目录《遂初堂书目》,开始著录图书的不同版本,初步确立了版本项。明代祁承㸁的私人藏书目录《澹生堂藏书目》,有丛书著录方法,包括丛书子目著录和子目分析著录,运用了互著和别裁的方法。清于敏中、胡元瑞等编的国家藏书目录《天禄琳琅书目》,进一步注明了图书的刊刻时代、地址、收藏家姓名等,建立了出版项并使版本项的著录更为齐全。而纪昀等主编的国家藏书目录《四库全书总目提要》，继承和发扬了自《七略》以来重视揭示图书内容的目录学传统，运用解题、总序和小序等方法，使目录真正成为辅助阅读的工具。

在目录的种类及其组织方法方面，如同书名标目曾经是中文图书著录的主要标目一样，分类目录则通常是我国图书馆目录体系中的主要目录，人们很重视分类目录的编制和使用。从《七略》到《四库全书总目提要》，几乎每个朝代的藏书目录都是分类目录，其分类方法是以封建学术思想和图书情况相结合为原则的。同类的图书大体按编著者的生卒年代组织排列(迄今，国内外图书馆编辑中国古籍分类目录，仍采用这个原则)。《七略》开创了以封建儒家为主体的"六分法"，推崇维护封建统治利益的"六艺"。荀勖编制的国家藏书目录《晋中经簿》和李充编制的国家藏书目录《晋元帝四部书目》，则把所收图书分为甲、乙、丙、丁四类，为后世"四部法"奠定了初步的基础。《隋书·经籍志》在继承《七略》、《晋元帝四部书目》及阮孝绪《七录》等的基础上，把图书分为经、史、子、集四大部类，实为"四部法"之正宗。除分类目录外，东晋释道安的《综理众经目录》和梁僧祐的《出三藏记集》，可说是一种以时代为序的著者目录。这种编排方式反映了佛家重教派、重译书祖师的原则。明释智旭的《阅藏知津》，注意标明每部佛藏的大体方位，又可以说开了联合目录之先河。

二、我国近现代的图书馆目录

近代时期，我国的图书馆目录在著录方法方面没有多少新的创造，但目录的分类方法有所突破。其中如徐树兰的《古越藏书楼书目》创造了一种新旧统一的图书分类法。它把图书区分为"学部"、"政部"两大类，然后再各分24小类并细分为332子目。这是一个大胆的尝试，对以后的图书分类和编目都有一定的影响。

"五四"运动以后，由于出现了"新图书馆运动"，加之外国资产阶级图书馆学理论与编目方法陆续传入我国,编目事业有了很大的发展。图书编目理论和方法,逐渐脱离传统目录学的领域,初步形成一个独立的分支学科。相继出现了各种图书编目法和图书著录规则,从而结束了长期以来只有基本的著录方法而没有系统的著录规则的局面。当时形成了以沈祖荣、杜定友《英文图书编目条例》为主的著录流派,和以刘国钧《中文编目条例草案》、裘开明《中国图书编目法》等为主的著录流派。而中文图书著录,又可分为以刘国钧为代表、包括北平图书馆和前中央图书馆的以书名为标目,和以裘开明、金敏甫、楼云林、桂质柏等以著者为标目的两个流派。这时虽然还没有一个全国统一的图书编目条例,但刘国钧的《中文编目条例草案》和《国立中央图书馆中文图书编目规则》,实际上是各馆制定中文编目规则的重要依据。《国立中央大学图书馆西文图书编目规则》则为各馆制订西文编目规则提供了参考。

卡片式目录也开始出现。最早采用卡片目录的图书馆是上海亚洲文会北中国支会图书馆,该馆于1908年编制了卡片目录。辛亥革命以后,清华大学和南洋大学图书馆也较早就采用卡片式目录。接着京师通俗图书馆、武昌文华大学公书林等也相继采用目录卡片。“五四”运动以后,随着许多新图书馆的出现,卡片式目录已广泛流行,并逐渐取代了传统的书本式目录的主导地位。1936年以后,北平图书馆和前中央图书馆还进一步印刷目录卡片供各图书馆使用,对统一编目工作、提高目录质量,起到了一定的作用。

目录的种类有了较大的发展,出现了书名目录、著者目录和主题目录。有的图书馆,对外文图书还采用了字典式目录,由书名、著者、主题三种目录混合编成。从而打破了长期以来分类目录“一统天下”的局面。分类目录的分类方法也有很大改进。在杜威的《十进分类法》(DC)影响下,相继出现了沈祖荣、胡庆生的

《仿杜威十进分类法》、皮高品的《中国十进分类法及索引》、刘国钧的《中国图书分类法》、杜定友的《杜氏图书分类法》、王云五的《中外图书统一分类法》等30多种仿杜、改杜的图书分类法。这些分类法大体上以倒装培根的知识分类体系编制而成,与传统的"四部法"迥然不同。而且同类图书多沿用欧美国家图书馆的办法,按编著者(个人或团体)的姓名字顺排列。一般采用《卡特著者号码表》,或仿《卡特著者号码表》编有中国著者号码表,如杜定友《杜氏著者号码表》、钱亚新《拼音著者号码编制法》等。为了便于图书馆编制主题目录,当时还出版了吕绍虞的《中文标题总录》、沈祖荣的《标题总录》等主题表。

具有现代意义的联合目录也产生于这个时期。曾先后编制出《北平各图书馆所藏西文书籍联合目录》、《北平各图书馆所藏中文期刊联合目录》、《北平各图书馆所藏丛书联合目录》、《满文书籍联合目录》等多种联合目录,这些目录的编排方式和检索方法,都有一定的发展。

三、新中国的图书馆目录

中华人民共和国成立后,随着社会主义图书馆事业蓬勃发展和引进苏联的经验,编目事业有了新的发展。目录体系更加完善,实行将图书馆目录区分为读者目录和公务目录两个系统,在读者目录中又划分为公开目录和内部参考目录两部分,以加强目录的思想性。目录的著录方法也在不断完善。1958年,根据《全国图书协调方案》,在北京全国第一中心图书馆委员会领导下,由中国人民大学图书馆、北京图书馆、科学院图书馆等单位联合成立图书提要卡片编辑部。开始编辑出版中、西、俄、日文图书提要铅印卡片,并向全国图书馆发行,对统一著录方法,实行集中编目、提高目录质量,起到了积极的作用。上海全国第二中心图书馆委员会和广东、甘肃等省的中心图书馆委员会,也做了大量的目录工作。集中编目工作在中断了几年之后，1974年北京图书馆又开始成立统一编目部，恢复集中编目工作。1979年，书目文献出版社还出版了北京图书馆修订的《中文普通图书统一著录条例》，对各馆的图书著录工作起了很好的示范作用。

分类目录的分类方法有了新的变革。建国以来先后编制了《中国人民大学图书馆图书分类法》、《中小型图书馆图书分类表》、《中国科学院图书馆图书分类法》、《中国图书馆图书分类法》等各种新分类法。这些分类法的基本序列都把马列主义列为首位，并按社会主义思想体系进行分类。因此大大提高了分类目录的思想性和科学性，使分类目录成为宣传图书、揭示馆藏的主要手段。同类图书的排列，除大都采用各种《汉语拼音著者号码表》和《卡特著者号码表》、《哈芙金娜著者号码表》等，按编著者的姓名字顺排列外，有的还改用书名的四角号码法，或新书到馆顺序的"种次号"法。其中著者号码法和种次号法已为多数图书馆所采用。

联合目录的编制也取得了很大的成绩。1957年Ⅰ1月，根据《全国图书协调方案》，在北京全国第一中心图书馆委员会下面成立了全国图书联合目录编辑组。1980年3月，国家文物事业管理局委托北京图书馆，召开了第一次全国联合目录工作会议，进一步加强了对联合目录工作的领导和协调。先后编辑出版了《全国西方新书联合通报》、《全国中文期刊联合目录》、《全国西文期刊联合目录》、《全国俄文期刊联合目录》、《全国日文期刊联合目录》、《中国地方志联合目录》、《中国古农书联合目录》、《中医图书联合目录》、《全国物理学西文新书联合目录》、《中国丛书综录》、《中国古籍善本书目》、《民国时期总书目》等数以百计的全国性、地区性大型联合目录，有力地配合了科研及其他工作的需要。

自党的十一届三中全会以来，在党和政府实现"四化"、改革开放方针指引下，在国内外图书馆事业和科学技术进步的促进下，我国的图书馆目录事业朝着现代化的目标迈进。诸如图书著录标准化、统一图书分类法、统一主题词表、统一书号、集中编目、在版编目以及编制机读目录等方面的工作,都已提到议事日程上来,有的已初见成效。以 1974 年中央批准、中国科技情报研究所和北京图书馆等单位参加的"汉字信息处理工程"(748 工程)的研制工作为先声,1979 年成立了全国文献工作标准化技术委员会。在该委员会下设立了书目著录分委员会,负责组织和领导有关文献著录标准化的研制工作。经过几年的努力,1982、1983、1985 年连续颁布了与《国际标准书目著录》(ISBD)基本一致的《文献著录总则》(GB3792. 1 - 83)、《普通图书著录规则》(GB3792. 2 - 85)、《连续出版物著录规则》(GB3792. 3 - 85)、《非书资料著录规则》(GB3792. 4 - 85)等国家标准。1985 年,中国图书馆学会在总结我国西文编目著录方法的基础上,参照《英美编目条例》第二版(AACR Ⅱ)和相关的国际标准的原则,编印了《西文文献著录条例》。这些标准和条例,为实现文献著录标准化奠定了基础。1984 年起,图书统一编目款目卡片开始采用《普通图书著录规则》。同年,继上海地区开展"随书配卡"工作之后,中国图书馆服务公司在全国范围内开展"随书配卡"业务,实现书、卡发行一体化。1985 年起,图书统一编目款目卡片在原先采用《中国图书馆图书分类法》、《中国图书馆图书分类法(简本)》、《中国科学院图书馆图书分类法》标引三种分类号的基础上,增加以《汉语主题词表》为依据标引的主题词。1986 年起,上海图书馆向全国发行了按照《连续出版物著录规则》著录的连续出版物统一编目款目卡片。1987 年起,统一编目款目卡片还开始采用中国标准书号。在统一编目和随书配卡的基础上,"在版编目"工作也在研究试行。这些措施和工作,对提高文献著录的质量、统一全国文献检索方法和建立统一的文献检索体系创造了必要的条件。

机读目录的研制工作,1976 年已经开始。该年,中国科学院计算技术研究所与科学院图书馆合作试编了机读目录数据库,除进行成批处理 SDI(定题情报检索)服务外,还进行了编制藏书目录和新书通报等试验。继而北京图书馆、北京大学图书馆等单位引进了美国 MARC 磁带,对国外机读目录进行研究。在此基础上,北京大学图书馆于 1985 年研制了《中文机读编目格式》,北京图书馆于 1986 年研制了《中国机读目录通讯格式(讨论稿)》。至此,我国机读目录已有良好的开端。

当前,国际文献编目已在集中编目、合作编目(区域合作)、在版编目的基础上,向文献著录的国际化、网络化迈进。文献著录的手段,在计算机编目的基础上,向联机、联网编目发展。除广泛应用计算机及其终端等设备外,还将把电脑控制的显像技术,激光打印机、快慢速扫描机、全息存贮装备、计算机照排机、电脑缩微胶卷器和高速打印机等技术应用到文献著录的识别、描述、组织目录、建档等各个工作环节,以及运用卫星通讯和图像电传的书目传递技术。文献著录成果的载体,也由传统单一的纸张型朝缩微型、机读型、声像型、激光型等多样化发展。并为此而寻求文献著录的国际标准化,包括著录原则和规则的标准化、标准著录体系的标准化、目录形式的标准化以及著录技术手段的标准化等等。

尽管我国文献编目现代化起步较晚,但只要在现有的基础上,进一步加速文献著录标准化的进程,大力发展集中编目事业,积极开展计算机联机、联网编目的研究并尽快研制出中文 MARC,就一定会赶上世界文献编目的新潮流。

第二章 文献著录标准化

第一节 文献著录标准化的意义

古代人类社会在没有文字以前,只借助语言来播传与交流知识,有一部分曾以传说的方式流传到后代。由于这些语言不能记录下来,在传说中常常失真或逐渐消失。自从有了文字之后,人们不但把知识刻在金石与甲骨上,还进一步记录在纸张上,供子孙后代享用。以这种办法累积与保存下来的知识,统称为文献。随着科学技术的进步,文献载体的形式也在不断的发展、变化。它与人类社会的进步与发展紧密的联系着。

记录知识的文献,其产生与发展是人们长期进行各种交往的产物。因此,文献的出现一直有着统一化与标准化的问题。一个民族一个国家内的文献,为了共同使用,必须采用通用的文字、符号,否则就无法在一个民族或一个国家内交流。随着人类对自然规律的认识不断加深,记载知识的文献数量不断增长,人类社会对文献的需求量也不断提高。为了实现记录知识的文献在一个国家或世界范围内共享,在电子计算技术发展的条件下,人们又进一步认识到文献管理工作必须要适应新形势、新技术的发展,因此普遍重视研究文献著录标准化、建立文献检索数据库等课题。其意义如下:

一、有利于建立全国统一编目系统

长期以来,广大的图书馆工作者,在编目工作实践中积累了一些有用的经验,形成了各自的编目习惯,构成了一个图书馆或一个地区图书馆的编目条例或著录规则。随着科学技术的迅速发展,各种类型的书刊资料出版数量剧增,传统的、自成体系的著录规则已经无法满足科研、教学与生产等不同读者对文献资料的需要,各图书馆、情报部门不但要做好文献的记录,而且在记录方法上必须遵循统一的标准,即在揭示文献内容和描述文献的物质形态方面要有一致的记录标准,以便建立全国统一的编目系统。统一编目作为书目情报传播的一种手段,是图书馆工作中不可忽视的一个重要组成部分,它必须在文献著录标准化条件下建立,反过来统一编目也将促进文献著录标准化的推行。

二、便于馆际与国际之间的文化科学交流

文献著录标准化便于编制各种联合目录与国家书目。联合目录工作是建立图书馆网,开展馆际协作的主要内容之一,是交流书刊情报,促进采购合理化,调节馆藏等方面的重要手段,它将积极促进文化、科学的发展;而编制国家书目是全面系统地揭示与报导我国出版的所有文献的总目,又是各学科文献情报最系统最可靠的来源之一。因此,它将是我国图书馆开展各项业务活动的基础,并有利于开展国际书目情报交流,成为世界书目的有机组成部分。

三、为建立计算机编目系统奠定基础

计算机在图书馆中应用,首先是用于文献编目与检索方面。美国从 60 年代开始实现电子计算机编目后,编目与检索的网络化很快就发展起来了,各图书馆均可通过终端设备与编目中心建立联系,直接利用编目成果,并可直接检索文献资料。这些都需要有

标准化的著录规则,它将成为机编程序的基础,用来编排机读目录的记录和为图书馆编制各种图书目录。因此,文献著录标准化的重要性及其意义是显而易见的。

国内已通过并发布的著录标准有:《文献著录总则》(GB3792·1－83)、《普通图书著录规则》(GB3792·2－85)、《连续出版物著录规则》(GB3792·3－85)、《非书资料著录规则》(GB3792·4－85)、《地图资料著录规则》(GB3792·6－86)等。在国外通用的国际著录标准有:《英美编目规则》(第二版)(AACR₂)与《国际标准书目著录》(ISBD)等。

按照文献著录规则,反映文献内容和形式特征的著录项目的组合称为款目。款目是组织目录和书目参考资料的基础。图书馆目录就是用许多款目组织起来的。没有款目,就不能组织各种目录。所以图书馆目录的编制工作主要分为两个步骤,第一步是文献著录,第二步是目录组织。

文献著录与目录组织有着密切的关系。目录质量除了取决于它所反映的文献品种和目录的组织方法外,还取决于文献著录的质量。文献著录的质量,又取决于文献著录的标准化的程度。在50年代后期,随着我国图书馆馆际协作活动的开展,人们已经意识到由于全国各类型图书馆在文献著录上的不统一,给协作工作带来了很大的困难。近年来在逐步实现图书情报工作自动化的过程中,越来越认识到文献著录标准化的重要性与迫切性。

图书馆收藏的文献资料一般包括:图书、连续出版物、非书资料、地图、乐谱、小册子、技术标准、产品目录、古籍等。它们的著录项目、著录顺序以及标识符号都应该是统一的,虽然它们有各自的特点,在兼顾它们共性的基础上,适当突出各自的形式与特征,以便建立一个国家的统一编目、联合编目及情报检索系统,促进图书馆实现自动化、网络化、达到图书情报资源共享的目的。

第二节 国际上文献著录标准化的发展概况

文献著录标准化在 19 世纪中期资本主义国家就提倡过,当时以个人编制为主。较有影响的有帕尼兹(Antony Panizzi)于 1841 年在英国博物院图书馆原有的编目条例的基础上,修改编制了《英国博物院图书馆编目条例》(简称《91》条)。这是最早有关编目原则的说明,它对以后西方世界的编目条例有直接的影响。1853 年美国的杰维特(C. C. Jewett)编制了《杰维特条例》,继承了帕尼兹的设想。帕尼兹认为只要书名页上有著者就取作标目,而杰维特认为书上未标明著者的也不取书名,只要能在其他方面查到都可取著者为标目。这些论点都是形成现在的所谓英美编目体系的因素。卡特(C. A. Cutter)于 1876 年出版《字典式目录规则》第一版,1904 年出版第四版。它是继《杰维特条例》以后比较有影响的,也是英美编目体系的核心与理论基础。它一方面扩大了著者范围,把著者分为狭义、广义两种,一方面规定了字典式目录的各种职能,尤其是在一个特定著者名下,可查到他的馆藏全部著作等。

19 世纪末年以集体名义编制的条例有美国国会图书馆,英国博物院图书馆、德国普鲁士图书馆以及梵蒂冈图书馆等,都先后编有各馆的著录规则。到 20 世纪初(1908 年)英国图书馆协会和美国图书馆协会,为了促进两国的文化科学交流欲解决两国图书著录方法的一致性,双方共同研究并编辑了《英美条例》(Anglo - American Codes,缩略为 AAC),欧洲大陆的普鲁士也在同年编辑出版了《普鲁士条例》。从此,文献著录由个人编制到集体分别编制的规则,比较集中的归结为"英美"和"普鲁士"两大体系,这是在统一文献著录方法上迈进了很重要的一步。在以后几十年,欧洲大陆各国大体采用《普鲁士规则》，而英、美、加等地区大都使用《英美条例》。由于战争的爆发，国际之间的修改工作被迫终止，然而，处于非战地区的美国，修改工作一直在进行，它单方面组织力量对原有的条例作了大幅度的增删改动，增加了国会图书馆出版的其他几个条例的内容，于 1949 年出版了《美国图书馆协会著者和书名款目编目条例》(A. L. A. Cataloging rules for author and title entries) 和《美国国会图书馆目录著录条例》(Rules for descriptive cataloging in the Library of Congress)这些条例都过于繁琐，只考虑到著作方式而忽视了著者对著作内容所负的责任、结果把条例弄得很混乱，不便于著录与检索。

1953 年，美国国会图书馆的编目顾问柳别茨基（S·Lubetzky），受美国图书馆协会的委托，系统地分析与评论了ALA49（即 1949 年出版的条例）条例的问题之后，写出了《编目的规则与原则》一文，1960 年又编写了《编目规则条例》草案（简称CCR，为《英美编目规则》的主要蓝本之一）。他的著作对西文编目的理论原则与编自实践均有深远的影响。

1961 年 10 月由国际图书馆协会联合会在巴黎组织召开了国际编目原则会议，有 50 多个国家，12 个国际组织参加。这是编目史上一次重要的会议。柳别茨基的观点与建议在会上得到普遍的重视。由于自 19 世纪末叶以来，国际上对字顺目录中款目著录原则的争论一直不断，科学文化的交流日益开展，如何以理论结合实际来研究图书著录的原则，从而制订合适的条例，促使文献著录工作逐渐趋于一致，已成为各国图书馆界、学术界共同关心的问题。大会提出了 17 篇工作报告，制订并通过了"原则声明"。这次会议虽没有正式提出制订国际标准著录条例，但为开展这一项工作奠定了理论基础。促使英美体系与普鲁士体系的编目原则，能向同一方向发展，从而缩小了两大体系之间的差距。

根据巴黎会议"原则声明"的精神，美、英、加拿大三国经过反复讨论、协商,于 1967 年由英美出版了《英美编目条例》第一版 (Anglo-American Cataloging Rules,缩略为 AACR)。由于在著录项目和机关团体著录标目方面,英、美的意见还不一致,所以分别以"英国版"和"北美版"的形式出版。当时,美国国会图书馆正在进行的机读目录(MARC)款式识别计划的研究工作,也提出了解决书目著录国际标准化的必要性问题。因此,国际图书馆协会联合会编目委员会于 1969 年 8 月在丹麦首都哥本哈根召开的国际专家编目会议上,代表们就书目著录的国际标准化问题进行了讨论,通过了有关世界书目控制(Universal Bibliographic Control 缩略为 UBC)问题的决议,该决议提出:"必须致力于建立一种国际情报交流系统,以便通过这个系统,由各国的全国性机构为本国的各种出版物编制和发行标准书目著录。"发行的方式采用卡片或机读记录都行。为了使这一系统取得成功,各国"书目著录的形式与内容的标准化"则是不可缺少的条件。为此,会议决定成立一个专门的工作组负责《国际标准书目著录》拟定工作,自 1970 年以来,工作组成员经过不断的组织制订、研究修改,先后出版了各种不同文献载体的国际标准书目著录。主要有以下几种:

  ISBD(G)   国际标准书目著录(总则)   (1977 年)

  1SBD(M)   国际标准书目著录(专著)(1974 年第一标准版,1978 年修订)

  ISBD(S)   国际标准书目著录(连续出版物)(1977 年)

  ISBD(A)   国际标准书目著录(古文献)   (1980 年)

  ISBD(PM) 国际标准书目著录(乐谱)   (1980 年)

  ISBD(CM) 国际标准书目著录(图谱资料)   (1977 年)

  ISBD(NBM) 国际标准书目著录(非书资料)   (1977 年)

  ISBD(CP) 国际标准书目著录(分篇著录)   (1982 年)

  其中 ISBD(M)是最早制订的很重要的一种国际标准书目著录方法,其他各种专门的 ISBD 是继 ISBD(M)之后,并以它为蓝本陆续编制的。ISBD（G）则是较后制订出来。以统一各种专门的 ISBD 的通用国际标准。ISBD 的制订出版在文献资料的著录上引起了很大的变革。世界新型文献资料出现,机读目录开始在图书馆情报界发挥作用,情报检索网的建立,这就迫使着著录条例要有相应的反映。因此,英、美、加三国图书馆协会成立了"修订 AACR 联合指导委员会",根据 ISBD 的编制原则与方法对 AACR 进行了全面的修改,于 1978 年出版了《英美编目条例》第二版(AACR₂)。目前各国国家书目其中包括曾采用过《普鲁士规则》的西德国家书目都采用了 AACR₂ 与 ISBD, AACR₂ 侧重款目著录标目的选择,而 ISBD 则是对款目著录格式的统一规定,两者构成一个完整的目录著录规则,初步形成了当前为国际上许多国家所接受的统一著录规则。

从 1908 年国际图书著录规则两大体系的初步形成,到目前《英美编目条例》和《国际标准书目著录》出版和应用,将近 80 年的发展过程,为我国文献著录标准化提供了一条可供参考的经验,就是随着科学技术的发展,文献资料的增长和科学技术的国际交流,文献著录必须采用一个统一的,各国共同使用的规则,才有助于文献资料的检索与交流。

第三节　我国文献著录标准化的进展现状

建国以来,我国图书馆目录工作虽已做出了许多成绩,但目录工作的现状还不能适应形势的要求,要为实现"四化"作出贡献,应尽快制订出我国文献著录标准,并要研究该标准的著录项目与电子计算机记录的相互转换等问题。此外,为了国际学术交流的需要,在照顾我国语种特点的同时,要与国际有关标准相协调,才便于我国对外国文献资料的使用与参考。

《中文普通图书统一著录条例》是北京图书馆自 1974 年以来多次修订出版的。本《条例》的出版，为发行全国统一提要卡片，和图书馆的科学管理、开展馆际互借等方面，奠定了良好的基础。但作为一个国家文献著录标准，还有不足之处。

1979 年 7 月 21 日国务院颁发的《中华人民共和国标准化管理条例》中指出："标准化是组织现代化生产的重要手段，是科学管理的组成部分。在社会主义建设中推行标准化，是国家的一项重要的技术经济政策，没有标准化，就没有专业化，就没有高质量、高速度。"根据形势发展的要求，经国家标准总局批准，全国文献工作标准化技术委员会于 1979 年 11 月 7 日成立。该委员会上属国家标准总局领导，下设有七个分委员会，一个工作组。其名称为：

第一分委员会　缩微摄影术（对口单位 ISO/TC171）

第二分委员会　文字音译（对口单位 ISO/ TC46/SC2）

第三分委员会　专业术语（对口单位 ISO/ TC46/SC3）

第四分委员会　自动化（对口单位 ISO/TC46/SC4）

第五分委员会　词表和标引、分类法（对口单位 ISO /TC46/SC5）

第六分委员会　书目著录（对口单位 ISO/TC46/SC6）

第七分委员会　出版物格式（ISO/TC46/SC7）

直属工作组　设备用品

全国文献工作标准化技术委员会是文献工作专业性标准化技术组织，其工作范围是开展我国有关图书、情报、档案和出版领域的传统业务和实现自动化方面的标准化工作，并与国际标准组织第 46 技术委员会（ISO/TC46）及国际标准化组织 171 技术委员会（ISO/TC171）是对口单位。全国文献工作标准化技术委员会的工作任务是：

1. 研究文献工作标准化的理论、政策和技术措施；

2.组织文献标准草案送审工作；

3.组织制订标准化工作的长短期计划；

4.归口管理 ISO/TC46 业务工作；

5.组织翻译、出版 ISO/TC46 有关文件。

全国文献工作标准化技术委员会及其各分委员会成立以来，都取得了一定工作成绩，在起草国家标准草案，组织翻译 ISO 资料，参加 ISO 组织的国际活动，以及积累理论经验资料等方面，均做出了贡献，从而在文献工作标准化的事业上迈出了一大步。

第六分委员会是具体领导和制订有关文献著录标准。1979年底在无锡举行的全国文献工作标准化技术委员会成立会议上，曾提出了两个文献著录标准的草案：一个是北京图书馆标准化小组提出的《全国文献目录著录标准（草案）》，另一个是中国科学技术情报研究所提出的《情报检索刊物题录的著录格式（草案）》。此后，经过 1980 年 7 月的镇江会议，1982 年 11 月北京通县会议，1983 年 3 月福州会议，直到 1983 年 11 月长沙会议，组织了全国各类型图书馆、情报所和高等院校有关同志反复讨论修改，历经三年时间，在前两个《草案》的基础上修改制订出《文献著录总则》与《检索期刊条目著录规则》两个文本。文本体现了我国制订技术标准的方针政策，既靠拢国际标准，又结合我国实际，基本上能满足具体工作的需要，为我国文献著录标准化奠定了良好的基础。

我国文献著录标准化工作虽然起步较晚，但在近几年来有了较快的进展，取得了一定成绩。与文献工作有关的，经国家标准局批准为正式国家标准的，有《文献目录信息交换用磁带格式》（GB2901－82）、《中文书刊名称汉语拼音拼写法》（GB3259－82）、《检索期刊编辑总则》（GB3468－83）、《文献类型与文献载体代码》（GB3469－83）、《文献著录总则》（GB3792.1－83）、《检索期刊条目著录规则》（GB3793－83）、《文献主题标引规则》（GB3860－83）、《普通图书著录规则》（GB3792.2－85）、《连续出版物著录规则》(GB3792. 3 – 85)、《非书资料著录规则》(GB3792. 4 – 85)、《档案著录规则》(GB3792. 5 – 85)、《地图资料著录规则》(GB3792. 6 – 86)、《中国标准书号》(GB5795 – 8 6)等,已在文献检索磁带文献标引和集中编目等工作中得到应用。

自从 1979 年 11 月全国文献工作标准化技术委员会成立以来,经过多方努力,已取得可喜的成绩,制订了各项标准与草案,大大促进了我国图书、情报检索等单位自动化工作的进展。

第四节 《文献著录总则》简介

《文献著录总则》(简称《总则》)是根据《国际标准书目著录》(ISBD)的制订原则,结合我国实际情况编制而成。现就文献著录标准的编制体例与《总则》的主要特征简介如下:

一、文献著录标准的编制体例

任何标准都有一个编制体例,以恰当的形式去表达标准的内容。因为文献著录涉及面广、内容多,在整个标准的体例上,需要划分为总则与分则。《总则》主要是解决各类型文献著录标准以及著录内容的表达形式。《总则》确定了各类型文献著录的目的、原则、适用范围、著录项目、标识符号、著录格式、著录详简级次、著录用文字以及著录依据等。它作为制订各种文献著录标准的指导性文件,不供具体文献著录使用。因此,文献著录标准的编制是采取由总则到分则的编制体例。在《总则》的原则指导下,结合各类型文献的特点和实际工作中的情况,再制订各分则著录标准。如:《普通图书著录规则》、《连续性出版物著录规则》、《非书资料著录规则》、《地图资料著录规则》、《乐谱著录规则》、《技术标准著录规则》……等。使总则与各分则分期制订,陆续出版,形成一整套有内在联系而又各具特点、相互独立的文献著录标准。采用这种方法,有利于逐步编制,陆续颁布、实施,及时解决实际工作中的需要。既可以分别为单项标准,也可编辑为专业标准汇编。

二、《文献著录总则》的主要特征

(一)著录项目

《总则》为适应各类型文献著录和各种不同性质目录的编制,共确定为九大项:1.题名与责任者项;2.版本项;3.文献特殊细节项;4.出版发行项;5.载体形态项;6.丛编项;7.附注项;8.文献标准编号及有关记载项;9.提要项。在各大项目内又设置了相应的若干小项目。这些大小项目的设置主要解决著录的统一,使不同类型的文献、不同文种、不同载体的目录可以互换,使我国编制的文献目录能为国外读者识别与利用。著录项目基本上概括了各类型文献的共性,除一般的名称相同的著录项目外,对于著录项目名称略有差异的"载体形态项"也概括了普通图书、连续出版物与非书资料的不同载体物质形态的记录内容,其中某些项目又可兼容各类型文献著录的特征。如:"文献特殊细节项"仅供连续性出版物著录卷、期、年起迄,地图的比例尺和投影法,以及其他文献的特殊问题而设立的,不适用于普通图书著录。对于供图书馆目录使用的《普通图书著录规则》等就必须增加排检项,集中各种检索点,为编制各种款目提供标目,以便发挥手工目录多途径检索的功能。

(二)标识符号

《总则》使用的标识符与《国际标准书目著录》(ISBD)使用的标识符完全一致。它与通常使用的标点符号形象有些相似,而其作用与意义不同。这些标识符都是加在大小著录项目之前,仅作为一种通用的检索语言,克服不同语种方面的障碍,使之有助于说明各个不同项目的内容,从而使以一种语言的使用者编制的记录,也能被其它语言的使用者所理解,就像音乐符号在五线谱上某一位置,就发什么音一样。因此采用标识符不但便于书目情报的国际交流,也有助于把手工目录转换为机读目录。

图书著录中使用标识符号,首先从目录工作的现代化与国际资源共享考虑。国际编目界普遍认为没有标识符号的著录是不完善的记录,也不便于识别与利用。特别是利用电子计算机编目,更要加强著录项目的识别职能。文献著录使用标识符是编目工作与现代化技术相结合的产物。但在国内手工编目过程中,从文献著录、目录组织到读者检索等方面都会带来不少的问题。尤其对自编自印的款目,不但增加工作量,而且会影响其质量。因此,基层图书馆可采用简要级次,即选用图书文献的主要项目,其使用的标识符相对的会简单些。但对省市级以上的大型图书馆,要通过逐步的实践、认识过程,认真采用,以便于国际书目情报交流与目录转换成机读目录,为实行联机检索作准备。

除著录项目标识符号外,还有著录内容识别符。这与传统图书著录条例使用的符号大致相同。下面分别介绍著录项目标识符与著录内容识别符的类型与使用。

1. 著录项目标识符

《总则》规定在各个大小著录项目之前冠以相应的标识符号:

(1). –   各大项(题名与责任者项、提要项除外)。

(2)=   并列题名、并列丛编名。

(3):   副题名及说明题名文字、出版发行者、图、副丛编名、价格。

(4)/   第一责任者、与本版有关的第一责任者。

(5);   不同著作方式的责任者、同一责任者的第二合订题名、第二出版发行地、尺寸或开本、丛编编号。

(6),   相同著作方式的其它责任者、出版发行年、国际标准连续出版物编号、分段页码。

（7）＋　　附件。

（8）·　　附属丛编号。

（9）∥　析出文献的出处。

2. 著录项目标识符说明

（1）除·—占两格外（不应移行），其他符号占一格，在它们的前后均不再空格。

（2）各类型文献采用著录项目标识符时，如有特殊需要可适当增减。

（3）题名与责任者项以外的各个大项如回行，可省略"·—"但其前一项目的结尾需用"·"。各大项中的小项回行均不应省略标识符。

（4）凡重复著录一个项目，需重复添加该项目的标识符，但其重复著录的项目属于大项的第一小项时，则应按著录项目标识符规定加相应的标识符。

3. 著录内容识别符

（1）（　）　责任者所属机关名称、中国责任者时代、外国责任者国别及姓名原文、印刷地、印制者、印制日期、载体形态的补充说明、丛编项等。

（2）〔　〕　文献类型标识、自拟著录内容。

（3）……　省略著录内容。

（4）?　推测附注及不能确定年代（与"〔　〕"结合使用）。

（5）·　大项目结尾、第一合订题名与责任者结尾，外文缩写。

（6）~　起止连接。

（三）著录格式与著录项目的选择

著录格式是构成款目的各个项目在载体上的排列顺序及其表述方式。《总则》著录格式的表述是段落符号式，除提要项另起一段著录外，其它各项连续著录为一段。各大小项目之前冠以一定的标识符号。

正题名＝并列题名：副题名及说明题名文字〔文献类型标识〕/第一责任者；其他责任者.—版次及其他版本形式/与本版有关的责任者.—文献特殊细节.—出版地或发行地：出版者或发行者，出版日期或发行日期（印制地：印制者，印制日期）.—数量及其单位；图及其他形态；尺寸或开本＋附件.—（丛编名/责任者.国际标准连续出版物编号；丛编编号。附属丛编）.—附注.—中国文献标准编号；（装订）：价格

提要

各类型文献的著录格式，可结合不同目录载体的要求，根据《总则》的段落符号式原则另行制订。

为了适应全国不同类型图书馆与文献情报部门的实际情况与需要，为了兼顾各类型文献著录的特殊性，允许在不违反原则的前提下（如具有著录项目及统一的排列顺序与标识符号等），对著录项目的选择可以有一定的灵活性。即选择不同的详简程度，恰当安排著录内容，以提高文献著录的目的性与实用性。为此，《总则》将著录项目分为：

1. 主要项目：正题名、第一责任者；版本项；出版发行地，出版发行者，出版发行日期；载体形态项。

2. 选择项目：并列题名、副题名及其说明题名的文字、文献类型标识、其他责任者；文献特殊细节项；印制地、印制者、印制日期；丛编项；附注项；文献标准编号及有关记载项；提要项。

根据以上项目选择著录的详简，区分为三种不同的级次：

1. 简要级次：仅著录主要项目。

2. 基本级次：除著录主要项目外，还著录部分选择项目。

3. 详细级次：包括主要项目与全部选择项目。

各种级次所包括的著录项目及适用范围各不相同，供不同单

位文献著录选择使用,不过国家书目与全国集中编目必须采用详细级次,包括主要项目与全部选择项目,其他类型图书馆与单位的文献著录的详简级次,根据本单位实际情况自行选择。

（四）文献类型标识

在题名责任者项中,包括有文献类型标识项,应著录在副题名后面的方括弧内。

文献类型标识符是作为一种检索语言,它对文献类型起着直观作用,既能使检索者易于识别,也便于标引者掌握,达到文献标引和文献检索速度快、效率高的目的。

文献类型标识符同时设置多种,以沟通各种检索工具和检索系统,使其在国内通用。双字码用两个大写罗马字母标识,一般取该名称汉字汉语拼音首字母,或取两个关键字的首字母。单字码用一个大写罗马字母标识,一般取该名称的英文首字母,如有重复则灵活处理。因而有些字母不是名称的英文首字母,仅起代码作用。

国家标准《文献类型与文献载体代码》（GB3469－83）对文献类型代号作了规定（见表1～2）。

表1　文献类型代码表

序　号	名　称	简　称	双字码	单字码
1	专　著	著	ZZ	M
2	报　纸	报	BZ	N
3	杂　志	刊	QK	J
4	会议录	会	HY	C
5	汇　编	汇	HB	G
6	学位论文	学	XL	D
7	科技报告	告	BG	R
8	技术标准	标	JB	S
9	专　利	专	ZL	P

序　号	名　　称	简　称	双字码	单字码
10	产品样本	样	YB	X
11	中译文	译	YW	T
12	手　稿	手	SG	H
13	参考工具	参	CG	K
14	检索工具	检	JG	W
15	档　案	档	DA	B
16	图　表	图	TB	Q
17	古　籍	古	GJ	O
18	乐　谱	谱	YP	I
19	缩微胶卷	卷	SJ	U
20	缩微平片	平	SP	F
21	录音带	音	LY	A
22	唱　片	唱	CP	L
23	录像带	像	LX	V
24	电影片	影	DY	Y
25	幻灯片	幻	HD	Z
26	其它(盲文等)	它	QT	E

表2　文献载体代码表

序　号	名　　称	简称	双字码	单字码
1	印刷品	印	YS	P
2	缩微制品	缩	SW	M
3	录音制品	音	LY	A
4	录像制品	像	LX	V
5	机读磁带制品	机	JD	R
6	其　它	它	QT	E

1.文献类型标识符的应用

(1)适用范围:文献类型标识符仅在含有各种文献类型的目录及其检索工具中使用。还可运用于图书情报部门的其它工作环

39

节(文献报导、统计等),根据各单位实际情况和各类型文献的性质决定。普通图书、期刊一般不必标识。必要时,可引用国家标准《文献类型与文献载体代码》(GB3469－83)。

(2)著录方法:(a)文献类型标识符著录于文献题名后,并用方括号"〔〕"括起;(b)一著作由一文献类型转变为另种文献类型,依被著录的文献类型而定,必要时,可将原文献类型标识符著录其后,并加圆括号。如手稿缩微胶卷为〔SJ〕或〔SJ(SG)〕;学位论文缩微卡片为〔SP〕或〔SP(XL)〕;(c)文献类型与文献载体交叉时,以标识文献类型为主。必要时,可在其后再标识文献载体,并加圆括号。例如:印刷型的手稿,可标识为〔SG〕或〔SG(YS)〕;(d)多种文献类型或载体并存时,选取其主要部分标识,否则按"其它"标识。

2. 明确有关文献类型的范围(见 GB3469－83 的"文献名称注释")

(1)专著包括教材等;

(2)会议录包括论文座谈会、讨论会等;

(3)汇编包括论文集等;

(4)科技报告包括科研报告、技术报告、科技调查报告、科技考察报告等;

(5)技术标准包括技术规范、法则等;

(6)产品样本包括产品说明书等;

(7)参考工具包括年鉴、百科全书、字典等;

(8)检索工具包括各种目录、书目、文摘杂志、联合目录等;

(9)图表包括地图、地质图、气象图、蓝图、表格等;

(10)古籍包括金石、竹简等;

(11)缩微制品包括缩微胶卷、缩微卡片(胶片)等;

(12)录音制品包括唱片、录音磁带等;

(13)录像制品包括电影片、幻灯片、录像磁带等;

（14）机读磁带制品包括计算机用磁带、磁盘、磁卡等。

《总则》的制订与颁布标志着我国图书馆事业发展的一个新阶段。依据《总则》的原则,将要陆续制订与颁布各种不同载体文献著录分则,形成我国完整的一套文献著录体系。这一系列标准的制订与颁布不仅为全国各类型图书馆、科学情报部门进行手工检索,发展各种协作活动,建立全国统一的文献报导和检索体系,开展全国目录情报交流,实现全国文献资料共享开创了条件,而且也为我国图书馆工作自动化打下基础。《总则》的颁布、实施,对逐步实现图书馆的科学管理、自动化、网络化、和参加国际书目情报交流都具有非常重要的意义。

第三章　图书基本著录

图书基本著录是指编制一种图书的款目时，首先编制而成的款目的著录规则与方法。包括：对图书的认识与分析、著录项目、著录格式、标识符、各著录项目的特征与著录方法以及图书馆业务注记等内容。

按《中文普通图书统一著录条例》（简称《条例》）首先编制的款目称为基本款目；按国家标准《普通图书著录规则》（简称《规则》）首先编制的款目称为通用款目。当图书馆编制各种目录供读者多途径检索时，《条例》与《规则》在著录的内容、方法上虽有某些不同，但作为编制其他各种款目的基础，其作用是相同的。

第一节　图书的认识与分析

图书是文献中品种最多，出版量最大的出版物。图书馆要揭示藏书，必须通过对图书的认识与分析，才能正确地记录与报导图书。认识图书主要是认识图书的内容与形式结构。

一、图书内容的认识与分析

图书著录应以整个图书作为对象，图书著录所需的各个项目应取材于图书本身，它是图书著录的总来源。

为了在分类目录和主题目录中编制分类款目与主题款目,必须对图书内容进行了解与分析。认识与分析图书内容一般可通过下列几个方面。

（一）书名

书名一般可以表达书的性质。但是绝对不能单凭书名的表面意义来决定一书的类别与主题。因为有不少书名往往不能准确地表示图书的内容。有的书名含义比内容范围广泛,有的书名含义比内容范围狭窄,有的书名只有象征性的意义,反映主题不够确切。因此,必要时对书名的理解还要查看书的目次、序跋、导言或正文才能正确地判断其内容。

（二）目次

目次是全书内容的总纲,查阅目次可以了解图书的内容范围和题材。

（三）序跋

包括序言,凡例和跋语等。是说明书籍著述或出版意旨,编纂体例和作者编制、写作或流传的经过。也可包括对作家作品的评论和有关问题的研究。古代多列于书末。后来一般置于书前,列于后者为跋,列于前者为序。两者体例大致相同,因而合称为序跋。

（四）导言

在图书的开头,用简短的话介绍最主要的内容,揭示它的主题思想,以便引导读者进一步阅读全文,谓之导言。阅读导言可以初步了解本书的立场、观点以及它的政治思想倾向。

（五）正文

简略地翻阅一遍正文,在于进一步了解本书的主题及著者编写本书的目的、政治思想倾向,以及对读者的用途。此外,还可借助著者的专长、出版者专业性质、丛书名称等,进行综合判断与识别。

（六）内容提要

也称内容简介或出版提要。阅读图书的内容提要是了解一书的主要内容和读者对象的简便途径。根据提要的介绍可以进一步了解书名是否概括了该书的内容实质。

二、图书形式结构的认识与分析

要将整部图书著录清楚，除对内容进行分析外，还应从它的形式结构方面来分析。

一部书通常由以下几方面构成：书衣、封面、扉页、题词页、书名页、部分书名页、序、凡例、目次、卷首、正文、卷末、附录、跋、索引、版权页等。当然并不是每部书都有这些部分，但是这些部分都可作为著录项目的来源。

图书形式结构与图书著录的主要信息来源是图书组成部分的书名页、版权页、封面、书脊、序跋、正文等处。必要时可参考有关工具书，力求准确完整地反映图书的全貌。

（一）书名页

大部分图书只有一个书名页，在书名页上通常记载着书名、著者、出版地、出版者、出版期以及丛书名与使用对象等。它概括了一书的主要特征，提供比较完全的著录项目。

各类型图书的书名页不完全相同，也有以双书名页概括一部书的著录项目。双书名页有以下不同的形式：

1. 总书名页与部分书名页：这两个书名页常出现在多卷书与丛书中，有时也出现在合订本图书中。著录整套图书的事项时，应以总书名页为依据；著录各分卷、分册的事项时，则以部分书名页为依据。

单书名页样式

·图书情报业务丛书·

《普通图书著录规则》
图 例 手 册

朱育培　马书慧　编写

黄俊贵　审定

辽 宁 人 民 出 版 社
一九八六年·沈阳

大衆心理學全集

吳靜吉博士策劃

為我們共同生活的世界·提出解決之道或者描繪出適當的藍圖

43

實用管理心理學（上）

實用管理心理學（上）

波諾瑪、卓特曼 合著／余振忠 譯

遠流出版公司

大衆心理學全集

吳靜吉博士策劃

44

實用管理心理學（下）

實用管理心理學(下)

波諾瑪、卓特曼 合著／余振忠 譯

遠流出版公司

2. 主要书名页与对照书名页:翻译的书或有参考价值的科技文献、工具书等,常把原书名或外文书名的书名页印出来作为对照。在这种情况下,应以与正文文字相同的书名页为著录依据,对照书名页的书名,应著录在附注项。

对照书名页	主要书名页
A NEW ENGLISH- CHINESE DICTIONARY Second Revised Edltion *Compiled by Zheng yili* 　　　　*Cao Chengxiu* *Revised by*　*Zheng yili* 　　　　*Dang Fengde* 　　　　*Xu Shigu* 　　　　*Hu Xueyuan* 　　　　*Liu Bangchen* 　　　　*Shen Fengwei* The Commercial Press 1987,Beijing	英 华 大 词 典 修订第二版 原编者　郑易里　曹成修 修订者　郑易里　党凤德　徐式谷 　　　　胡学元　刘邦琛　沈凤威 商 务 印 书 馆 1987年·北京

3. 主要书名页与补充书名页:重版书有时将其第一版或早期出版的书名页或封面印出来作为补充书名页。如下例所举人民文学出版社出版的鲁迅著作。著录时应以符合本书版本的书名页作为著录依据。

补充书名页（原版封面）　　　　　主要书名页

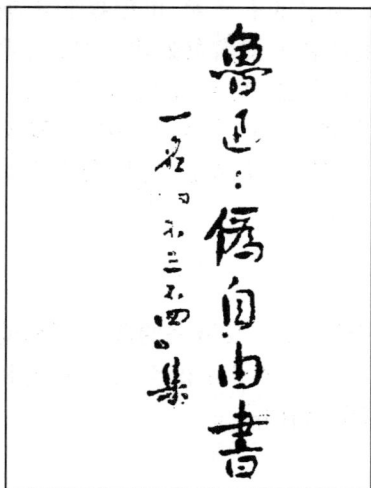 

4.展开式书名页:这是出版社将一个书名页的记录,分别印在两个书名页或一个扩大书名页上,著录时,必须依据两个书名页的记录进行各事项的著录。

展开式书名页

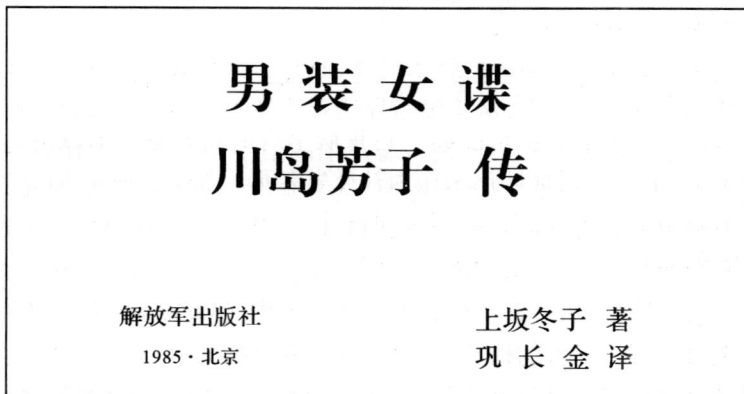

51

（二）版权页

又称版本记录页。当书名页上的记录不全时,可根据版本项的记录著录。版权页是出版社为供读者了解该书的出版情况,附印在图书正文前或后的版本记载。有书名、著者、出版地、出版者、出版期、印刷者、版次、印次、开本、印张、印数、书号、价格等。随着在版编目(CIP)的实现,版权页的内容将有所增加,它将会成为图书著录的主要依据。

三、封面

封面也称"书皮",为书的表层部分。一般指书的前封面和前封里,有时兼指底封里和封底。前封面一般印有书名、作者姓名和出版社名称等。封面有保护书页和装饰作用。

四、书脊

书的背脊。指书籍前后封面联接处,书脊上一般也印有书名、作者姓名和出版社名称等。

有的旧平装图书,常无书名页,其版式与线装书相似,于卷端题书名。在这种情况下,还应将封面、书脊等处所反映的内容相互联系为一个整体进行著录。

图书著录不是单纯的技术工作,而是一种具有思想性的工作,应从读者的需要出发,从正确指导读者选择图书出发,要求著录以揭示图书的内容实质为原则。著录中的诸事项如书名责任者项、版本项、出版发行项、载体形态项、丛书项、附注项、提要项、排检项以及组织各种目录成分的主要款目、附加款目、分析款目、综合款目和参照片等,都是从深度与广度揭示图书内容实质和思想倾向的有效方法,把图书著录作为单纯技术工作,强调简化,追求速度,只热衷于图书外形的描写,而忽视图书内容的揭示,不但谈不上编制必要的附加款目与分析款目,也不能适应利用电子计算机多途径检索的功能,这样形式主义编制图书目录的现象,与科学技术发展的要求有很大差距。应引起图书馆工作者重视。

第二节　著录项目、基本著录格式与标识符

一、著录项目

按照各类图书的著录依据,将一种图书的内容与外形特征记录在特制的卡片上或表格栏里,以便识别图书的内容、使用价值与物质形态。用以揭示图书内容和形式特征的记录事项称为图书著录项目,这些是构成款目的内容。

国家标准《普通图书著录规则》(简称《规则》)的著录项目分为9项,与传统使用的《中文普通图书统一著录条例》(简称《条例》)6项的内容大同小异,仅仅在个别项目的排列顺序和段落内容安排方面有所不同。

现将国家标准《规则》的著录项目与国家标准《总则》的著录项目的联系以及传统使用的《条例》著录项目的差异列表如下页。

下面就《普通图书著录规则》各著录项目包括的内容范围及用途分述如下:

(一)书名与责任者项

书名包括正书名(单纯书名、交替书名与合订书名),并列书名、副书名及说明书名的文字。书名最能反映一本书的内容实质和科学属性,是认识一本书的起点,读者常凭书名向图书馆员索取图书。

《文献著录总则》 GB3792·1-83	《普通图书著录规则》 GB3792·2-85	《中文普通图书 统一著录条例》
1 题名与责任者项	1 书名与责任者项	1 书名项
2 版本项	2 版本项	2 著者项
3 文献特殊细节项	3 文献特殊细节项（不 适用于普通图书）	3 出版项
4 出版发行项	4 出版发行项	4 稽核项
5 载体形态项	5 载体形态项	5 附注项
6 丛编项	6 丛书项	6 提要项
7 附注项	7 附注项	
8 文献标准编号及有关 记载项	8 标准书号及有关记 载项	
9 提要项	9 提要项	
	10 排检项（实际只有9 项）	

　　责任者包括个人或机关团体及其著作方式,责任者是对作品付出劳动,作出贡献,并对作品内容直接负责者。著作方式是表达著作的形式和责任者对著作负有何种责任。不同的著作方式可表达著者对图书负有不同责任。责任者对读者选择图书具有重要的意义。因为,一部著作与责任者的思想水平、学术水平有着密切的关系,所以许多读者往往以责任者的不同作为选择图书的标准。

　　《规则》在著录格式的正文部分以书名开始著录,将责任者接在书名后面,以便进一步识别图书,合称为书名与责任者项。

　　(二)版本项

　　包括版次与制版类型以及与本版有关的责任者。《条例》对版本的内容包括版次、版刻,著录在出版项中。《规则》则作为一大项,以显示图书版本记录的重要性。图书因版本的不同,内容也有所增减或修改,读者通常是通过版本项的记录确定所选择的图书。

（三）文献特殊细节项

仅供连续出版物著录卷、期、年起迄，地图的比例尺和投影法等而设立。

（四）出版发行项

包括出版地、出版者、出版期。必要时可将印刷有关资料著录在出版发行年，月之后，加以圆括弧，若有关出版项资料不全时、可用印刷地、印刷者、印刷年代替。著录在出版发行项的相应处。

（五）载体形态项

记录图书物质形态方面的特征。包括：图书的篇幅（页数或卷（册））、图、表格、照片、肖像以及书型的大小和附件等。在《条例》中称为稽核项，即稽查核对图书内容的项目。名称虽不相同，而包括的内容则大同小异。

（六）丛书项

丛书项是指汇集多种单本图书成为一套，从总体或其中某一组成部分揭示图书的项目。主要包括正丛书名，并列丛书名、副丛书名，附属丛书名、丛书编者以及国际标准连续出版物编号、丛书编号等。通过丛书项著录可以协助人们识别图书的性质、图书的用途、图书的对象和图书的参考价值。《条例》将丛书项包括在附注项中，而《规则》独立列为一大项，以显示其重要性。

（七）附注项

附注项补充说明以上正文部分各著录项目的内容。凡正文部分著录不全或不甚明确的项目，均可作为附注内容著录。图书的目次、附录等也属附注项的内容。

附录包括参考书目、索引、参考资料、作者小传等。

（八）标准书号及有关记载项

包括中国标准书号及其装订、价格等记载。利用标准书号可简化图书馆工作中的采购、登记、出纳及目录检索等。同一种图书的不同装订本,其编号也不同。标准书号的利用也成为机读目录储存、排检及图书流通的重要手段。

(九)提要项

"提要"古代称为"解题",是解释题目的意思。编写提要是我国目录学史上的优良传统。〔《国际标准书目著录》(ISBD)未设提要项〕因此,我国的《文献著录总则》以及各分则都保留了提要项。提要项对图书内容简介和评述,力求正确反映图书的政治观点、学术价值、写作意图和阅读对象等。

(十)排检项

包括图书的各种排检点。有书名、著者、主题、分类等排检标目。排检项的作用是确定款目的性质,并提供款目的检索途径。

此外,图书馆员为了工作需要,在款目上制定一些符号和略语,这些记载不表示图书内容与特征的著录,一般称为业务注记。包括索书号、目录分类号与完全分类号、登记号和储藏地点、根查等。

国家标准《普通图书著录规则》的著录项目与《中文普通图书统一著录条例》著录项目的组织方式大同小异,所不同者有以下几方面:

1.《规则》将《条例》中的书名项与著者项合并为书名与责任者项;

2.《规则》将《条例》中的版次、版刻由出版项中抽出单独为版本项,置于书名责任者项之后;

3.《规则》将《条例》中的丛书名由附注项中抽出单独为丛书项,置于载体形态项后面圆括号内;

4.《规则》增设了中国标准书号有关记录项与排检项。排检项集中该书的全部著录标目(检索点)。以交替标目代替《条例》的固定标目。

二、基本著录格式

基本著录格式是将图书著录项目组织排列在不同的载体上，其著录段落、著录项目、著录顺序与标识符号都按统一规定。标准化的著录格式，可提高目录的检索效率。

（一）著录项目详简级次的划分

基本著录格式中的著录项目应该全面、详细，而且要有概括性和选择性，必须满足各类型图书馆各种目录与各类型文献著录的特点，并要适应电子计算机检索的功能与要求。

图书著录项目可分为主要项目与选择项目。

主要项目：包括正书名、第一责任者；版本项；出版发行项（出版地，出版者，出版期）；载体形态项。

选择项目：包括一部书的并列书名，副书名及说明书名文字，其他责任者；印刷地，印刷者与印刷年；丛书项；附注项；标准书号及有关记载项；提要项；排检项等。

根据著录项目的详简不同，图书馆目录的基本著录分为三种不同的级次。仅仅著录主要项目的款目，称为简要著录级次；除著录主要项目外，还著录部分选择项目的款目，称为基本著录级次；凡著录主要项目与全部选择项目的款目，称为详细著录级次。

国家书目及全国集中编目必须采用详细著录级次，其他类型图书馆著录的详简级次，各单位可根据实际情况进行选择。但国家书目与图书馆目录必须著录排检项，在同一单位图书馆目录中图书著录项目的详简级次也必须一致。

另外，著录项目选择还要根据文献本身的特点。例如：文献的主要著录比较明确，就不必选用附注项。又如：文献著录内容很复杂，无法照录时，除著录主要项目外，并可选择附注项、提要项作扼要说明。对著录项目的选择要持慎重态度，对不同单位与不同类型文献应采取不同的选择标准。不可随意简化或详尽无遗，要按

《规则》规定的详简级次，才能做到有条有序，保证文献著录的一致性。

（二）基本著录格式的类型

基本著录格式有国际通用的段落符号式与传统使用的段落空格式两种。国家标准《普通图书著录规则》采用了段落符号式。国家书目、全国集中编目以及大型图书馆图书编目都必须使用段落符号式，选择详细著录级次与标识符号，以便国际书目交流，并且适合转换为机读目录。

国内基层图书馆、室，对外无交流任务，又无经费订购全国集中编目铅印卡，在手工编目的条件下，为了统一起见，最好也使用段落符号式，不过可选用简要著录级次，只著录图书的主要项目，使用的标识符号相应的会简单一些。

第一种是段落符号式：按载体的不同又可分为卡片式与书本式。

1．卡片式著录格式

国家标准《普通图书著录规则》的著录格式，没有固定标目，是通用的"著录单元"。它为各种款目提供记录的基础。各种标目集中于排检项，制作各种款目时，需进行技术加工。其格式包括9个著录项目，分为6段进行著录，每个著录项目前冠以特定的标识符号。

第一段　包括书名与责任项；版本项；出版发行项。从卡片上端往下1.5cm和从左端向右2.5cm交界处著录，一行著录不完，移行时突出一字著录。

第二段　包括载体形态项；丛书项。丛书项接在载体形态项后面，圆括弧内；

第三段　附注项；

第四段　标准书号及其相关记载项；

第五段　提要项；

第六段　排检项。

从第二段起,每段都另起一行与书名第一字齐头著录,一行著录不完时,突出一字。唯在附注项、排检项与前一段间隔一行,其格式如下:

例片1　通用款目格式(《规则》)

正书名＝并列书名:副书名及说明书名文字/第一责任者,其他责任者.—版次及其他版本形式/与本版有关的责任者.—出版发行地:出版发行者,出版年、月、(印刷地:印刷者,印刷年)

页数或卷(册)数:图;尺寸或开本＋附件.—(丛书名/编者,国际标准连续出版物编号;丛书编号)。

附注
中国标准书号(装订):获得方式
提要

Ⅰ.书名　Ⅱ.著者　Ⅲ.主题　Ⅳ.分类号

○

例片2　通用款目

甲申三百年祭/郭沫若著.—2 版.—北京:人民出版社,1954.4(1972.2 重印)

33 页;大 32 开

0.11 元

本书为纪念明朝末年李自成领导农民起义胜利的三百年而写。

Ⅰ.甲申三百年祭　Ⅱ.郭沫若　Ⅲ.李自成起义　Ⅳ.K248.1

注:主题据《汉语主题词表》标引;分类号据《中国图书馆图书分类法》分。

2.书本式著录格式

书本式著录格式与卡片式著录格式一样分详简不同的著录项目。该格式将著录项目分为两个段落进行著录,各著录项目之间使用的标识符号与卡片式相同。

第一段　包括书名与责任者;版本项;出版发行项;载体形态项;丛书项;附注项;标准书号及有关记载项均连续著录。

第二段　是提要项。著录时与书名第一字齐头,移行与卡片格式相同。各著录项目前使用的标识符号也与卡片格式相同。唯排检项一般不著录,如有排检需要,可根据目录性质进行著录。

例片3　书本式著录格式(《规则》)

正书名＝并列书名:副书名及说明书名文字/第一责任者;其他责任者.—版次及其他版本形式/与本版有关的责任者.—出版发行地:出版发行者,出版发行年、月(印刷地:印刷者,印刷年).—页数或卷(册)数:图;尺寸或开本＋附件.—(丛书名/编者,国际连续出版物编号;丛书编号).—附注.—中国标准书号(装订):获得方式

提要

例片4　书本式著录(《规则》)

甲申三百年祭/郭沫若著.—第 2 版.—北京:人民出版社;1972.2.—33 页;大 32 开,0.11 元

本书为纪念明朝末年李自成领导农民起义胜利的三百年而写。

3.著录项目标识符

它是根据《总则》标识符的规定结合图书的特点展开的。

(1)书名与责任项

　　正书名

　　＝并列书名

:副书名及说明书名文字

/第一责任者

,相同著作方式的责任者

;不同著作方式的其他责任者

(2)版本项

.—版次及其他版本形式

/与本版有关的责任者

,与本版有关的相同著作方式的责任者

:与本版有关的不同著作方式的其他责任者

(3)出版发行项

.—第一出版发行地

;第二出版发行地

:出版发行者

,出版发行年、月

(印刷地

;第二印刷地

:印刷者

,印刷年)

(4)载体形态项

.—页数或卷(册)数

,分段页码

:图

;尺寸或开本

+附件

(5)丛书项

.—正丛书名

=并列丛书名

:副丛书名及说明丛书名文字

/丛书编者

,国际标准连续出版物编号（ISSN）

;丛书编号

.附属丛书名

（6）附注项

. —中国标准书号

（ ）装订

:获得方式

4.著录项目标识符使用说明

（1）除". —"占两格（"."占一格,"—"占一格,不宜分开移行）,其他符号均占一格,在它们前后均不再空格。

（2）书名与责任者项以外的各大项如换项移行,可省略". —",但其前一个项目的结尾需用"."。各个小项如换项移行,其标识符可置于前一行末,或后一行首。

（3）凡重复著录一个项目,需要重复添加该项目的标识符号,但其重复著录的项目属于大项的第一小项时,则应按著录项目标识符规定加相应的标识符。

例如:. —上海:人民:商务,1982 年

. —北京:香港:三联,1983 年

（4）书名中连接语法关系的标点应保留,其结尾带有标点时,著录项目标识符仍按规定添加。

例如:警惕啊,人们! /冯之丹著

论《华盖集》及其"续编"/王锦泉著

（5）不进行著录的大小项目,其标识符连同项目一并省略。

5.著录内容标识符及其使用说明

本《规则》采用的著录内容识别符与通常编目使用的标点符号基本相同。

（1）（ ）中国责任者时代,外国责任者国别及姓名原文、印刷

地、印刷者、印刷年、载体形态项的补充说明、丛书项、装订。

(2)〔 〕自拟著录内容。

(3)……省略著录内容。

(4)? 推测附注及不能确定的年代(与"〔 〕"结合使用)。

(5).大项目结尾,第一合订书名与责任者结尾、外文缩写。

(6)~ 起讫时间。

第二种是段落空格式:按载体的不同也可分为卡片式与书本式。

中文图书在国家标准《普通图书著录规则》发布、实施以前,传统使用的是北京图书馆编的《中文普通图书统一著录条例》,其基本著录格式有一般书写卡片格式与供统一编目铅印提要卡格式,这两种格式均采用段落空格式。

1.卡片式著录格式

《条例》中两种格式的著录项目均包括六大项,以书名为著录标目,从卡片(长 12.5cm,宽 7.5cm。第一直线距离左边 2cm,第二直线距离第一直线 1cm)第一行第一直线开始著录,如果一行写不完,回行向右缩进两格,使书名居于显著的位置。

其他项目分为四段进行著录。

第一段　包括著者项和出版项,在出版项前空 1 公分;

第二段　包括稽核项;

第三段　包括附注项;

第四段　包括提要项。

除标目外各段的著录从第二直线开始,一行写不完回行提到第一直线继续著录。同一段落中有两个著录项目则空两格(1 公分)表示;同一著录项目中的各小项之间则以空一格表示。一张卡片著录不完可续片,续片可简化著录,只著录索书号、书名和著者,卡片右上角标注 2/2,即可继续著录。在第一张卡片的右下角注明"接下卡"字样,在右上角标著 1/2,左为顺序号,右为总张数。

其格式分别如下：

例片5　基本著录格式（《条例》）

索书号　　书名项（书名、副书名、有关说明书名的文字）

　　　　　著者项（著者姓名及其著作方式 副著者姓名及其著作方式）

　　　　　出版项（出版地 出版者 出版年 版次版刻）

　　　　　稽核项（页数或册数 图表 开本 装订 价格）

　　　　　附注项

　　　　　提要项

　　　　　　　　　　　　　　　　　　　　　　完全分类号

　　　　　　　　　　　　　　○

注：作为分类款目时，还应加注目录分类号。

例片5　基本著录格式（背面）

　　　　　　　　　　　　○

	根　　查		
分类		主题	
书名		主附	
著者		分析	
分附		书析	
书附			
著附		共计	

登录号及藏书地点

64

例片6　基本著录格式（铅印提要卡）

书名项（书名、副书名、有关说明书名的文字）
著者项（著者姓名及其著作方式 副著者姓名及其著作方式）
出版项（出版地 出版者 出版期 版次 版刻）
稽该项（页数或册数 图表 开本 装订 价格）

附注项
提要项
书名原文

| 中图法 | 科图法 | 中图法（简本） | | 发行号 | 专题号 |
| 分类号 | 分类号 | 分类号 | | 统一书号 | 编印号 |

编印日期　　　　　　　　◯

北京图书馆统一编目组按《条例》编印的铅印提要卡，就是一条基本款目，与书写格式基本相同，不同的是铅印提要卡在书名上加注了汉语拼音，便于图书馆按标准的汉语拼音组织字顺目录。另外在卡片圆孔左侧印有该书的《中国图书馆图书分类法》分类号，《中国科学院图书馆图书分类法》分类号以及《中国图书馆图书分类法（简本）》分类号，供各类型图书馆选用。分类号下面是该款目的编印日期，卡片圆孔右侧印有发行业务号，统一书号、专题号与编印号等。

在卡片上，一定的位置和一定的距离都给予一定的记载，表示一定的意义。如果位置弄错了，距离不准，或段落不分明，就会使查阅目录的人不了解目录记载的意义。因此，必须遵守格式上著录事项配备的位置。现根据以上著录格式举例如下：

例片 7　基本款目(《条例》)

索书号　甲申三百年祭
　　　　郭沫若著　北京　人民出版社　1954 年 4 月　（1972 年 2
月重印）　第 2 版
　　　　33 页　大 32 开　0.11 元

　　　　本书为纪念明朝末年李自成领导农民起义胜利的三百年
而写。

　　　　　　　　　　　　　　　　○

例片 8　铅印提要卡(段落空格式)

dōng xīn xiān shēng jí
冬　心　先　生　集　四卷
　　（清）金　农撰　上海　上海古籍出版社　1979 年 3 月　影
印本
　　1 册　32 开　0.75 元

　　清人别集丛刊

　　金农(1687－1763)，善诗文，工书画，为"扬州八怪"之一。本书
是他的诗集。共四卷。他的诗在思想性和艺术性上均有相当成
就，同时，作品中所反映的思想感情，也有助于对其书画的欣赏和
研究。书末附录《冬心斋砚铭》一卷。

1222.749 44.3564　　　　　　　　　　　　　　37－4〔78〕
K234.68　　　　　　　　　　　　　　　　　　　沪乙 11－5〔31〕
1980 年 1 月 28 日编印　　　　○　　　　　　10186.81 80－0749

2. 书本式著录格式

书本式目录的著录一般多是简要著录。图书馆通用的著录格式是以《条例》中的著录项目分为两段空格著录,即将书名项、著者项、出版项、稽核项连起来成为一个著录段落,各著录项目以空格表示,一行写不完回行时从书名第一字向后空一格著录;第二段包括附注项与提要项,从书名缩一字著录,回行时与书名齐,在必要时该段内容可简略或省略。

一般书写的书本式著录格式除空格外,还有利用表格逐栏填写的,表格式没有提要,附注也很简单,稽核项只记页数或册数。它适用于小型图书馆编制书本式目录与活页式目录。其格式分别如下:

例片9　书本式著录格式

索书号　书名项　著者项　　出版项　稽核项
　　　　　附注项　提要项
索书号　书名项　……

例片10　表格式著录格式

	索书号	书名项	著者项	出版项	稽核项	附注项
○						
○						

第三节　著录项目的特征与著录规则

前面介绍了各著录项目的内容范围、性质、作用,各著录项目在不同载体上的排列顺序与著录格式等。本节研究著录项目的特征与一般著录规则。

各类型图书馆藏书中，收藏着各种不同类型的图书，其著录项目在每种书上的表现形式是多种多样的，从书名、责任者到版本、出版发行及出版形式等方面都各不相同。因此，要有一个切实可行的著录规则，才能保证图书著录的正确与统一。

下面根据《普通图书著录规则》、《中文普通图书统一著录条例》中的著录项目，结合当前图书出版发行中的实际情况谈谈图书著录中常出现的问题与处理方法。

一、书名与责任者项

该项由书名与责任者组成。书名是图书内容的概括，在一般情况下，从一本书的名称就可以知道图书的主题与性质，如《中国哲学史》、《中国通史》，从书名就了解其内容实质。然而也有一些图书的书名，不能反映其学科内容，如：《根》根据书名可判断是一本植物学内容的书，其实是叙述一个美国家族的历史。又如：《儒门事亲》似乎是一本儒家的伦理学著作，实际是一本中医学书籍。另外，书名在书中的表现形式也比较复杂，例如：有的书籍的书名在书名页、版权页、封面和书脊等处名称不一致；有的书中有外文字母、阿拉伯数字、化学符号或型号标记、标点符号等；有的书名前冠有"新编"、"增订"、"简明"等字样；有的书名中有著者，这些著者有的属于书名组成部分，有的则不属于书名组成部分而是该书的著者。著录的时候，除应遵守著录规则以外，还要根据图书馆的类型、任务、藏书情况、读者对象以及手工目录与机读目录的要求，考虑著录项目的详简级次。

下面分别谈谈书名与责任者的著录规则：

（一）关于书名著录规则

1. 正书名

（1）正书名是指一本书的主要名称,通常以书名页记载的书名为准,无书名页时,以版权页为准,还可参考封面、书脊等处的记载,书上各处所记载的书名与书名页不同时,应在附注项内注明。有的书名前冠有"新编"、"增订"、"简明"等字样时,在正文中按原题著录,当以书名作标目时,最好用圆括号括起,或者略其冠词,突出书名的主要部分;组织书名目录时,除去不计,以便同一主题的书名款目排在一起,避免不同主题因前面冠以相同的字样的款目,而无意义的集中,增加排检工作中的工作量。

例如:(新编)中医学

　　　(简明)中医学词典

　　　(增订)中医兽医学

又如:新编中医学

　　　新编化学词典

　　　新编成语小词典

（2）书名中有标点符号、外文字母、化学符号、型号标记、阿拉伯数字的应照录。

例如:TQ－16 计算机 ALGOL 程序设计

　　　X 射线

　　　生理学 5000 题解。

　　　几何学 ABC

　　　卡尔! 一个美国英雄的故事

　　　现代社会的第 361 行——秘书

（3）多卷书的分卷(册)次是正书名的组成部分,以单卷(册)为单位编制款目时,其卷(册)次与正书名之间空一格,用汉字著录。

例如:哲学史　第六卷

　　　水浒传 一百二十回

2. 交替书名

交替书名是指同一图书的书名页上具有两个或两个以上交替使用的不同书名。通常称为"又名"它具有解释书名的作用。

著录时,中间用"又名"连接。两个以上的交替书名著录于附注项。如果不载于书名页而载于其它地方的交替书名,亦著录于附注项内。

例如:论艺术,又名,没有地址的信

西行漫记,又名,红星照耀中国

3. 合订书名

合订书名是指一部图书由几个著作合订而成,没有一个共同的书名,而在书名页上出现两个或两个以上的书名,称为合订书名。在《条例》中曾称为"平列书名"。

著录时,对同一个责任者的合订书名,依次著录两个,中间用";"标识。不属同一责任者的合订书名,则应将书名与责任者分别著录,并在中间加"."标识。《条例》规定皆以空格表示。不属同一责任者的合订书名,在三个及其以上,著录第一个书名与责任者,其他均著录在附注项,或自拟书名著录。

例如:纪念白求恩;为人民服务/毛泽东著

唐国史补/(唐)李肇著·因话录/(唐)赵璘著

4. 并列书名

并列书名是指在书名页上用两种或两种以上文字相互对照时,其中第二个及其以后的书名。但不包括汉语拼音与汉字并列的书名。具有并列书名的图书大都属于多语文图书。

著录时在并列书名前用"="符号标识,与书名并列的汉语拼音文字不予著录。一般翻译作品的原文书名著录在附注项中。

例如:了解科学 = Understanding Science

5. 副书名及说明书名文字

副书名及说明书名文字是对正名的解释、补充,在俄文编目条例中曾经称为题下项,它的内容包括进一步揭示图书的题材、用途、著作体裁等。

（1）凡有副书名者，应著录在正书名后面，在它们之间加":"标识符。《条例》中规定一般书写款目在正书名后面用破折号连接。

例如：伟大的历程：回忆战争年代的毛主席

从一到无穷大：科学中的事实和臆测

从一到无穷大——科学中的事实和臆测（《条例》）

（2）说明体裁、内容、性质或范围等的文字，应著录在正书名后面，在它们中间加":"标识符。《条例》规定一般书写款目，在正书名后面对以上文字加( )表示。

例如：再生集：相声

死城：科学小说

国际共产主义运动简史：1849－1917

国际共产主义运动简史(1849－1917)（《条例》）

（3）当正书名含义不清，需要进一步解释时，可自拟简短的字句作为副书名，凡自拟的字句应加〔〕。

例如：青铜时代：〔论文集〕

天地玄黄：〔散文集〕

天地玄黄：〔散文集〕（《条例》）

6. 冠于书名前一行的著者，是否属于书名的组成部分，要根据不同情况，参考前言、后记、出版说明以及有关工具书等，予以著录。

凡是专题汇编、著作集，书名前所冠著者姓名应属于书名的组成部分；凡是专著，书名前所冠著者姓名则不属书名的组成部分。

例如：

专题汇编书名页	书名责任者著录规则

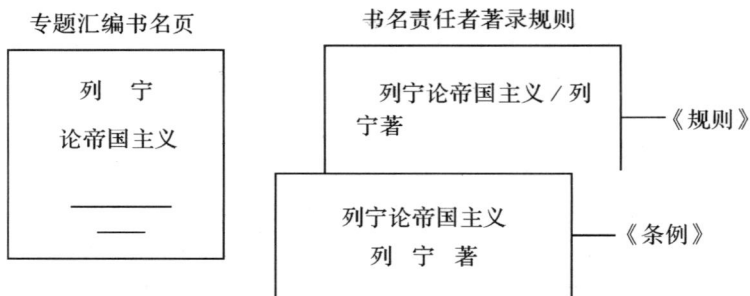

专著书名页	书名责任者著录规则

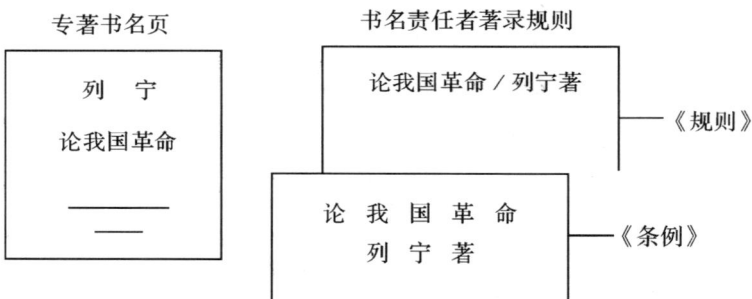

7.凡属以下情况之一的说明文字,著录于附注项

（1）正书名后面所列出的附录；

（2）多卷书综合著录的卷（册）次及卷（册）书名；

（3）图书用途及读者对象；

（4）译自某种文字；

（5）写作材料来源及根据。

（二）关于责任者著录规则

责任者是指对一本著作负有一定责任的个人或机关团体。其著作方式一般有：著、编著、主编、选编、缩写、执笔、作曲、绘画、译、编辑、改编、注释、注解、制订、提出、起草等,也包括机关团体名称发表的图书资料。因此,责任者分为个人责任者和集体责任者。

72

在著录中责任者也是识别一种著作的事项,特别是书名相同的书,责任者更是区别不同著作的重要标志。

1. 责任者著录的基本原则是:同责任者在图书馆目录中必须用同一姓名。这样才能在目录里集中同一责任者的著作。因此,在著录时,除了根据书名页、封面、版权页外,还应查考有关工具书。责任者姓名有原名、别名、笔名、改名之分,一般应按书名页上正式姓名或常用的别名或笔名著录。对于一个责任者的不同名字或译名应用其中为读者所熟悉的著录。例如,用"鲁迅"而不用原题"周树人";外国译名用"斯大林"而不用原译"史达林"。应使用参照法将不同名字联系起来,既便于读者从不同名字检索到图书资料,又便于同一责任者的著作在目录里集中。

2. 不同时代的责任者(清以前)姓名前加朝代名称,并加"( )"。同朝代同姓名的人,还可加注生卒年或籍贯、职业等。对于僧人的著作,一般按照原题的法名著录,名前所冠的"释"字,需加"( )"。

如:(唐)李白

(唐释)玄奘

3. 外国责任者姓名称呼比较复杂。书名页上姓名的记载与款目上姓名的著录,前后次序不一样,著录时,姓名应倒置。除姓名前加注国籍(苏联著者,十月革命前加注"俄",十月革命后加注"苏")与中译姓氏外,在其译姓后还要加注原文姓氏与名字的缩写字母。国籍与原文姓名均要加"( )"。

例如:(俄)普希金(Пушкин, А. С.)

(苏)高尔基(Горький, М.)

(美)爱迪生(Edison, T. A.)

为了便于统一外国责任者的译名,编目工作者应编制译名参考卡作为工具。或利用《英语国家姓名手册》、《德语姓名译名手册》、《俄语姓名译名手册》等工具。

日本、朝鲜、越南、匈牙利等国家图书书名页上姓名的记载与我国一样，都是姓在前，名在后，著录时，不必倒置。

如：(朝)金日成

　　(越)黄文欢

　　(日)松本高士

　　(匈)莫里兹(Moricz Zsigmond)

4. 要注意用不同的著录方式分清一种书的著者、合著者与参加作者的不同职责。因为不同方式的责任者对一种书分别负有不同的责任，付出的劳动也有大小。谁对该书负主要责任？一书的主要成就应归功何人？都要通过正确的著录方式介绍给读者。

一种书有两位著者合著，应一同著录。三位以上的著者合著，就著录第一位姓名，后加等字。对一些汇编本、注释本等如何选择主要著者与参加著者则要认真考虑。一个人著作的汇编本，应先著录原著者，再著录汇编者。三个以上的著者汇编本，以汇编者、选编者作为著者。经过注释、注解、修改、改编的著作，也是首先著录原著者，再著录注释者、修订者、改编者。翻译著作，先著录原著者，后著录译者，但对转译其他文字的著作，只著录原著者和汉字译者，其他文字译者可著录于附注项。文艺著作经改编后体裁有所改变时以改编者为第一著者，将其原著者著录在附注项。酌情为合著者以及不同方式的著者编制附加款目，以便读者通过不同著作方式的著者能检索到他需要的图书，也便于同一个著者以不同方式编写的著作都能集中反映在著者目录中。

5. 集体责任者一般规定用正式或法定的名称，中国共产党与中国共产主义青年团，除党、团全体代表大会用全称以外，可分别用其简称"中共"、"共青团"。

集体责任者一般上有领导机构，下有附属机构。凡是国家政权机关，原则上须先写出国名，再写机关名称。但对本国的可以不写中华人民共和国，只写机关名称。如"卫生部"、"文化部"、"铁道部"等。国务院直属局、委员会著录时,可简称"国家……委员会"。如:"中华人民共和国体育运动委员会",应著录为:"国家体育运动委员会"。著录其他国家最高权力及管理机关的出版物时,应以国名加机关名称作为责任者。对地方政权机关应写明其省、(市)名。一般团体组织,如党、工厂、企业单位、科学、教育、文化机构等责任者,有专名的可不加上级机关名称,用其专名,如:"北京图书馆"。没有专用名称的,必须冠以其上级机关名称,如"中文系"则须冠以某大学的名称,如:"武汉大学中文系"。

各民主党派组织责任者,以其全称为标目,如中国民主同盟(不用"民盟")。青少年、妇女、工人、学生等各种人民团体、群众组织,以惯用名称为标目。如少先队(不用中国少年先锋队)、中国妇联、全国总工会、全国学联、全国文联等。各种会议以会议名称(全称)、届次、时间、地点为标目。

凡法律、法令、规章、条例、条约以及规程、标准等,应以编者或提出者、起草者、编定者为责任者,其审查、批准者或颁布者著录于附注项,但无编者或提出者、起草者、制定者时,则以审查者、批准者或颁布者为责任者。

集体责任者更改名称时,以所著录的刊物上的题名为准,同时用参照法把它们联系起来。

责任者的著录不应是机械的抄写书名页,要根据图书的具体情况来决定,如党和政府出版物,其中有的是人民出版社编辑,如果以出版社为责任者,并在著者目录中反映,使这些指导性文件集中在出版社名下,是不恰当的,也是不符合事实的,再者读者也不会从出版社的角度来检索党和政府的文件。如:《中国共产党第八次全国代表大会文件汇编》,其责任者应该是"中国共产党"集体名称。

二、版本项

包括图书的版次、版刻。

版次是指图书排版次数，用来标明图书版本的重要变更。图书第一次出版的为"第一版"，又称"初版"。在第一版基础上，其内容又经过著者作较大的修改，增删后重新排制出版的称为"第二版"，还可能有第三版、第四版、新一版及修订版等。不同的版次反映着图书内容修改的程度，最新的版本，内容更为丰富、新颖，更受读者的重视，也是读者选择不同版本图书的依据之一，所以应予以著录。

第一版不必著录，因为凡初出版的图书都是第一版。但新一版必须著录，新一版是从其他出版社转移过来的版本，其版次又从第一版算起称作新一版，第一版与新一版的区别就在于出版者更换了，书籍内容一般没有任何变化，对其余版次则按书名页或版权页所题版次著录。表示版次用阿拉伯数字，"等"字省去。如"·—2 版"或"·—X 版（增订本）"，如果是第一版的修订本，则著录为"·—修订本"。

印次是指同一版型图书重复印刷的次数，不论印刷多少次其内容及形式都没有变化。

版刻是指图书制版的类型和复印的方法。版刻的不同，其使用价值不同。版刻包括从古代的木刻本，木活字本、铜活字本到铅印本、石印本、珂罗版本、胶印本、油印本、晒印本、静电复印本、缩微本等，此外还有手抄本、稿本等。

著录中凡属铅印本、胶印本一概从略，对其他制版方式应如实著录。

该项使用的标识符与空格法参见本章第二节有关部分。

三、出版发行项

包括出版地、出版者、出版期。

有关出版项的记录，是熟悉一本图书在出版方面的特征。某些图书因出版项的不同，其内容产生差异，因此，它也是读者识别图书的重要项目。

（一）出版地

是指出版者（社）所在地的城市名称。出版地不是印刷者所在地，然而在一般的情况下，出版者出版的书，是在出版者所在地印刷，由于各种原因，某一出版者出版的图书，往往分别在若干地方印刷，不论在何处印刷都应以出版者所在地为准著录。出版者如有分支机构出版的书，则分别以不同的机构所在地著录。如："三联"书店所在地是北京，而在香港设有分支机构，他们出版的书籍，则分别以北京或香港为出版地。出版地可反映地方性出版物的特点，往往也是读者选择图书的条件。

（二）出版者

是包括负责著作的整理、付印出版的机关团体或出版企业组织等。他也可显示各自的特点，解放前出版者带有鲜明的政治色彩。如生活书店出版的书籍较为进步，而正中书局出版的书籍极为反动。

解放后出版事业有计划有组织的发展，目前经国家有关方面批准，正式出版社已有 400 多个，大都进行了分工分专业出版。它们负责图书出版的选题、组稿、审阅与编辑，并编有出版者前缀号。如人民出版社为"7－01"，商务印书馆为"7－100"，湖北人民出版社为"7－216"。

按出版范围划分有中央级出版社与地方性出版社。中央级出版社有：人民出版社、人民文学出版社、商务印书馆、中华书局等。地方性出版社有：各省（市）人民出版社，如：湖北人民出版社、河南人民出版社、北京人民出版社以及各省(市)文艺出版社与科普出版社等。

按专业分有:冶金工业出版社、轻工业出版社、地质出版社、文物出版社、人民邮电出版社与人民教育出版社等。

另外还有各个机关团体、生产、科研部门等出版的图书,它们没有代号,一般印有"内部发行"字样。凡不经国家有关方面批准的出版机构发行的图书,一律为非正式出版物。正式出版社出版的图书出版者、发行者、印刷者的记载比较清楚。非正式出版物往往没有出版者或发行者记载,其编者往往就是出版发行者或印刷者,著录时要具体分析。

(三)出版期

出版期的著录,首先取决于版次。就是说,一书的出版期主要指某版次的出版时间,如 1981 年 2 月第 1 版,出版期即为 1981 年 2 月,当一书同时有几个版次时,出版期则以最新的版次、出版年、月为准。如《中国共产党党史讲义(上册)》出版项是上海、上海人民出版社,1981 年初版,1982 年出第 2 版,该书的出版期即为 1982 年。由于出版期是标志着著作内容的时代性,凡经过著者修改、增删重新出版的图书,其出版期应以最新的出版版次时间为准,才能体现其时代的特点。

对图书的印刷时间一般不著录,但对马列主义经典著作与著名作家的著作,如果出版年与印刷年相隔时间太久,必要时应著录。如:(俄)普列汉诺夫的著名著作《论艺术》出版期是 1964.12(1974.5 第 2 次印刷)

出版期按原题的纪年著录,可省略"年"、"月"。如非公元纪年,应在期后著录公元纪年,并加"〔〕"。如"宣统二年",著录为:宣统二〔1910〕,民国 20 年,著录为:民国 20〔1931〕,对旧纪年无法推算时,可查阅有关工具书。

出版期不详,可用印刷期代替,凡查得的出版期,或测推的出版期,则用〔 〕,或〔?〕表示。例如:查得〔1946〕,推测〔1952?〕。

四、载体形态项

它是关于一种书的内容、形态与外部特征完整程度的记载,原称为稽核项,包括书的页(册)数、图表、书型、附件等。

（一）页数或卷数

页数以正文页数为主。如果正文前后的内容重要,页数较多,则分段依次著录(正文前、正文、正文后),中间用","表示。

页数以单面编码计算。综合著录的多卷书,如果页数连续编码,先著录总册数,再著录总页数,页码置于"( )"内。如果分卷著录,著录其起至页码;各分卷单独编码,则著录总册数即可。

例如:4 册(l564)页

××× ~ ×××页

合订本页数计算较复杂,可按分册单位编码,其后注明分段页码,加( )。图书中未标明页次的,可计算原订页数或全书页数,著录加"〔 〕",不易统计者著录为"1 册"。

例如:1 册(152, 150, 84)

又如:行书字帖(鲁迅诗选)

〔20〕页

（二）图

包括插图、折图、彩图、照片、肖像等。

凡计算在正文页次内的插图,著录"有图",置于正文之前的加"冠"字,置于正文后的加"附"字,以示区别。重要的插图,应计算其幅数。

例如:148 页:有图

17 页:附图版 32 幅

136 页:冠照片 15 张

一书由图表组成或书名已明确为图表者,如"图解"、"画册"、

"对数表"等,在载体形态项中不再重复著录。

（三）开本或尺寸

开本以一定大小的纸张为单位,对折开切而成。各种开本的幅面尺寸不同,因而有 32 开、16 开、64 开以及 128 开之分。通常使用的纸张尺寸大小有 380×1230;787×1092;695×990 等毫米的不同。因此,开本的幅面尺寸有大 32 开与小 32 开的区别。图书开本的记录依据是版权页。（参见:中华人民共和国标准图书,杂志开本及其幅面尺寸 GB788 - 65）。

著录文献资料的尺寸,应以封面的长×宽为准。一律按厘米量度计算。如:散页印刷品以及单张地图等,以折叠方式出版者,除记录原尺寸外,还将折叠后高宽的尺寸著录在后面。

例如:48×30cm 折成 24×15cm

（四）附件

凡与图书同时出版,并单独成册的,为该书的附件。对附件的著录有以下不同方式。

1.附件与图书必须结合使用,一齐入藏的,著录于载体形态项末尾,前面以"＋"标识。必要时,按一般著录方法描述附件特征。

例如:《黑白电视机的使用与维护》

　　　　172 页:有图;大 32 开 + 电路图 1 册(24 页:彩图,32
　　　　开)

2.附件具有自己的题名,可独立使用者,应分散著录,另行编目。在各自附注项相互注明,以便查检。

3.若附件随书刊行并具有自己题名,又连续出版者,与图书的主要部分综合著录,即将附件作子目,著录于附注项。

五、丛书项

丛书项是由丛书名称、丛书编者和编号组成。其作用在于揭示一套图书的性质和使用价值。丛书单独为一项,记录在载体形态项后面,加"( )"表示。共同组成一个著录段落,既醒目又节约卡片空间。丛书具有次第文字及各种编号者应照录,以";"标识。

例如:. —(建筑工人技术学习丛书;二)

附属丛书名著录在正丛书名后面,其前用"·"标识符。

例如:. —(万有文库·百科小丛书)

著作的各个组成部分,分属于不同丛书时,不予著录,可在附注项说明。

六、附注项

附注项是对正文内各项的补充与说明。依其各项的顺序予以补充,只要某项著录不全,或不明确的均可作为附注。常见的附注内容有:

1. 封面、书脊、书口、版权页的书名,与书名页不同者,应注明。如"封面题名为:×××""版权页书名为:××××";

2. 翻译的图书,注明外文原名,转译的图书注明出处;

3. 书名由考证而增补者,注明"书名据××××增补";

4. 更变书名,注明"本书原名:××××";

5. 责任者系考证所得,注明"据××××考订,责任者为×××";

6. 改编的作品,注明原书的责任者、体裁及书名;

7. 转印本、抽译本、抽印本,注明所依据的原书;

8. 影印的古籍或翻译资料,注明所依据的原书或原稿;

9. 图书所载出版如有差误,加以注明;

10. 载体形态项目不明确,加以注明;

11. 分属于不同丛书的著作,加以注明;

12. 图书所附的参考书目、索引、参考资料,著者小传等。

七、标准书号及有关记载项

它包括中国标准书号、装订、获得方式等。

(一)中国标准书号

中国标准书号是由国际标准书号和图书分类号、种次号两部分组成,其中国际标准书号是中国标准书号的主体,可以独立使用。

国际标准书号(International Standard Book Numbers 简称 ISBN)最初是由美国鲍克(Bowker)公司的经理设想出来的,后来被英国研究使用,又引起国际标准化组织的注意,于 1972 年国际标准化组织第 46 技术委员会(ISO/TC46)作为国际标准颁布,其标准与代号为:《国标标准书号编号法(ISO2108-72)》。从此,ISBN 就成为世界范围内通用的国际标准书号,并在德国柏林设立了 ISBN 国际机构"国际 ISBN 中心",负责协调世界各国有关标准书号的编号工作。

ISBN 为国际标准书号的代号,后面有 10 个数字,分 4 段组成。每段之间以短横或空格间隔。第一段为国家、区域或语言集团号,由 ISO 拨给;第二段为出版商代号,由国家、区域或语言集团的有关标准化组织根据出版商所报出版量拨给的代号;第三段为书号,由出版者自己编;第四段为稽核号,为计算机核查数字。

例如:《英美编目规则》(北美版)的国际书号为:

```
ISBN    0  -  8389  -  3119  -  7
        ⋮        ⋮         ⋮       ⋮
     国家区域或 出版商    书次号  稽核号
     语言集团号 代号
```

凡参加国际标准组织的国家出版的书都可根据国际标准书号编制法编制各国的标准书号。自该标准颁布以来,使用的国家和区域愈来愈多。到 1985 年,国际 ISBN 中心记录已有 55 个国家和地区的约 14 万家出版单位已使用。我国已正式加入国际标准号系统,并确定我国一位数字的组号为"7"("0"代表美国,"1"代表英国,"2"代表法国,"3"代表德国,"82"代表挪威,"90"代表荷兰),一般单位数字代表较大的地域或国家。双位数字代表较小的地域或国家。为了适应我国"四化"建设的发展和出版发行、图书馆、情报等部门的工作需要,根据国务院关于积极采用国际标准的政策,国家出版局决定采用《国际标准书号》,以取代原有的"全国统一书号"。并制订了《中国标准书号》(GB5795 – 86),已由国家标准局于 1986 年 1 月 16 日颁布。

"全国统一书号"是我国于 1956 年开始实行的,它在出版事业与图书馆工作中已起过一定的作用,该号由分类号、出版社代号与该出版物的种次号组成。

《国际标准书号》系统与"全国统一书号"相比,缺少图书分类号。由于我国目前图书出版、发行及图书馆工作还是以手工检索、手工排架为主,在图书上印有分类号还是必要的。因此,在制定《中国标准书号》时,决定在 ISBN 编号之外,增加"图书分类号——种次号","分类号"按照《中国图书馆图书分类法》编制,"种次号"是同一出版社所出版的同一类图书的顺序编号。

例如:

$$\frac{\text{ISBN7 – 144 – 11316 – X}}{\text{TP} \cdot 1064}$$

或 ISBN7 – 144 – 11316X – ╱TP · 1064

《中国标准书号》对每一种书编一个号,适用于图书资料的出版、发行、征订、管理、加工、查目以及利用电子计算机储存、排检等工作需要。

国家出版局规定自 1987 年 1 月 1 日以后发稿的图书,从征订目录到版权页记录一律采用《中国标准书号》和"全国统一书号"两种编号,作为过渡。自 1988 年 1 月 1 日起排版的书稿,将只印

《中国标准书号》,而取消"全国统一书号"。

(二)装订获得方式

装订形式包括平装、精装、卷轴、散叶和单幅等,除常见的平装本不著录外,其他均按原书装订形式著录。

图书的价格根据原书版权页或书背所题著录。凡非卖品,需如实著录。按分卷(册)计价的多卷(册)书价的总和数,置于"〔〕"内。原书未标明价格或以其他币制标价时,均从略不予著录。

八、提要项

提要项编写时可参考原书的内容提要、前言、后记、目次等。文字要简练、准确、通俗,能概括出一书的主题和内容。

按提要的作用可分为简介和评论两种。简介是叙述性的,扼要介绍书中要点和优缺点;评论则比较详细,深入地探讨书中论述的是非,在政治上与科学上的价值,特殊贡献或错误等。简介一般适用于图书馆目录,北京图书馆统一编目部编的铅印提要卡片,就是简介性质。评论一般适用于学术性书目,两者也可以结合运用。

提要不仅是读者选择图书时的指导,而且是向读者宣传推荐图书的重要著录事项,它是体现目录思想性和科学性的一种有效措施。凡订购北京图书馆铅印卡的可不必另行编制。编写提要是非常严肃的工作,需具备一定的理论水平、科学知识与文艺修养。它属于一项供选择性的著录项目。在没有条件胜任的图书馆,可以标引该书的目次或篇目,以达到揭示图书主题和内容的目的。

九、排检项

这项是《条例》中没有而国家标准《普通图书著录规则》中新增设的项目。台湾著录规则中称为"追寻项",外国则称为"根查项"、"检索点"或"存取点"。参考以上几种不同的提法,根据我国文献目录排列检索的习惯，拟定了"排检项"这个术语，还是比较妥当的。

（一）排检项的作用

排检项是集中文献标目的事项。包括书名、责任者、主题、分类号等标目，其作用在于为编制各种款目提供标目，确定款目的性质，并提供款目的排检途径。

根据制作不同款目的需要，将有关标目加到通用款目上，独居一行、较书名突出一字（分类标目则著录于款目的左侧，目录分类号位置），就产生书名、责任者、主题、分类等不同性质的款目。在不同性质的款目中，又有作用不同的主要款目与附加款目之分。排检项文献标目的种类多少，与图书本身的内容特征和图书馆目录体系的建立有密切关系，如果图书馆没有设置主题目录，就不必在该书排检项中标引主题词。

（二）排检项著录顺序

每种图书的各种标目作为排检点集中著录在通用款目的排检项（手写时，辅助款目的排检项可以省略）。按书名、责任者、主题、分类号排列，分别用"Ⅰ"、"Ⅱ"、"Ⅲ"、"Ⅳ"罗马数字标识，一种性质的标目有主次时，可依次用阿拉伯数字排列。

书名标目、责任者标目与著录正文的书名、责任者完全相同时，排检项可采取省略著录法，即只著录标目的头一个字，其余以删节号"……"略去。制作款目时，也可在通用款目正文的有关项目下划红线，以示标目，而形成不同种类的款目。但这种方法，没有将标目加在通用款目上醒目。

第四节　图书馆业务注记

一、索书号

又称排架号。是图书在架上排列次序的依据,也是出纳工作中取、还图书与排书卡的依据,除著录在款目上显著的地方外,在相应的书卡、书标、与图书上都有索书号以便排检。索书号通常是分类号与著者号,或分类号与书次号组成。也有以登记号、书架号作为索书号。凡是一种书的各种款目在其左上角都记有该书的特定索书号。

二、目录分类号与完全分类号

为了便于排列分类款目,必须在每种书的分类款目上,给予相应的类号,这种类号主要是用于组织分类目录的,所以称为目录分类号。

如果一种书涉及两个不同的知识门类,则按照该书的主要内容加以分类,给予主要分类号,另外再按该书的次要内容给予附加分类号。一书的主要分类号、附加分类号与分析分类号就组成该书的完全分类。完全分类号一般著录在公务书名目录与分类目录的主要款目上。目录分类号与完全分类号是为了编制和查阅分类目录用的,也为了检查分类款目完备与否,不编制分类目录的图书馆中,就不必记录。

三、登录号与储藏地点

登录号表示书籍到馆时登记的次序,是清查书籍与区别复本书的根据。为了确认所著录的图书在财产登记本上的位置,并取得图书、目录与登记本之间的联系,必须把登录号记载在目录卡片上(每本书上都有相应的登录号)。通常是记在主要款目背面左方。如果各书分存在馆内不同的书库,可以将储存地点注明在相应的登录号后面。

四、根查

又称"追寻"。是表示一种书共编制了几种款目,共有多少张,一般记在公务目录的款目背面右方。

图书馆除了读者目录与采编部公务目录外,还有其他辅助书库目录、排架目录与特藏目录等。这些目录的款目,都应统计在根查之内。其作用是为了在图书注销或款目需要更改时,便于按照根查检寻所有分散了的款目,然后进行注销或更改,才不致有所遗漏,造成书、卡不符或款目记载不一致的现象。

第四章 著录标目、款目种类与参照法

第一节 著录标目

著录标目或简称标目,它是反映著作某一主要内容和形式特征,决定款目性质及其在目录中的排列顺序,并提供排检途径的著录项目。传统的中文图书的基本款目是以书名为标目进行著录,这符合我国广大读者的检索习惯及语言表达的特点。中文图书书名比较简明,反映图书内容的关键词与主题词多在前面,而表示某种体裁的名词大多在后面,如:化学手册,物理课本等。在一般情况下,只有书名最能代表一部特定的书,而区别于其他一部书,由于语言结构的不同,西文与俄文书名则相反,书名前经常是不关重要的冠词、虚词或表示体裁的词,而关键词、主题词则在后面,不便于直接从书名检索。为了改变不便于检索的结构形式,《普鲁士条例》与《英国博物院图书馆编目条例》都曾把书名中最能代表其内容的实质词或短语作标目,对不能表达其内容的词则不予著录。《英美条例》(AA Code)曾把机关名称倒置做为标目著录。这些做法都因为破坏了原文结构,读者不易查找而不断被淘汰。因此,西文与俄文图书著录条例通常是以著者为标目编制基本款目,当一种图书有 4 个以上著者或无著者时,则以书名为标目著录。由于选择标目的多样性,也使读者难以判断与利用,特别是机关团体出版物与会议录等,要从中选出符合著录规则要求的著者为标目著录,往往要反复查考工具书与其他资料确定。既费时又费事。国际图书馆协会联合会(IFLA)主持制定的《国际标准书目著录》(ISBD)与日本1977年新修订的《日本目录规则》的基本款目都是以"交替标目"代替以著者或书名为固定标目的著录方法。

中华人民共和国国家标准《普通图书著录规则》是吸取国际上,尤其是日本图书馆编目经验,结合我国实际情况制订的,书名再不作为固定标目,而采用交替标目。即在通用款目中集中提供排列和检索用的标目(题名、责任者、主题、分类号)。根据款目的性质与作用以及组织各种目录的排检顺序的需要,将有关标目加到通用款目上即可。

第二节　款目、通用款目与主要款目

一、款目

款目是图书著录的结果,是反映图书内容和形式特征的著录项目的组合。图书馆编制的检索性款目是由著录标目、著录正文、内容提要、排检项和图书馆业务注记组成,它是组织图书馆目录的最小单位,其作用是提供一种图书的目录学知识,向读者揭示图书的内容与物质形象,以便读者与馆员检索和利用。

为了多方面地揭示图书,根据图书本身的特征,对每种图书除编制通用款目外,还应以它为基础,选择不同的标目编制各种不同的检索性款目,组成图书馆的各种目录。

(一)按款目性质划分

每种图书以书名、责任者、主题、分类号为标目,就产生不同性质的书名款目、著者款目、主题款目与分类款目等4种不同的款目。它们是图书馆各种目录的主要组织成分。

（二）按款目的作用划分

因为款目在目录中所起的作用不同,所以款目可分为主要款目、附加款目、分析款目与综合款目。它们以不同的角度充分揭示图书的内容。就书名来说,每种图书除了有正书名外,还有别名、简名、副书名、交替书名以及图书各处不同的书名等,都是读者可能检索的不同途径。就责任者来说,除了第一责任者外,还有其他责任者,如合著者、翻译者、注释者、解说者、插图者等,读者也可能根据其中的任何一种著作方式的著者来检索图书。因此,在组织目录时,要提供多途径检索,除了为正书名、第一责任者编制主要款目外,还要根据需要为别名、简名、副书名、交替书名和图书各处不同的书名以及合著者、翻译者、注释者、解说者、插图者等,分别编制相应的款目。后者是前者的附加部分,称为附加款目,它是补充主要款目不足的。每种图书的主题与分类方面,也有以上类似的情况。

为了从深度与广度揭示图书资料,满足科学、教学与生产的需要,编目时,不仅仅限于揭示一种图书或一部著作,必要时可揭示图书中或连续出版物中的一章一节或一篇文章等,这样编制的款目称为分析款目,因其标目的不同,分析款目也可以从书名、著者、主题、分类4个方面揭示,而产生不同性质的分析款目。

丛书与多卷书由于出版物内容与形式的差异,一般利用综合著录法集中处理;当某些丛书宜于分散处理时,为了要掌握分散处理后的整套丛书的入藏动态,与不同去向,可补充编制综合款目。这种综合款目与附加、分析等款目都属于辅助著录的范畴。

辅助款目是某些文献因其类型与内容的不同,编制主要款目尚不能充分揭示其内容与形式时才需要编制的款目。每种文献需要编制的辅助款目不尽相同,同时也不是每种文献都必须编制辅助款目,应根据具体情况分析确定。

二、通用款目

通用款目是由著录正文,内容提要与排检项目组成,它没有固定的标目,因此,它不是一个完整的款目,不能直接组织图书馆及其他文献工作部门的检索性目录,它的正文部分仅可用于出版发行部门的通报性目录。

编制图书馆目录时,必须对通用款目进行技术加工,即把排检项目中的有关主要标目添加在著录正文之上,即成为不同性质的书名主要款目,著者主要款目,主题主要款目与分类主要款目等。在排检项中如有不同性质的次要标目,即可产生各种附加款目。它们仅仅是著录标目不同,其著录项目与著录格式都完全相同。在编目中通常称这种一式多用的款目为"单元卡"或"一式卡"。北京图书馆统一编目组编印的铅印通用款目就是"单元卡"形式。所谓"通用款目"也只是在 4 种不同性质的款目中通用(即各种主要款目与各种附加款目),分析款目与综合款目将采用另一种格式著录。

三、主要款目

主要款目是以文献的主要特征为标目编制的款目,称为主要款目。如一种图书的正书名、第一责任者、主要分类号与主要主题词等,都是其不同性质的主要特征。在一般情况下,利用文献的主要特征编制的款目就可以起到揭示文献的作用。如文洋著的《钱学森在美国》一书,其书名为钱学森在美国,责任者为文洋,主题为钱学森——生平事迹,分类号为 K826.1(《中国图书馆图书分类法》),以这些主要特征为标目编成的不同性质的主要款目,分别组织到不同种类的书名目录、著者目录、主题目录与分类目录中,读者不论从其中任何一种特征都可以在相关的目录中检索到这本书。

例片 11　主要款目

索书号　　　钱举森在美国：1936-1955/文洋著．—北京：　　1.

索书号　　钱学森—生平事迹
　　　　　　钱学森在美国：1935-1955 / 文洋若．—北京：　　2.

索书号　　文洋著
　　　　　　钱学森在美国：1935-1955/文洋著．—北京：　　3.

索书号　　钱学森在美国
　　　　　　钱学森在美国：1935-1955/文洋著．—北京：　　4.

索书号　　钱学森在美国：1935-1955 / 文洋著．—北京：　　5.
人民出版社，1984.5
109页：照片；32开．—（人物小丛书）
0.32元

本书叙述了钱学森在美国二十年的不平凡经历。

Ⅰ．钱…Ⅱ．文…Ⅲ．①钱学森—生平事迹②生
平事迹—钱学森 Ⅳ・K826・1 26・1268　K826・1

12・11　　　　　　　　　社83-88-7　　〔43〕
　　　　　　　　　　　　11001・634　85-14925

○

注：1.分类主要款目，目录分类号为K826.1，应著录在距离
索书号下1公分处；2.主题主要款目；3.著者主要款目；4.书名主
要款目；5.通用款目。

主要款目在各种目录中起主导作用，每种图书都必须编制。
在公务目录里，书名目录中的主要款目是记载图书馆完全业务注
记的款目，分类目录中的主要款目的分类号是确定图书分类排架

位置的类号,因为它是组成索书号的主要部分,也就是说,藏书在架上的排列顺序与分类主要款目在分类排架目录中的排列顺序往往是一致的。

从上例可以看出,每一种书首先要按《规则》的著录格式编制通用款目。

传统使用的《中文普通图书统一著录条例》中的主要款目是利用以书名为固定标目的基本款目,加上不同的标目而产生的。但由于其基本款目是以书名为标目,因此它可直接作为书名主要款目,分类主要款目也是利用基本款目加上目录分类号,著者与主题主要款目则在基本款目的标目上退一字著录著者或主题而形成其主要款目。(基本著录格式见例片5,主要款目见下例)

中文图书著录法中所指的主要款目与西文图书著录法中所指的主要款目的涵义不同。它是指在同一种目录中利用文献的主要特征为标目而编制的款目。由于中文图书目录是分别单独组织成各种目录,因此,在中文图书目录里的主要款目分别有书名、著者、分类、主题等4种主要款目,分别组织到4种图书目录中;而西文图书除分类目录单独组织外,字顺目录大都是不同性质的款目混合组织而成的字典式目录,因此,在西文字顺目录里主要款目只有一种,即著者主要款目。在我国由于每种目录分别单独组成,所以不论按《规则》,还是按传统的《条例》,为4种目录编制4种主要款目的意义都是相同的。

机读目录则不同于手工编目有主要款目与附加款目、分析款目的区别。机读目录首先要把每种文献的有关著录项目按着标准的著录格式与规则,编一条详细的记录,输入到计算机中储存起来,计算机可以自行按规律组合资料,按读者要求作出答复,也可以生产各种不同的款目与书本式目录。但是必须明确,计算机只能就它已经储存的资料作出答案,没有储存,它是不能靠自己制造的。因此,机读目录的著录不但要详细,并且要精确、标准。如果对一种图书不标引主题，就不能按主题检索，也不能产生主题主要款目、主题附加款目及主题分析款目等。

例片 12　主要款目(《条例》)

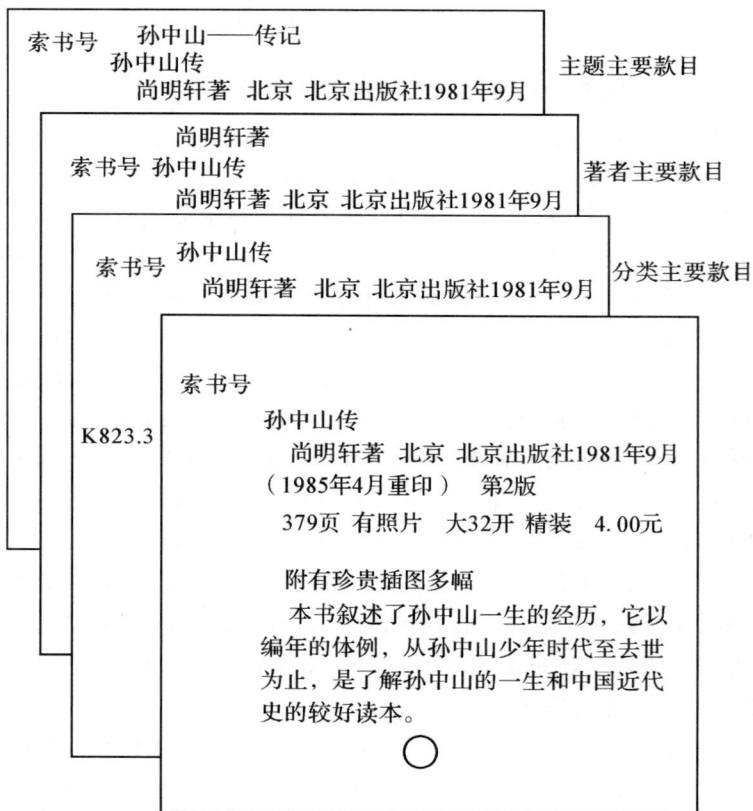

索书号　　孙中山——传记
　　　　孙中山传
　　　　　尚明轩著　北京　北京出版社1981年9月

主题主要款目

　　　　　尚明轩著
　索书号　孙中山传
　　　　　尚明轩著　北京　北京出版社1981年9月

著者主要款目

　　　　孙中山传
　索书号
　　　　　尚明轩著　北京　北京出版社1981年9月

分类主要款目

　索书号

K823.3
　　　　孙中山传
　　　　　尚明轩著　北京　北京出版社1981年9月
　　　　（1985年4月重印）　第2版
　　　　379页　有照片　大32开　精装　4.00元

　　　　附有珍贵插图多幅
　　　　　本书叙述了孙中山一生的经历，它以编年的体例，从孙中山少年时代至去世为止，是了解孙中山的一生和中国近代史的较好读本。

书名主要款目（基本款目）

第三节　附加著录

一、附加著录是我国目录学的优良传统

附加著录又称作"互著"或"互见"，此法是我国目录学优良的传统之一。汉朝刘歆在编制《七略》中就曾使用过。明代目录学家祁承㸁与清代目录学家章学诚都曾在他们的著作中阐述过它的重要性。

祁承㸁关于"互著"是这样说的："一曰互。互者，互见于四部之中也。作者既非一途，立言亦多旁及，有以一时之著述，而倏尔谈经，倏而论政；有以一人之成书，而或以摭古，或以征今，将安所取衷乎？故同一书也，而于此则为本类，于彼亦为应收；同一类也，收其半于前，不得不归其半于后"（见《绍兴先正遗书》三集《澹生堂藏书目》庚申整书略例）。他指出"互著"的必要性，阐明在什么情况下需要"互著"，如果一部著作既有谈论经学的内容，又有谈论政事的内容，有时还涉及历史方面或其他方面的内容，只著录于四部中某一类，该著作其他内容就不能反映出来。因此，他主张要利用互著法使这类多主题的著作在目录中得到充分地反映。

清代目录学家章学诚在他的著作《校雠通义》中，对"互著"阐明得更清楚。他认为，凡"理有互通"而又两用的书，应"兼收并载"，重复著录，以便于读者"即类求书，因书究学"；还可以使一书之体完整，使一家之学齐备。反之，"如避重复而不载，则一书本有两用而仅登一录，于本书之体既有所不全，一家本有是书而缺而不载，于一家之学亦有所不备矣。"（《校雠通义·互著》第三之一）他阐明了利用互著法的重要性，是为了更好的"辩章学术，考镜源流"。他不仅是目录学家，也是著名的思想家与史学家，他认为目录工作不只是

简单的分类，校正文字，更重要的是通过揭示书的思想内容，以及作者在学术方面的成就、流派和渊源，阐述学术思想的源流和发展，他主张不论是分类、图书著录与目录组织等方面，都要体现"辩章学术，考镜源流"的思想，这是章学诚在目录学上的卓越贡献。

在编目方面他主张类目清楚，类次有序，要撰写提要，提倡"互著"、"别裁"的方法，以便充分反映各个时代的文化学术的兴衰，总结历史经验教训，为现实服务。我们应继承发扬前人的优良传统，运用到当前图书馆目录编制中去，多途径地揭示藏书，从不同的角度集中反映各学科的信息，为四化建设服务。

二、分类法中"互见"类，要通过附加著录体现

分类、编目是一个问题的两个方面。在《中国图书馆图书分类法》（简称《中图法》）中，在不少的类目下，注明了"互见"类目，这是说明某些图书除分入主要的类目，还应在次要的类目中反映，才能在目录中充分揭示该书的内容特征，供读者从多方面检索。

例如：《列宁论图书馆》，根据《中图法》的分类原则，对马克思、恩格斯、列宁、斯大林、毛泽东阐述各学科门类的专著和专题汇编，除归入 A 类的有关类目外，均须按学科内容在有关的各类中重复反映。因此，该书除应分入 A267 列宁的专题汇编外，还应分入 G25 图书馆学类目中去，使经典著作在各学科领域中起指导作用。又如：对各科人物传，除应分入传记中外，还应在有关学科的科学史作"互见"。例如《中国农业科学家传记》除分入 K826. 3 传记类外，还应在中国农业史 S－092 类目中作"互见"。这些"互见"的类目，只有通过编制附加款目，才能反映在图书馆目录中。

另外，当一本书所研究的问题，不能在分类法的某一类目中完全反映的时候（即多主题图书），就必须根据这本书的科学内容和使用价值，反映到一切有关题材的类目中去，充分地揭示该书研究的诸问题。

例如:地质学家李四光编《天文 地质 古生物》(资料摘要)一书,在分类法中没有一个类目能概括这本书的内容。因此,这本书首先应分入地质类,然后还要在天文、古生物类目中重复反映。图书在架上按主要类目排列,只有利用分类附加款目,才能在分类目录中将该书的内容充分反映出来。

三、责任者的主、次差别,要通过不同的款目分别反映

从责任者来说,一本书的著者、合著者、译者、注释者等,对图书贡献的大小,所负的责任是有主次差别的。书名页上第一著者与第二著者以及其他方式著者的排列位置或许是偶然的,不足说明他们之间的主次差别。由于某些原因,这种情况在现实生活中也存在。但是应该看到它和某些不正之风有关,并非合法的现象。1983 年"光明日报"曾报导:湖南大学党委批评某教师硬要在丁钟琦副教授编著的《晶体管接收原理与设计》一书上署名的错误,并宣布今后再版,应署丁钟琦编著这则消息,不是有力抨击了在作品署名问题上的不正之风吗? 它不仅维护了责任者的正当权益,而且使责任者承担了对作品负责、对读者负责的义务。因此,尊重责任者的劳动与署名权利,在我们社会主义国家已成为一种道德规范。

因此,图书馆工作者,在编制图书馆目录中,应正确鉴别真伪著者,把一种书的主要著者与次要著者以及不同的著作方式通过著录反映到目录中,介绍给读者,供读者多途径选择与检索。

同样对于一种书的书名与主题,也有主要与次要的差别,为了满足读者多途径的检索需要,也应在目录中分别予以反映。

利用电子计算机检索,不分主次款目,但是,当前手工编目在分别组织各种目录并较长期地与机读目录并存的前提下,我们要从健全卡片式目录做起,不能忽视对卡片目录工作的改进、提高,要为过渡到目录工作自动化做充分的精神与物质准备。

四、附加款目著录法

因标目的不同,附加款目可分为:书名附加款目、责任者附加款目、主题附加款目与分类附加款目。

（一）书名附加款目

书名附加款目是以正书名以外的书名为标目的款目。如:交替书名、简名、解释书名以及图书各处不同的题名等,加在通用款目上作为标目。其作用是从其他书名来揭示图书。按国家标准《普通图书著录规则》编制的主要款目与附加款目格式完全相同（因为采用的是通用款目）,只因标目的不同而决定着款目的主次。《条例》规定附加款目的格式是在主要款目第一行加上次要标目,并向右缩回一字。两者的格式虽有差异,但是决定附加款目作用与性质的都取决于次要的标目,并且也都是在"单元卡"上加以次要的标目而形成（见例片13～16）。

例片13　书名主要款目

```
索书号　论艺术
        论艺术,又名,没有地址的信/（俄）普列汉诺夫（Плеханов.
    Г.Б）著;曹葆华译.—北京:三联,1964·12（1974·5第二次
    印刷）
        190页;大32开
        书名原文:ПисьмаБезАдРеса
        0.49元
        Ⅰ.①论…②没…Ⅱ.①普…②曹…Ⅲ.主题 Ⅳ.分类号

                        ○
```

排检项根据各馆的目录种类,及采用的不同分类法与主题词表标引。书内例片不一一标引其主题与类号。

例片 14　书名附加款目

```
索书号　没有地址的信
        论艺术,又名,没有地址的信/(俄)普列汉诺夫(Плеханов,
     Г.Б.)著;曹葆华译·—北京:三联,1964·12(1974·5 第二
     次印刷)
        190 页;大 32 开
        书名原文:Письма Без Адреса
        0.49 元
        Ⅰ.①论…②没…Ⅱ.①普…②曹…Ⅲ.主题 Ⅳ.分类号

                         ○
```

例片 15　　附加款目格式(《条例》)

```
索书号　　　附加著录标目(书的别名等　副著者名称等)
        书名项
           著者及其著作方式　出版项
           稽核项

           附注项
           提要项

                        ○
```

例片 16　书名附加款目(《条例》)

```
索书号    没有地址的信
         论艺术
         (俄)普列汉诺夫(Плеханов. Г. Б)著    曹葆华译    北京
         三联   1964 年 12 月(1974 年 5 月第 2 次印刷)
         190 页   大 32 开   0.49 元
         书名原文:Письма Без Адреса.


                           ○
```

(二)责任者附加款目

责任者附加款目是以第一责任者以外的参加责任者的姓名与著作方式和被论述者的姓名加在通用款目上作为标目的款目,其作用是在于从责任者或被论述者揭示图书。书中的被论述者的附加款目实际上是主题款目,在图书馆没有编制主题目录时,可排入著者目录中,便于集中的反映一个著者和有关该著者的图书资料(见例片 17~19)。

例片 17　责任者主要款目(《规则》)

```
索书号   鲁迅著
        伪自由书/鲁迅著·—北京;人民文学出版社,1980.3
        180 页;大 32 开
        0.58 元


        本书收集作者 1933 年所作杂文 43 篇,曾以"青光书局"名
        义出版。1936 年曾改名《不三不四集》印行一版.此后印行的
        版本都与初版相同,
           Ⅰ.伪…Ⅱ.鲁…Ⅲ.主题…Ⅳ.分类号


                           ○
```

例片 18　责任者附加款目(《规则》)

索书号　鲁迅译

　　竖琴/(苏)理定(Lidin, v.)等著;鲁迅译 · —北京:人民文
学出版社,1954

　　300 页;32 开

　　本书收集鲁迅翻译的苏联短篇小说 12 篇

　　Ⅰ.竖… Ⅱ.①理…②鲁… Ⅲ.主题;Ⅳ.分类号

○

例片 19　人名附加款目(《规则》)

索书号　鲁迅(被论述者)

　　亡友鲁迅印象记/许寿裳著 · —北京:人民文学出版社,
1953.6(1977.12.第 6 次印刷)

　　114 页

　　附:读后记/许广平 · —第 111～114 页

　　0.25 元

　　Ⅰ.亡… Ⅱ.①许…②鲁… Ⅲ.主题 Ⅳ.分类号

○

（三）主题附加款目

　　当一部书不止一个主题时,除以第一个或最重要的一个主题
作为标目编制主题主要款目外,还应当以其次要主题分别编制主

题附加款目。主题标目根据《汉语主题词表》与《文献主题标引规则》(GB38601-83)进行选择,以有关主题作为著录标目写在通用款目上。一部书的主题附加款目一般不超过三个。

(四)分类附加款目

当一种图书除了可分入主要类目外,还可分入其他有关类目,即可利用分类附加在目录中充分反映,分类号根据《中国图书馆图书分类法》与《文献分类标引规范》进行选择。对于内容涉及到几个知识门类而且有多方面使用价值的图书,特别是对于一切知识门类都有指导意义的马克思列宁主义经典著作,毛泽东著作,党和政府的指导性文件以及有关参考价值的科技图书等,应该利用分类附加款目,使它们在分类目录中得到广泛的宣传、推荐。例如:马克思著作《数学手稿》一书,除了应分入马克思的个别著作的类目之外,还应分入数学类目中去,使经典著作在各学科领域中起指导作用。

分类附加款目格式与分类主要款目格式相同,但是要在分类附加款目左下方目录分类号的位置注上附加分类号,以便按附加分类号排入分类目录中去;与此同时,须要在分类款目与公务书名款目的右下方,加注完全分类号,以便馆员检查之用。以马克思著《数学手稿》为例:

1. 分类主要款目在分类目录中排入"A124/8108"(马克思个别著作于1881年8月发表)类(《中国图书馆图书分类法》)。(见例片20)

2. 分类附加款目在分类目录中按目录分类号排在"O1a$_1$"(数学)类目中。(见例片21)

例片 20　分类主要款目

A124　　数学手稿/马克思著;北京大学《数学手稿》编译组编译. —北
8108　　京:人民出版社,1975.7.
　　　　229 页:冠手稿 5 页

　　　　0.55 元
A124
　　　　Ⅰ. 数… Ⅱ. ①马…②北… Ⅲ. 主题　Ⅳ. A124/8108 + Ola₁

○

例片 21　分类附加款目

A124　　数学手稿/马克思著;北京大学《数学手稿》编译组编译·—
8108　　北京:人民出版社,1975.7.
　　　　229 页:冠手稿 5 页
　　　　0.55 元
Ola₁

　　　　Ⅰ. 数… Ⅱ. ①马…②北… Ⅲ. 主题　Ⅳ. A124/8108 + Ola₁

○

　　除分类款目外,其他款目也可利用通用款目,在其有关标目上
划红线,而产生各种主要款目与附加款目。这种方式不如在通用
款目上加不同标目而产生的不同款目清晰、醒目。

第四节　分析著录

一、分析著录的意义、作用

分析著录又称"别裁"、"别出",也是我国目录学史上的优良传统之一。

汉朝刘歆编《七略》时也曾使用过"别裁"法,明朝祁承爜关于"别裁"是这样论述的:"一曰通:通者,流通于四部之内也。事有繁于古而简于今,书有备于前而略于后"(见《绍兴先正遗书》三集《澹生堂藏书目》庚申整书略例)。因此他主张凡有单行本,而后仅见于文集的书,如合刻本、丛书等,需要分析著录,归入不同的类目之下,以资"流通于四部之内也",以便更好地发挥这几种书的作用。凡全书在图书分类体系中应属于某一门类,而其中一部分材料与本书主要性质不同,或一部书中包括与本书性质不完全相同的著作,均需裁篇别出。关于著录方法,他明确提出要注明原在某书之中,以便查阅。这样就便于研究某一方面学问的人"知所考求"。如不采用"别裁"法,有些书或资料就"无以考矣",就难以得到有关问题完整的资料。

清代目录学家章学诚在总结前人实践经验和自己藏书经验的基础上,对"互著"、"别裁",从理论上进行了概括。他认为"别裁"的意义:一是分析出一书中篇章,可使某书中的内容,能充分得到反映;二是某书中兼有数篇,分别分析出来,也能充分在目录中反映,使用极为方便;三是对篇目分析后,原书同样可以分入有关各类,于原书亦无妨碍。但是他特别提出要"申明篇第之所自",即说明此篇是从哪里分析来的,其目的是说明"学问流别",他对"互著"、"别裁"的精辟论述对后世的影响比祁承爜更为深远。

附加著录(互著)是以整部图书为对象,以图书的不同方面揭示和推荐一部图书。而分析著录(别裁)是将书中的一部分材料分析出来,作单独著录。其作用在于向读者推荐这一部分材料,使这部分材料在目录中有关各处得到充分反映;同时也使得关于某一知识部门或某一问题的重要材料,不会因为它只构成一部书的一部分而被忽视。所以,分析著录是从深度和广度揭示图书,加强目录思想性,充分宣传利用图书资料的一种有效方法。

利用分析著录方法编制报刊资料索引,是连续出版物编目工作的继续和深入,它是发掘和揭示报刊内容的有效工具。通过分析著录可以及时地、从各方面配合党的中心任务,推荐和报导报刊上的指导性文件和重要著作。

二、分析款目格式

分析款目的著录格式包括两部分:一是析出部分,二是出处部分。出处项是分析款目的特点。如果没有出处项的记载,就检索不到所分析出的文献。另外在分析款目上,必须记上原书刊的索书号,否则根据析出的文献记载也难以检索到析出的资料。

分析款目使用的各种标识符号与通用款目相同,只是在出处项前面用"//"标识连接。

因标目的不同,分析款目可分为:书名分析款目、著者分析款目、主题分析款目与分类分析款目。

(一)书名分析款目

书名分析款目是以分析出的书名或篇名为标目的款目,出处项是通用款目的简化事项,著录于标目下面。提要项是关于析出材料事项而言,著录时另起一行。排检项一般不予著录,如有排检需要,可根据目录的性质进行著录。

例片 22　分析款目格式

索书号　析出题名/责任者

　　　　//书名/著者. —版本. —出版发行。第××～××页或卷
（册）

　　　附注
　　　提要

○

　　分析款目书本格式分为两段著录，除提要项另起段落外，其余
各个项目采用连续著录。格式如下：

　　析出题名/责任者//出处题名/责任者. —版本. —出版发行第
××～××页或卷（册）. —附注
　　提要

　　《规则》规定分析著录格式的标目与通用款目一样采用交替
标目。必要时，可在该款目上加以不同的标目而形成不同的分析
款目。组织目录时与附加款目分别排入不同的目录中，补充主要
款目的不足。

例片 23　书名分析款目

```
索书号　　《西文文献著录条例》评介
　　　　《西文文献著录条例》评介/谢宗昭著
　　　　　//图书馆学通讯/该刊编辑部.—北京:北京大学出版
　　　社,1987.6.—第 2 期,第 52～54 页



　　　　　　　　　　　○
```

（二）著者分析款目

　　著者分析款目,是以析出材料的著者姓名为标目的款目,组织目录时,与著者附加款目同排入著者目录中,可集中一个著者不同著作方式与不同出处的著作。

例片 24　著者分析款目

```
索书号　毛泽东著
　　　　在莫斯科机场上的讲话/毛泽东著

　　　　　//《中国人民庆祝十月革命四十周年纪念文集》/中苏友协
　　　总会宣传部编.—北京:人民出版社,1958.—第 8～10 页



　　　　　　　　　　　○
```

　　如析出材料的著者与原书著者相同,出处项的著者可省略,在原书名前加"其所著"三字。

（三）主题分析款目

图书馆如果编制有主题目录,分析出来的材料就宜编制主题分析款目。编制方法是根据分析出来的材料,按标题法给适当的标题,将这个标题写在书名分析款目上面,作为标目,排到主题目录中去。(见例片25)

例片25　主题分析款目

索书号　图书馆工作
　　　　列宁对图书馆工作的指示/(苏)斯米尔诺夫(Смирнов,
　С.)著;徐亚倩译

　　　　//其所著《苏联初期文化建设史略》.—北京:人民出版社,
　1958.—第127～128页

　　　　　　　　　　　　　　　○

(四)分类分析款目

分类分析款目是指析出材料应分入的类目与原书分入的类目不同,应根据析出材料内容重新给以分类号。其格式与书名分析格式相同,将该号记在分析款目的目录分类号的位置上,即为分类分析款目。组织分类目录时,与分类主要款目、分类附加款目同排入分类目录中。(见例片26)

例片 26　　分类分析款目

```
A2          书评〔为鲁巴金《书林概述》而评〕/列宁(Ленин,В,И,)著

            //列宁全集 第 20 卷/中共中央马克思、恩格斯、列宁、斯
C257   大林著作编译局编译·—北京:人民出版社,1958·—第
            254~257 页

                            ◯
```

(五)需要编制分析款目的书刊

1.内容复杂,书名含义笼统,不能确切显示其全部内容性质的书,如:论文集、全集、选集、丛书、汇编等。

2.一部书内包括着本书著者以外的人的著作,如:《鲁迅全集》中有果戈理的《死魂灵》,法捷耶夫的《毁灭》等。

3.一部书中包括有与本书性质不完全相同的著作,分类时,它可以属于不同的类目。

4.书中所附的著者传略、年谱、参考书目以及特别版本的序论、导言等。有特殊参考作用的资料,特别是当它们没有单行本的时候,分析著录更为需要。

5.杂志、报纸及其他连续出版物中的有参考价值的论文,根据不同类型图书馆读者的需要,亦可选择分析。

第五节　　综合著录

综合著录是对陆续出版、分期刊行的出版物进行著录的方法。它与图书一样有通用款目、主要款目、附加款目、分析款目的区别。

当丛书、多卷书、连续出版物等,宜按整套处理时,那么,在书架上与分类编目中都必须集中,则以综合著录法对全套图书予以揭示。这种综合著录法所编制的款目实质上是综合通用款目,并以它为基础可产生不同作用的主要款目、附加款目。其中的单行本,如果需要在目录中反映,则可为其中单行本编制分析款目。

当丛书、多卷书、连续出版物等,宜按分册、分卷、分期的内容进行分类编目时,则应以分册、分卷、分期为单位编制通用款目,并以它为基础可产生不同作用的各种款目。如果掌握分散后该套出版物的陆续入藏情况与分散的去向,则应再用综合著录法反映。这是以分散为主,以综合著录为辅的著录方法,属于辅助著录的范畴。它只能回答这套出版物入藏了多少册,分散在哪些类目中,排列在哪个架上。

综合著录因其标目的不同,分为书名综合著录与著者综合著录以及分类、主题综合著录等;可根据不同图书馆读者对不同检索工具的需要而编制。

综合著录格式分两部分:第一部分著录这套图书的总情况。如:总题名、全套书的责任者;全套书的版本项与出版发行项;总册数及其载体形态项;全套书的附注项与提要项等。全套书在出版过程中或本馆收集过程中的变化情况,也在第一部分记载。第二部分著录这套书的子目项或本馆入藏事项。用两张卡片分别著录这两部分的内容。

综合辅助著录,书写时可省略子目中的版本项、出版发行项等。如果读者需要了解各分册的详细内容,可根据分册索书号查寻该册的主要款目。辅助著录主要是便于掌握分散处理的丛书的入藏情况。该综合款目一般排入书名目录或按丛书名单独组织目录。如果要在分类目录中反映,则要加有方括弧的总索书号,该号只能作组织分类目录用,而不能索书(见第五章 多卷书、丛书著录)。

第六节　参照法

参照法是指引读者从目录中的一条款目去查阅另一条款目或另一部分款目的方法,而不是图书内容特征的记载。因此,在卡片目录中不称为款目,而称为参照片或辅助片。其作用是表示目录中各款目之间的相互联系与相互补充,也可以表示各种目录之间的关系,使之成为一个整体。

在各种性质的目录内都可使用参照法。因而有书名参照、人名参照、类目参照和主题参照等四个类型。从其作用和编制方法分有:见片、参见片和一般参照片。

一、见片

又称直接参照或单纯参照。它是指导读者从不作为著录标目的书名、著者、主题、类目去查阅作为著录标目的书名、著者、主题、类目,并可注明参照理由。

例片27　见片格式

```
    不用作著录标目的词或类
    见
用作著录标目的词或类
    理由
```

例片 28　人名见片

```
    周树人
     见
   鲁迅
   鲁迅原名周树人


              ◯
```

例片 29　类目见片

```
     P934 土壤地理学（自然地理科学）
      见
    S159 土壤地理（农业基础科学）
    土壤地理在本馆分类目录中集中在农业类 S159


              ◯
```

　　直接参照是一种附加款目的概括形式，它可以代替多张附加款目，尤其是相同的著者附加，不但可节约人力物力，而且更清楚明了。

　　同样，书名与书名之间，主题与主题之间也可利用直接参照。

二、参见片

　　又称相关参照。它是指引读者从目录中所采用的一个标目去参考另一个标目，从目录中一部分款目去参考另一部分款目，使两者之间起着相互联系相互补充的作用。这种方法可以扩大读者的知识眼界，起着指导读阅的作用。

一般来说,参见片多用在分类目录和主题目录中。书名目录与著者目录用的较少。

例片 30　参见格式

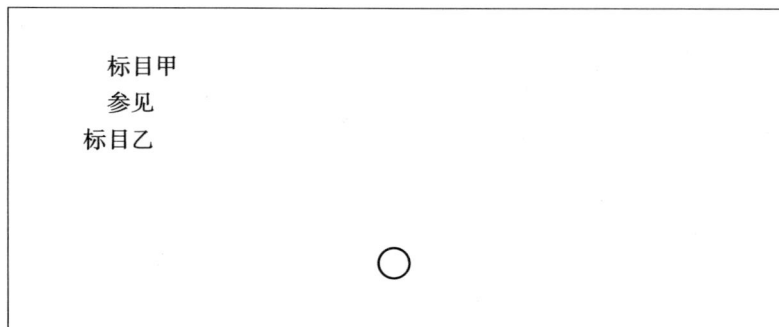

```
    标目甲
     参见
    标目乙



              ○
```

例片 31　参见格式

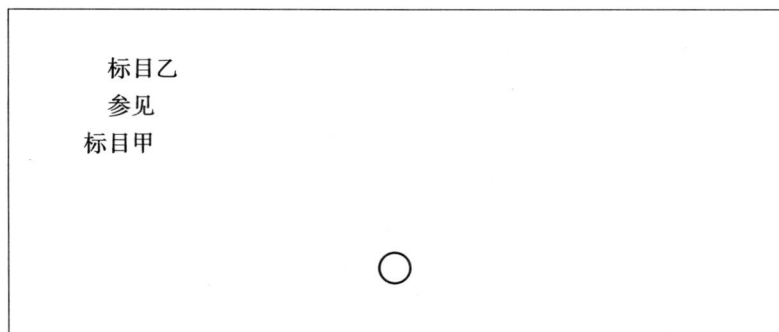

```
    标目乙
     参见
    标目甲



              ○
```

例片 32　类目参见片

```
     S181 农业生态学
     参见
   Q14 生物生态学
   Q948·1 植物生态学
   Q958·1 动物生态学



                        ○
```

例片 33　集体著者参见片

```
     中国共产主义青年团
     参见
   中国新民主主义青年团

     中国新民主主义青年团自 1957 年 5 月 24 日起改名为中国共产
   主义青年团,在此以前,该团的出版物著录在原名之下。


                        ○
```

　　凡几个类目或几个标目下集中的书,其内容相近,都可用参见法,相互引见参考。

三、一般参照

　　一般参照又叫普通参照,是提供关于一定事项的普通说明或一条编目通则,指导读者查阅目录。凡是可以帮助读者了解目录著录规则与编制方法、方便读者查找图书的说明,都可以编制一般参照。

例片 34　一般参照格式

> 所要说明的事项
> 　说明 ……………………………………………………………
> 　………………………………………………………………………
> 　………………………………………………………………………
>
> 　　　　　　　　　　　　○

例片 35　书名一般参照

> 增订
> 　凡书名前冠有"增订"二字者,在本目录中除去不计。例如:《增
> 订化学工业大全》一书,应从"化"字查起。
>
> 　　　　　　　　　　　　○

例片 36　集体著者参照片

> 中华人民共和国国务院所属各部
> 　凡中华人民共和国国务院所属各部编著的出版物,在本目录
> 内,都著录在各该部名称之下,请依该部名称查阅。例如:"中华
> 人民共和国文化部"出版物请查"文"字;"中华人民共和国交通
> 部"出版物请查"交"字。
>
> 　　　　　　　　　　　　○

分类目录与主题目录同样也可使用一般参照指导读者查阅目录。

编制参照可以提高目录的使用效率。但是应该注意,编制参照的目的,是指引读者查阅馆中已有的书,绝对不能指引读者查阅无书的标目。例如:馆中已有鲁迅的著作,才可以编制"周树人见鲁迅"的著者见片。并且相同的著者的书,只编一次即可,例如:第一次为鲁迅的著作编目,该书如署名为"周树人",为了集中,除选用笔名鲁迅为著者外,还应编一张著者见片。以后,再遇到类似的著作时,就不用再编了

第七节　铅印提要卡的利用

铅印提要卡是在集中编目中产生发展起来的,集中编目在我国始于1936年,但1940年停止了。解放后,在中心图书馆委员会领导下,于1953年由北京地区部分图书馆联合成立了图书提要卡片编辑部,分中文图书、俄文图书和日文图书等统一编目组。仅仅几年的时间,就形成具有相当规模的全国目录编制中心,初步形成图书馆协作网,基本上满足了全国图书馆工作的需要,并积累了丰富的经验,为我国图书馆事业作出了贡献。截至1965年中文图书统编组铅印提要卡的订户约有4500余户。能做到随书配卡的地区有:北京、天津、上海、沈阳、南京、武汉、开封、兰州等城市,共20多个发行站。西文、俄文订户也分别达到2500多户。该组还负责了联合目录的编制,先后组织了全国各大型图书馆和部分专业图书馆编辑了全国性、地区性和专业性的联合目录,充分发挥了各馆藏书的作用。"文化大革命"的浩劫,造成了难以弥补的损失。直到1974年8月北京图书馆才又开始成立统一编目部,包括了中文图书统一编目组与外文图书统一编目组,分别负责中外文图书的

卡片编辑发行工作。

1985 年中华人民共和国国家标准《普通图书著录规则》（GB3792·2－85）颁布以后，中文统一编目组首先采用，并同时以《汉语主题词表》为依据标引主题词，从而提高了我国集中编目铅印提要卡的质量，使之更加标准化、规范化。截至 1986 年第三季度，全国订户已 5 千余户，发行铅印提要卡 2000 万张以上。全国大中型图书馆几乎 100％的订购，使用了铅印提要卡。

采用国家标准后，铅印提要卡除具有通用款目的著录项目外，还印有统一编目注记。内容包括《中国图书馆图书分类法》分类号，《中国科学院图书馆分类法》分类号，《中国图书馆图书分类法》（简本）分类号、发行号、专题号、统一书号、编印号与编印日期等。

例片 37　铅印提要卡（段落符号式）

　　BASIC/亨特（Hunt,R.）著；张汉良译.—上海；上海翻译出版公司,1984.11

　　105 页;64 开.—（计算机语言袖珍指南;二）

　　0.39 元

　　BASIC 是使用得最广泛的一种计算机语言,简单易学,特别适合于初学者。

Ⅰ.B … Ⅱ.①亨 … ②张 … Ⅲ.BASIC 语 言—基 本 知 识 Ⅳ.TP312
73.87221 TP31 5.6

○　　　　　　25－27〔84〕沪目 84－4－6
　　　　　　　〔75〕13311.3 85＝05780

　　集中编目在国外也是被重视的一项工作,美国是 1850 年提出的,正式向图书馆供应铅印卡片是美国图书馆局于 1893 年开始

的。1901 年才由美国国会图书馆继承了这项工作，直到现在。苏联是 1925 年开始，由教育人民委员会集中编目局负责，1940 年才由列宁图书馆公开发行铅印提要卡，直到现在。70 年代英美又合作编制并发售记录图书的 MARC 磁带，这是集中编目在目录形式上的一个新发展。

一、铅印提要卡的优点

1. 可以促进著录规则和分类法、主题法的标准化、规范化，从而便于读者查阅图书馆目录；

2. 节省各馆编目工作方面的人力、物力和时间，提高效率；

3. 铅印提要卡有内容介绍，统一印刷，字体整洁，便于查阅使用；

4. 有助于选购图书，也便于编制联合目录和专题目录，以进行馆际互借；

5. 为实现图书馆工作现代化，打下了基础。

铅印提要卡的编制发行，还存在着卡片不能随书到的缺点，未能充分发挥它的使用率。这种现象在国外也同样存在，它们已逐步得到解决。美国解决的办法，是实行"在版编目"的方法，即新书在出版前，出版商将新书校样送到美国国会图书馆进行集中编目。然后把该书的各项著录项目寄给出版商，让他们在图书正式印刷时，按著录规则把各著录项目印在版权页上。图书馆收到图书时，就可以按版权页上的著录资料编制统一的铅印卡片，这个方法不但保证了铅印提要卡的质量，同时也解决了书、卡不能同时到馆的缺点，这种"在版编目"的方法，得到美国和其他一些国家的重视与采用。

为了解决入藏新书与统一编目卡片脱节现象，中国图书馆服务公司自 1984 年 9 月起，在全国各地实行书卡发行一体化制度，开辟"随书配卡"业务。这是联系出版、发行、图书馆用户三方，致力于图书馆事业的服务性工作。

"随书配卡"工作的开展,不仅是图书发行工作的改革,也是图书馆工作的改革。大家应该热情地支持、协作。希望能在此基础上,逐步实行"在版编目",这样不但进一步提高"随书配卡"的质量与速度,而且为文献信息的报导、传递,为图书馆工作标准化、自动化奠定了基础。

二、铅印提要卡的加工利用

根据上面所讲的各种款目,可以看到绝大部分是由通用款目演变而来的。北京图书馆统一编目组按《规则》编印的提要卡,就是一条通用款目,根据它可编制各种款目,也可利用各馆自编自印的单元卡来编制各种款目。铅印卡的加工程序如下:

1.图书与铅印卡配齐后,审阅图书,根据本馆的目录体系与目录制度以及图书的使用价值决定应当编制一些什么款目;

2.如果要编制分类目录和排架目录,就应进行图书分类,如果该馆采用的分类法是铅印卡上任何一种(铅印卡上按《中图法》、《科图法》与《中图法》(简本),分别给予三个类号,供图书馆选用)选定后,再审核一下它给予的类号是否符合本馆读者要求,如果不符,类号太细或太粗,就应作相应的改动;

3.如果需要编制各种款目,即可在通用款目上加上不同性质的主、次要标目即可,不过各种分析款目与参照片必须由馆员根据需要自己编制;

4.各种业务注记应著录在各种款目的一定位置上。

总之,印刷的提要卡片必须经过加工才能使用,图书馆目录的种类越多,目录反映图书的方面越广,所需要的加工、编制工作就越多,认为订购了铅印卡片就可以直接应用,不必再进行其他编制工作是不现实的。

第五章　多卷书、丛书著录

前面所讲的各种款目的著录法适用于图书馆普通单行本图书的著录。图书馆大部分图书都是采用这些著录方法。

除此之外,图书馆还有很多出版物在编制体例、出版形式或内容方面具有某些特点。著录时需要采取相应的方法予以揭示。多卷书、丛书、连续出版物,都具有一个共同的特点,就是在一个总书名下分成一系列的出版单位(卷、册、期等)逐年陆续出版或一次出版。

这些出版物不仅在图书著录方面要求采取一些特殊的方法,而且在分编、典藏、阅览方面,也要采取特殊的方法。例如:有些大型图书馆、科研单位图书馆或专业图书馆为期刊等建立了专藏。单独采购、分类、编目,单独设立阅览室,以满足读者的特殊需要。本章主要阐述多卷书、丛书的特征及其著录方法。

第一节　多卷书的特征及著录法

所谓多卷书是指同一种著作分若干卷(册)出版的图书。它们通常是一个人、几个人或一个机关团体的一部系统著作,在内容上是一个有内在联系的整体。

一、多卷书的特征

（一）在多卷出版物里，材料的组织安排，通常均由出版单位与有关编写单位预先决定。它的组成部分有卷、册、部、分卷、分册等不同的名称。属于多卷书的，有马列主义经典作家的全集、选集，著名科学家和工程技术人员与古典文学家的全集、个别文艺作品、教科书、百科全书等。各卷可以包括一部完整的作品，例如：《屠格涅夫全集》十二卷，其中第一卷为《猎人日记》，第二卷为《罗亭》……等；或多卷包括一部完整的作品，例如：《大刀记》分上下册出版，每卷只包括作品一部分内容；或者各卷都包括着许多完整的著作，例如：《毛泽东选集》分五卷出版，每卷都包括着许多完整的论著。

（二）由于多卷书材料的编排不同，有些多卷出版物内容的组织比较复杂，除了按卷、部、册主要区分外，又进一步分为更小的部分，卷可以分为部，部又可分为分册，有的卷包括册，有的册包括卷。例如《李自成》三卷分八册出版（一卷分上、下册，二卷分上、中、下册，三卷分上、中、下册）。我国古代类书之一《太平御览》一千卷，分四册出版。即每册中包括二百多卷（第一册包括；一卷——二百零二卷，第二册包括：二百零三卷——四百五十七卷，第三册包括：四百五十八卷——七百三十七卷，第四册包括：七百三十八卷———千卷）。在科技出版物中，复杂的编号就更多了，这些特点都应在多卷书的著录中反映。

（三）多卷书常分若干年出版，因此，各卷的出版年不同，有些出版物不一定按严格的顺序出版。

（四）多卷书一般有一个总书名与总编者，有的还有分卷书名与分卷著者。这些都是多卷书与一般单行本图书不同的地方，在著录时也应如实的反映。

多卷书虽然有以上种种不同的出版形式，但就其内容来看，是一部有内在联系而不可分割的整体。因此,多卷书应以整套编目为原则,即作为一种图书处理。著录时,可以采用综合著录的方法,代替个别卷、册的著录,这种方法不但能把有关多卷书的一切事项一次全部著录出来,使读者从款目上见到一部图书的全貌,而且可节省很多著录卡片,防止目录体积的臃肿庞大。

二、多卷书的著录方法

多卷书的综合著录,原则上分两部分:总括部分(整套);子目部分(组成)。总括部分,包括每卷中有关整套书的一般著录项目;子目部分,揭示有关个别卷册的不同书名和责任者等项目(各分卷没有不同的书名和责任者时,即不必另著录子目部分)。使用的著录项目、标识符与著录内容识别符与一般图书的基本著录相同。综合著录格式如下:

例片38　多卷书综合著录格式

正书名＝并列书名:副书名及说明书名文字/第一责任者;其他责任者·—版次及其他版本形式/与本版有关的责任者·—出版发行地:出版发行者,出版发行年、月～出版发行年、月

页数或卷(册)数:图,尺寸或开本＋附件·—(丛书名/编者,国际标准连续出版物编号;丛书编号)

附注
子目
Ⅰ.分卷(册)次　书名/责任者·—出版年
Ⅱ.分卷(册)次　书名/责任者.—出版年中国标准书号(装订):获得方式。
提要
Ⅰ.书名　Ⅱ.责任者　Ⅲ.主题　Ⅳ.分类号

根据多卷书的不同类型及其收藏完整与否,可归纳为以下三种著录方法:

（一）凡一次出版的多卷书,或者虽然陆续出版,但系全部一次到馆的多卷书,应作整套著录。对于各卷、册没有个别书名的,只要在载体形态项注明总册数即可(见例片39)。

例片39　多卷书综合著录款目(无子目项)

```
化学反应式手册/潘国光等编. —沈阳:辽宁人民出版社,1984.
2 册(1322 页);40 开


4.45 元


这是一本化学工具书。书中收集了无机化学、有机化学和有机
人名反应等常见的反应式,约一万余条。
Ⅰ.化…Ⅱ.潘…Ⅲ.①化学反应式—手册②手册—化学反应式
Ⅳ.06 = 62 54.284073 06 = 62
```

如各卷另有分卷书名或分卷责任者,以及其他与总括部分不同的特征,原则上都可依著录项目的次序著录在子目项,以达到充分揭示其内容的目的(见例片40)。

例片 40　多卷书综合著录款目(有子目项)

```
索书号    老舍选集/老舍著.—成都:四川人民出版社,1982.

         3 卷;大 32 开

         子目:
         第一卷　骆驼祥子;离婚.—478 页.—2.48 元
         第二卷　中篇小说.—342 页.—2.13 元
         第三卷　短篇小说.—391 页.—2.26 元
         Ⅰ.老…　Ⅱ.老…　Ⅲ.主题　Ⅳ.分类号

                          ○
```

（二）陆续出版、陆续到馆的多卷书,为了及时反映藏书,图书馆应及时编目,应以整套处理、分卷著录的方法著录,将卷次号与分卷书名著录在总书名后面,待全套出完后,再用综合著录代替各分卷的著录(见例片 41～43)。

例片 41　陆续出版的多卷书著录款目

```
索书号    自动控制基础,第一分册:自动化和顺序控制/(日)稻田春
         政著;盛君豪译.—北京:新时代出版社,1982.8
         201 页;32 开
         0.69 元

         Ⅰ.自…　Ⅱ.①稻…②盛…　Ⅲ.主题　Ⅳ.分类号

                          ○
```

124

例片 42　陆续出版的多卷书著录款目

索书号　　自动控制基础 第二分册:反馈控制元件/(日)稻田春政
　　　　　　著;盛君豪译. —北京:新时代出版社,1984.1
　　　　　　214 页;32 开
　　　　　　0.74 元

　　　　　　Ⅰ.自…Ⅱ.①稻…②盛…Ⅲ.主题 Ⅳ.分类号

　　　　　　　　　　　　　　○

例片 43　多卷书综合著录款目

索书号　　自动控制基础/(日)稻田春政著;盛君豪译. —北京:新时
　　　　　　代出版社,1982~1984
　　　　　　3 册;32 开

　　　　　　子目:
　　　　　　第一分册自动化和顺序控制.—1982.8.201 页.—0.69 元
　　　　　　第二分册反馈控制元件.—1984.1.—214 页.0.74 元
　　　　　　第三分册反馈控制理论.—1984.1.—74 页.0.73 元

　　　　　　Ⅰ.自…Ⅱ.稻…Ⅲ.主题 Ⅳ.分类号

　　　　　　　　　　　　　　○

　　(三)如果图书馆只收藏多卷书中的某一卷,同时不可能或不
必要补齐的,可按单行本图书一样著录,但要在附注项内注明多卷
书的总书名,并注明该卷的次号(见例片 44)。

例片44　多卷书单卷著录款目

索书号　　　数学/（英）李约瑟（Needham,J.）著;《中国科学技术史》翻
　　　　　　译小组译.—北京:科学出版社,1978.
　　　　　　466 页

　　　　　　参考文献:384～459 页
　　　　　　中国科学技术史 第三卷
　　　　　　1.35 元

　　　　　　Ⅰ.数…Ⅱ.①李…②中…Ⅲ.主题 Ⅳ.分类号

○

第二节　丛书的特征及著录法

　　丛书是为了一定的目的在一个总书名下,汇集多种单本图书
成为一套,并以编号或不编号的方式出版的图书。其中每一种著
作,都是单独完整的著作。这些单独的著作,可以是一个人写的,
也可以是许多人写的,但一般由一个人,一个机关团体或出版社编
辑而成。

一、丛书的特征

　　（一）按内容可分为普通丛书和类别丛书。普通丛书全套涉
及的内容比较广泛,各个单独的著作并无内在的联系,可以独立存
在;类别丛书全套围绕一个中心题目,彼此之间具有一定的内在联
系,或者具有某些共同的特征,如关于某门学科、同属某一学派等。

（二）在组织方面，有的编有一定的次序，有的除了一个总书名外无次序。

（三）在图书形式方面，绝大多数丛书的版式、书型、字体、装帧等完全一致。

（四）在出版方面，有的全套一次出齐，有的连续多年，逐册出版。由于以上的情况不一致，著录时要用不同的方法分别反映。

这一类型图书，除了以丛书命名之外，还包括以丛刊、丛刻、文库等命名的著作集。

二、丛书的集中与分散

整理丛书时，首先要解决的问题，就是某一套丛书应该整套著录，还是分散著录的问题，长期以来，在图书馆界没有取得一致的意见。处理这个问题，除了考虑丛书的内容外，还要考虑到丛书的形式和图书馆的具体情况。具有以下情况者，应作整套著录：

（一）对于主题比较狭窄，内容有密切联系的。如：《大众无线电丛书》、《语文小丛书》等。

（二）从各方面搜集资料，以便利一门学科或一个问题的研究，分散后有失其完整性的丛书。如《太平天国史料丛书》、《中国近代史料丛书》等。

（三）凡有自己的名称，有总的目录，册次连贯或有编号，全部一次发行的书，应作为一部书集中处理。如：《万有文库》、《四部备要》等。

有下列情况者应作分散著录：

（一）有丛书名称，但无丛书总目录，内容广泛，主题众多，又无特定读者对象的。如《青年自学丛书》。

（二）凡残缺不全的丛书，而又无法补充或本馆不打算补齐的。

（三）结合本馆的具体情况，同样一部丛书，有的图书馆作整套著录,有的图书馆却作分散著录。例如:某些普及性知识丛书,如《自然科学小丛书》等,其内容广泛,主题众多,在高等学校或专业图书馆,他们的任务不以普及为主,为了便于利用、保管、可以集中处理,整套著录。但对省市以下的基层图书馆。作分散处理,分散著录,才能充分发挥其作用。

三、丛书著录法

根据丛书的特征,结合我国集中编目的推广情况,对丛书的著录以分散与集中相结合,而以分散为主的方法是比较恰当的。国外很多国家对丛书的处理,一般也采用分散与集中相结合的方法著录。

（一）分散著录

将丛书中每一种书按一般单行本图书的方法著录,其格式与方法完全与普通单行本图书一样,应该注意的是必须在丛书项中注明丛书的名称、编者和编号;另外以综合著录法反映丛书的总入藏情况,这种综合著录是辅助著录,可采取简化方式。在子目项中,只著录各单册的索书号、书名、责任者,只需按丛书名排在书名目录或丛书目录中,便于读者和馆员掌握该套丛书分散分类、编目、典藏后的全套丛书的入藏情况。（见例片45~46）

例片 45　丛书分散著录款目

G303

C343　信息与社会/陈树楷,孙延军编. —北京:科学出版社,1984.7
70 页;32 开. —(新技术革命丛书)

0. 32 元

本书介绍什么是信息、信息处理、信息化的特点、标志;阐明
电子计算机和通信技术的两大核心基础,并着重讲述电子计算
机的特点、发展规律以及在现代化建设中的战略地位。

Ⅰ. 信 … Ⅱ. ①陈 … ②孙 … Ⅲ. 信息—基本知识 Ⅳ. G303
33. 628 G30

○

例片 46　丛书分散著录款目

TN24

H682　新技术革命中的激光/黄史坚编. —北京:科学出版
社,1984.7

74 页;32 开. —(新技术革命丛书)

0. 33 元

本书从激光的特点入手,阐述了激光在新技术革命中的作
用;介绍了目前成熟的各种激光器及其水平;叙述了激光的各
种应用和目前的进展。

Ⅰ. 新…Ⅱ. 黄…Ⅲ. ①激光 – 基本知识②激光应用 – 基本知
识. Ⅳ. TN24 – 49 73. 771059 TN24 – 49

○

根据段落符号式格式编制的丛书单行本通用款目,必要时,可按排检项内不同的标目,编制各种款目。作为辅助款目的丛书综合著录,排检项一般不予著录,如有排检需要,可根据目录的性质进行著录。

例片47　从书综合著录款目(辅助款目)

新技术革命丛书. —北京:科学出版社,198~

册;32 开

子目:

G303/ C343　信息与社会/陈树楷,孙延军编. —1984

TN24/H682　新技术革命中的激光/黄史坚编. —1984

(二)整套著录

作为整套著录的丛书,应以整套丛书为著录单位。采取综合著录法,以丛书名、丛书编辑者为书名责任者项,其他版本项、出版发行项、载体形态项均以整套为对象,并在附注项后著录丛书子目的书名、责任者、版次、出版年等。整套著录是以综合著录为主要款目,因此凡在总括部分不能完全反映时,必须在子目部分详细著录。子目与附注项间隔一行,并在与书名第一字齐头处开始著录,回行突出一字,各子目丛书编次与书名之间空一格。

必要时,应对子目中每种书编制丛书分析著录,补充综合著录的不足(见例片48 – 50)。

例片 48 丛书综合著录格式

正丛书名 = 并列丛书名:副丛书名及说明丛书名文字/第一责任者;其他责任者. —版次及其他版本形式/与本版有关的责任者. —出版发行地:出版发行者,出版发行年. 月~出版发行年. 月

卷(册)数:图;尺寸或开本 + 附件

附注

子目
  1. 丛书编次 书名/责任者. —版次. —出版年
  2. 丛书编次 书名/责任者. —版次. —出版年
中国标准书号(装订):获得方式
  提要
Ⅰ. 书名 Ⅱ. 责任者 Ⅲ. 主题 Ⅳ. 分类号

例片 49 丛书综合著录款目

索书号   图书馆业务基础知识问答丛书/卢子博,倪波主编. —北京;书目文献出版社,1981 ~

册;32 开

子目
  1. 图书分类基础知识问答/卢子博执笔,1981. 3
  2. 藏书建设基础知识问答/顾传彪执笔,1981. 8
  3. 图书流通基础知识问答/周治华执笔,1981. 8

○

接下片

例片50　丛书分类分析款目

索书号　　图书流通基础知识问答/周治华执笔//《图书馆业务基础
　　　　知识问答》丛书之三/卢子博,倪波主编.—北京:书目文献出
　　　　版社,1981~
目录分类号

　　根据丛书的性质与陆续出版发行的具体情况和便于使用铅印
提要卡,丛书分析著录可利用丛书子目的通用款目(统编组一般
按丛书子目单独进行编目);同时,也可利用它作为综合著录的子
目,按序排列在后面,只要在综合著录子目著录位置上注明"本丛
书子目附后"即可。

　　例片51　丛书综合著录款目

索书号　　图书馆业务基础知识问答丛书/卢子博,倪波主编.—北
　　　　京:书目文献出版社,1981~
　　　　　册;32开
　　　　本丛书子目附后
　　　　中国标准书号(装订):获得方式
　　　　提要

　　Ⅰ.图… Ⅱ.①卢…②倪… Ⅲ.主题 Ⅳ.分类号

例片 52　丛书单行本通用款目(丛书分类分析款目)

| 索书号
1 | 图书分类基础知识问答/卢子博执笔.北京:书目
文献出版社,1981.3 |
| 目录分类号 | 182 页;32 开. —(图书馆业务基础知识问答丛书
之一/卢子博,倪波主编)
0.50 元 |

　　Ⅰ.图… Ⅱ.卢… Ⅲ.主题 Ⅳ.分类号

例片 53　丛书单行本通用款目(丛书分类分析款目)

| 索书号
2 | 藏书建设基础知识问答/顾传彪执笔. 北京:书目文
献出版社,1981.8 |
| 目录分类号 | 175 页;32 开·—(图书馆业务基础知识问答丛书之
二/卢子博,倪波主编)
0.46 元 |

　　Ⅰ.藏… Ⅱ.顾… Ⅲ.主题 Ⅳ.分类号

　　以上丛书单行本通用款目一式两张,一张作为子目按顺序排在综合著录后面;一张作为分类分析款目按目录分类号排到相应的类目中。便于读者不论从集中或分散的类目里,都可检索到该丛书各子目。

　　尚在继续出版的丛书,著录时应该注意:

　　(一)对于应该整套著录的丛书,其出版年份和载体形态项中的册数用铅笔写,出齐后再用钢笔改正;其子目只著录已收到的部分,并为之编制分析款目。

　　(二)对于应该分散著录的丛书,将已收到的各种著作分别著录在综合款目(辅助款目)的"子目"项,列出已收到各册的书名、责任者与索书号,以后随到随编,随时补充著录。

(三)残缺不全的丛书,一律采用分散著录法反映。

(四)按段落符号式综合著录格式进行整套著录丛书时,其排检项标目应以整套丛书为对象选择,其格式与多卷书综合著录格式基本相同,只是省略其丛书项。

凡是整套著录的丛书,必须整套分类,集中排架;凡是分散著录的丛书,也必须个别分类,分散排架。否则,将会造成藏书与图书馆目录不符的情况,引起工作中的混乱。

第六章　连续出版物著录

连续出版物是文献的另一种类型。1985 年全国文献工作标准化技术委员会提出,经国家标准局批准的《连续出版物著录规则》(GB3792·3-85)对连续出版物的定义是:"印刷或非印刷形式的出版物,具有统一的题名,定期或不定期以连续分册形式出版,有卷期或年月标识,并且计划无限期地连续出版。连续出版物包括期刊、报纸、年度出版物(年鉴、指南等)以及成系列的报告、学会会刊、会议录和专著丛书"。(不包括在一个预定期限内以连续分册形式发行的丛书和多卷书)。这个定义是根据1977 年出版的《国际标准书目著录(连续出版物)》(《ISBD (S)》)对连续出版物下的定义而作的。该定义的核心是出版物的连续性,即连续出版物每期都有表示彼此连续关系的序号,打算无限期地连续出版。

连续出版物分定期与不定期两种。按一定周期出版的,例如:周刊、半月刊、月刊、双月刊、季刊、年鉴等称为定期刊物,常见的有期刊、报纸;出版周期无一定规律的称为不定期刊物,常见的有学术团体的学报、报告、汇刊、会议录、通讯等。

第一节　连续出版物的作用

曾有这么一种说法:"从一个国家期刊的发行数量,可以衡量一个国家的科学技术发展的水平"。这种说法显然是片面的。但是在一定程度上也反映了人们对期刊的重视和期刊在社会与科学技术发展中的重要性;也由于新的科学技术信息,大都是首先刊登在连续出版物上传播给人们。有人曾统计过,全部科学文献中约75%出自期刊。图书就不同了,比如科技图书,大多是概括前人的实践成果,在历年连续出版物和其他各种文献资料基础上写作、编辑而成。从两者所反映资料的新颖程度比较,连续出版物的情报意义与价值就更为显著。连续出版物产生于图书之后,它是为了适应科学技术的发展而产生,随着图书出版事业的发展而发展起来的。

建国以来,由于贯彻了"双百方针",科学文化事业兴旺发达,期刊与图书一样有计划按专业出版发行,其种类与内容都发生了根本的变化,充分反映了社会主义革命社会主义建设与科学技术迅速发展的新面貌。特别是党的十一届三中全会之后,我国期刊在出版发行的量与质上都有了明显的增长与提高。1983年据中共中央宣传部出版局统计,我国正式出版期刊3000种(实际超过1万种),报纸500种(实际超过1千种);进口国外期刊25900种,其它文献资料6000万件。在我国出版的期刊中,仅由中国科学技术协会所属各专门学会主办的学术刊物,就比"文革"前增加了好几倍。这些刊物包括理、工、农、医的各个学科领域,是我国科学技术发展的真实记录。

1. 这些新的学术刊物创办以来,扶植了新的边缘学科的发展。例如:《地震学报》、《地球化学学报》、《硅酸盐学报》等,都对一些交叉学科的发展起了促进作用;

2. 许多学术期刊在"四化"建设中发挥了巨大作用。例如《力学学报》、《力学与实践》等刊物,近年来发表的许多断裂力学方面的研究成果,对宇航、航空、造船、化工、桥梁、建筑等工程的设计和改进高温、高压等条件下材料的疲劳断裂性质,提供了依据。《作

物学报》等期刊发表了杂交水稻的研究论文,为夺取粮食作物的高产、稳产收到了积极的效果;

3.不少的学术刊物在交流学术思想、繁荣科学技术方面作出了可喜成绩,如:《地质学报》由于开展了各学派之间的自由探讨大大活跃了我国大地构造学的研究工作。《遗传学报》注意刊登不同见解的文章,打破了遗传学界一度窒息沉闷的空气,促进了遗传学的发展;

4.不少的刊物与国外同类刊物建立了交换关系,为加强我国同国际的科学技术交流与合作,增进各国人民之间的了解与友谊作出了贡献。例如:中华医学会所属的各种期刊,便与60多个国家和地区进行了定期交换。

除此以外,社会科学方面期刊的作用也不可忽视,在革命斗争中它是宣传革命道理,唤醒人民,团结对敌的有力武器。在社会主义建设中,它对宣传党的方针政策,贯彻安定团结和经济调整方针,起着重要的宣传鼓舞的作用。

随着科学技术的发展,期刊的内容与形式也日益发生变化。我国早期的期刊形式与古书一样是线装本,报纸与期刊无严格的区别,许多期刊载有新闻报导,而不少报纸也常载有论著。由于出版事业的发展,逐步形成了现在的版式,与一般图书有很大的差别。目前世界各国期刊出版的根本问题在于品种多。内容多,重复的多,远远超过读者在时间与能力两方面所能接受的程度。针对这类情况,出版界也在变化,总的来说是往速度快,体积小,便于利用方面变化。如出版"双版制"期刊,出版期刊文摘与以缩微复制品形式出版期刊等。

"双版制"期刊是由英、法、联邦德国三国的化学学会联合创办的。如:于1977年1月开始发行的《化学研究杂志》,就是一种"双版制"期刊。该刊每期出两册,一册为摘要版(Part Svnopsis),用普通铅印形式刊登论文的内容摘要。另一册称为"缩印版"

（Partminiprint），将作者的原稿缩印出版。这两种版式同时发行，一般读者只需订购"摘要版"，"缩印版"则多由图书馆收藏，读者阅读"摘要版"后，觉得必要阅读原文时，可到图书馆去借阅。这种"缩印版"，眼力好的人可直接阅读，也可利用它复制成胶片。采用"双版制"可增加容量，节约纸张和排版铅印费，对出版者有利；另外，文献量增加，给读者带来压力，一个研究者不可能阅读完所有的论文原件，有摘要版，在获得情报资料的同时，可节省阅读的时间，因此，这种方法在国外曾一度很受欢迎。

期刊文摘，即用快速的方法将原文写成摘要。首先出版每期摘要，原稿经过加工保留在储存单位。如果读者看文摘后需要看原件时，有关储存单位可提供原件或复制品。英、美、联邦德国、苏联、中国都已采用这种方法。有的编辑部在出版期刊的同时，还给情报中心提供缩微胶片，即将原稿分别储存在若干个情报中心。

缩微复制的期刊，其优点是体积小、成本低，便于联机检索和使用计算机印刷。缩微版主要供保存与复制放大用。美国缩微复制品出版商有100多家，有些图书馆对五年前的现刊不保留印刷本，而只保留缩微版。随着电子计算机、缩微技术在期刊出版工作中的应用，期刊的出版发行形式正起着质的变化，可更大地发挥期刊在科学技术、文化事业中的作用。

随着期刊品种与数量的不断增长，图书馆藏书中期刊所占的比重越来越大。北京图书馆的中、外期刊占全馆藏书的1/3，图书馆购书经费中，每年约占5 0% ~ 60%。科学研究类型图书馆甚至达到80%，并设有专门的期刊库与阅览室，实行一竿子到底的管理方法。因此，图书馆工作者必须做好期刊的管理与利用工作，充分发挥期刊的作用。

第二节　连续出版物的特征与著录标准化

一、连续出版物的特征

（一）连续出版物是以固定的刊名,定期或不定期连续出版的刊物。定期刊物每期由许多短篇著作汇集而成,各期内容通常不连贯;而不定期刊物,是汇集许多种著作,以一个总书名,陆续编号出版的。它们在许多方面与期刊相似,也有部分具有多卷书丛书的某些特点。

（二）由于是连续出版,因而在长期的出版过程中,它们的题名、编辑者、刊期以及出版者等经常处在变化之中;这些变化的记录将成为整套出版物的主要组成部分,是读者与馆员了解刊物的主要依据。因此,必须陆续进行著录。著录时,除反映该刊物的基本情况外、还要反映长期出版过程中的各种变化情况,以及图书馆实际的入藏情况。连续出版物不像图书著录一次或一段时间内完成,而是要长时期地进行补充著录,不断地增加新的内容。

（三）由于它们是连续出版,因此,每种刊物都要表示它们之间连续关系的年期号、年卷期号与总期号等。这些顺序号与刊物的合刊、分刊、特刊、增刊以及创刊号、复刊号等,彼此联系着、影响着,是了解刊物出版历史渊源的重要记录。有些刊物,可能持续出版几年、几十年以至几百年,然而在著录时,应该以种为单位,即以整套刊物为对象著录。因此,该套连续出版物入藏的完整与否必须根据表示它们之间连续关系的顺序号判断。

二、连续出版物著录的标准化

期刊产生于图书之后,最初的期刊目录与图书目录一样著录,有的图书馆把期刊款目与图书款目一起组成图书馆目录。随着期刊数量与质量的增长与提高，以及在文献工作中地位的变化，连续出版物的编目工作为了适应该出版物的特征，不断地改善着。曾形成图书馆界普遍采用的包括三大部分的著录方法，即：基本情况部分，出版过程中各项目的变化部分，与本馆的实际入藏部分。这种著录方法包括的内容基本适合中文期刊发行的客观情况与读者检索的要求。

如今，由于电子计算机在文献检索工作中的应用，为了输入电子计算机后便于多途径的检索需要，也考虑到国际文化交流与资源共享的因素，连续出版物与图书一样，其著录标准化要逐步向国际标准靠拢，即凡能够反映期刊外部特征与内容实质的一切项目都应予著录，并采用统一的项目标识符号。这是连续出版物工作发展的需要，也是国际文献工作发展的趋势。

1977 年由国际图联（IFLA）组织制定的《国际标准书目著录》（连续出版物）分册〔ISBD(S)〕在伦敦出版后，世界上有 20 多个国家根据它修订本国著录条例，《英美编目条例》第 2 版（AACR₂）采纳并把它列为 8 个大项，38 个小项。

全国文献工作标准化技术委员会第六分会于 1983 年 3 月，根据国家标准《文献著录总则》的编制原则，结合我国的具体情况，参照《国际标准书目著录》（连续出版物）〔ISBD(S)〕，组织制定了供中文连续出版物用的《连续出版物著录规则》（建议稿）。修改后，1983 年 6 月印出草案稿，集中 1983 年 11 月长沙会议讨论的意见后，又进一步修改，于 1984 年 4 月提出报批稿，经国家标准总局批准，于 1985 年 2 月 12 日发布，正式名称与标号为：中华人民共和国国家标准《连续出版物著录规则》（GB3792.3－85）。

第三节　连续出版物著录项目与著录格式

一、连续出版物著录项目

根据连续出版物的特征,国家标准《连续出版物著录规则》确定著录项目有 8 项。即:题名与责任者项;版本项;卷、期、年、月或其他标识项;出版发行项;载体形态项;丛刊项;附注项;国际标准连续出版物号(ISSN)与获得方式项。结合传统的著录规则,有必要增加"馆藏项"。因此,连续出版物著录项目实际为 9 大项,每项又包括若干小项。

（一）题名与责任者项

题名:包括正题名、并列题名、副题名、分辑题名等。正题名应完全按照题名页或版权页上原有的次序逐词著录、标点,字体不一定照录,以免与著录中的标识符混淆。并列题名之前,以标识符" = "标识,副题名前,以":"标识;分辑题名前以" · "标识。

例如:计算机世界 = China Computer World

　　　楚风:民间文学季刊

　　　国外科技资料目录 · 公路运输

　　　世界图书 · B 辑

正题名中含有逐期而改变的日期或编号则省略,以"…"代替。如日期或编号在首位,则省略而不加"…"。

例如:武汉市财政局…年度报告

（省略题名中的"1984"）

　　　年度报告　　　　　（省略正题名之首的"1985"）

在正题名后面,根据需要按《文献类型与文献载体代码》(GB3469 – 83)的规定加注类型标识,并加"〔 〕"。例如:中国妇女

141

〔刊〕。

责任者:指对内容负责的个人或团体,一般是指团体编辑者。责任者前用"/"标识。题名中含有责任者名称,一般不重复。如果题名中所含责任者名称是简称,而在刊物中又有其全称者,应著录全称。当刊物除正题名外,同时有并列题名,而责任者只有一个语种时,则将责任者著录于并列题名之后。如果题名只有一个语种,而责任者有几个语种,则著录与正题名相同的语种,将其他语种的责任者作为并列责任者,并列责任者之前用"="标识。

例如:地理研究/中国科学院地理研究所

青医学报/青岛医学院

数学杂志 = Journal of mathematics/武汉大学数学研究所

生化学/日本生化学会 = The Japanese Biochemical Society

如果有两个责任者,则同时著录,第二个责任者前加","标识。三个以上责任者,只著录第一责任者,其后加"等"。责任者缺,可查考有关材料著录,用"〔〕"括起,无责任者时,可不著录。

(二)版本项

包括版本说明与本版责任者。版本说明主要是说明版本的类型,如有地区版本,特殊内容版本,特殊版本或外形的版本,文种版本,时间版本等。凡表示卷号或包括年份与表示有规律的修订,均不作为版本说明。本版责任者著录在版本说明之后,其前用"/"标识。

例如:羊城晚报 = Guangzhou Evenine News. —港澳、海外版

武汉大学学报. —社会科学版

人民日报. —综微合订版

中国妇女. —盲文版

人民画报. —朝文版

文化周报. —星期日版

（三）卷、期、年、月或其他标识项

本项著录内容为本题名下第一册和最后一册的卷、期及其年、月。该项是识别连续出版物的重要依据之一，也是该类型出版物特有的著录项目，不能与馆藏混淆。如果起讫卷、期、年、月都不清楚，则可省略，将有关说明著录在附注项中。

连续出版物起讫卷、期及日期之间用"～"，有卷，期号又有日期，则日期著录在卷期号之后，并加"（）"。

数字，其他非阿拉伯数字或繁写的数字，一律以阿拉伯数字著录，卷（集）以"Ⅴ·"标识，期（册）以"NO."标识。非公历年份按原样著录，在其后著录公历年份，并加"〔〕"。

连续出版物以卷、期和年、月标识。如果无卷号以年代替卷号，则将年份著录在期号之前。

例如：Ⅴ.1，NO.1（1951.1）～Ⅴ.16，NO.7（1966.7）

　　　1971，NO.1～1975，NO.12

连续出版物同时有两个以上标识系统，第二个和其余系统都应著录。如果题名不变，而改用另一种新标识系统，应将后继标识系统著录在原标识系统之后，后继标识系统之前，用"；"

例如：Ⅴ.5，NO.7（1980.7）～　　　　＝总55～

　　　Ⅴ.1（1962）～Ⅴ.6（1967）；新辑Ⅴ.1（1968）～

凡跨年或跨月出版的某一卷（册），应在两个年度或月份之间用"／"连接。

例如：.—1985／1986

　　　.—1983，NO.1／2

（四）出版发行项

包括出版地、出版者、出版日期或发行地、发行者以及印刷地、印刷者与印刷日期等。

1.出版地或发行地是连续出版物出版或发行的地点，通常是城市或市镇名称。凡不为人们熟悉的出版地一律在其后加注省（市）、自治区或国家名称,用"〔〕"括起。如果已经著录出版地、出版者,则发行地、发行者不再著录。印刷地、印刷者和印刷日期,必要时著录在"()"内,它们不能代替出版地、发行地和出版者、发行者。

影印本或复印本应著录影印或复印的出版地、出版者、出版日期。原出版物的出版地与出版者等可著录于附注项。

2. 出版者或发行者是个人或团体名称。在题名和责任者项中或版本项中已有全名时,出版项中的出版者名称可以简化;如著录"该社"、"该学会"等出版者和发行者名称易于识别时,可按习惯用法予以简化,省去"出版"、"发行"字样。

例如:图书馆学通讯/中国图书馆学会

.—北京:该学会

学术月刊

·—上海:人民

3. 出版日期。根据连续出版物的特征,出版日期应是刊物的创刊年与停刊年。尚在继续出版的期刊,则在创刊年之后加"~"。著录创刊年可使读者了解该刊馆藏齐全与否,如果刊物上没标明创刊年,馆员可以从总期号推算,或从前言、编者的话中查寻。凡推算出的创刊年应加方括弧。

出版期以公元纪年,省略"年"字。非公元纪年照录,在其后著录公元纪年,并加方括弧。如果没有出版期,可著录版权日期与印刷日期。

例如:民国 38 年(1949)

1934(版权)

1978(印)

(五)载体形态项

包括具体资料标识与文献总数、插图、文献尺寸、附件说明。该项标识符号与普通图书著录中的载体形态项标识符号相同。

具体资料标识是:卷、期、册或其他标识;文献总数在出版完毕时著录,正在刊行的出版物应空出两格位置,不予著录。

各种插图均可用"插图"表示。若有必要,应说明插图类型。如:插图、地图、乐谱。若整本是图片或主要是图片,应予说明。

文献尺寸,以 cm 计算和标识,尺寸以高度计算,不足 1cm 者,以 1cm 计算,如果连续出版物的宽度超过高度,同时著录其宽度,高度与宽度间用"×"表示。

例如:21 × 32cm

附件包括非书本形式的印刷品及非印刷资料,如每期都有,应予著录,否则著录在附注项。附件的实体描述可著录于附件名称之后。并加"( )"。

例如::插图(部分彩色);27cm + 地图

　　　:插图;30cm + 幻灯片(彩色;5 × 5cm)

（六）丛刊项

本项只限定一种刊物全部属于同一种丛刊或分丛刊时著录,否则在附注项中说明,内容包括:丛刊名、正丛刊名、并列丛刊名、丛刊 ISSN、丛刊内部编号、分丛刊刊名、分丛刊 ISSN、分丛刊内部编号等。

（七）附注项

本项著录内容广泛,是有关以上各项目的补充说明。可按以下各项顺序著录:

1. 出版频率:即出版周期。如:周刊、半月刊、月刊、双月刊、季刊等。无论在题名中是否有所反映,均应如实著录。如出版频率中途发生变化,也应注明。

例如:月刊(1952 ~ 66);双月刊(1967 ~ 　)

2. 关于题名与责任者说明

有关翻译刊名、刊名的别名、并列题名、副题名的变化,以及连续出版物的沿革附注如:继承、更改刊名、合并刊名与并入刊名等;在附注中都应如实著录,并著录其 ISSN。在出版过程中责任者如有变化,同样应在附注中注明。

　　例如:(1)美国科学新闻

　　　　　　　附注:Science News 的中译名

　　　　(2)中国妇女

　　　　　　　附注:本刊继续:《新中国妇女》ISSN 0000 – 0000

　　　　(3)新中国妇女

　　　　　　　附注:本刊改名:中国妇女 = ISSN 0000 – 0000

　　　　(4)有色金属与稀土应用

　　　　　　　附注:本刊由《有色金属,与半导体》与《稀土应
　　　　　　　用》合并改名组成。

　　　　(5)原子动力通讯

　　　　　　　附注:本刊自《台电工程月刊》分出。

　　　　(6)妇女工作

　　　　　　　附注:并入《中国妇女》

　　3.关于版本附注包括复制品、不同版本、多种版本与副刊、附刊、特刊等说明

　　(1)复制品

　　一种连续出版物是另一种连续出版物的复制品(静电复制、照相复制或其他形式的复制品)而未在版本项中著录者,应予注明。如系复制本,应著录原版的出版地、出版者与出版周期等。

　　(2)版本说明

　　一种连续出版物为其主要版本的辅助版时(如人民画报以中文版为主,其余文件的版本是其辅助版),在附注中应注明主要版本题名。例如:本刊系人民画报的朝文版。若主要版本或辅助版的题名不详者,可作一般性说明。

　　(3)副刊、附刊、特刊

　　①凡单独编目的副刊,应注明其主刊名称。

　　例如:花城·副刊:花城译作

②凡主刊有副刊者,应予注明。

例如:萌芽

　　　附注:有副刊:萌芽·增刊

③连续出版物如有附刊,应予注明。

例如:有附刊

④连续出版物如有特刊,应予注明,如特刊重要,应著录名称。

例如:附有特刊《××××××》

4.卷期说明

有关卷期的变化,未在卷、期、年、月或其他标识项中反映时,应予注明。

大体表现为:无卷号改为有卷号;有卷号改为无卷号;总期号改为当年期号、或月份,卷号改为总期号;连续出版物的休刊、复刊等。

5.出版变化说明

出版不规则等变化情况,应予注明。

6.载体形态说明

凡未在载体形态项中反映的有关情况,应予说明。

7.丛刊说明

有关丛刊内部编号的情况,必要时可加以说明。

8.索引说明

凡有索引均应说明,如果是有规律出版的索引,最好集中在馆藏项有关卷期后注明。

9.著录依据说明

凡不是根据连续出版物本题名下第一期著录者,应予说明。

(八)国际标准连续出版物号与获得方式

本项包括国际标准连续出版物编号、识别题名、获得方式和其他标识编号。

1.国际标准连续出版物编号

国际标准连续出版物编号—ISSN（International Standard Serial Number）是由国际连续出版物数据系统—ISDS（International Serials Data Systems）对各国参加这一系统的连续出版物所分配的一个固定不变的标准号码。ISSN 共有八位数字，前面七位是标准号，最后一位是供电子计算机校对差错的校验号。为了便于阅读和书写，前面四位与后面四位数字之间用连接号"—"连接。无论何种语种的连续出版物均以 ISSN 起头，并与后面的数字空一格。著录时，应准确照录。

例如：ISSN 0027 – 7495

其作用：

（1）对识别世界上任何国家出版的任何语言的连续出版物，都具有特指性的作用；

（2）为出版商与发行系统之间提供一种有效而又经济的联络方法；

（3）图书馆可以用来识别题名及采购、补缺等作用；

（4）便于馆际互借与编制联合目录，尤其适用于发挥计算机的特殊功能。

2. 识别题名

又称关键题名，是由国际连续出版数据系统（ISDS）为每一种登记 ISSN 号码的连续出版物指定的，区别于其他题名的特定题名，这个题名与其 ISSN 结合使用。即一个 ISSN 号码只代表一个特定的识别题名。

3. 获得方式

价格：一是以人民币为单位的价格；一是国外出版的中文刊物上的外币价格。外币价格通常折算为人民币金额。著录时，两种价格均按年计算，注于 ISSN 或识别题名之后，其前用"："标识；其后用"（）"将年份括起，识别题名前用" ＝ "。无 ISSN 时，可将价格著录于 ISSN 位置。

例如:ISSN 0000 – 0000：￥50(1980)

ISSN 0000 – 0000 = 图书馆学通讯：￥3.00(1980)

￥4.80(1985)

如果是非卖品、赠送品,应如实著录,无 ISSN 的出版物,可以邮局刊号"POSN"代替。

例如:POSN 38 – 71：￥3.20(1983)

(九)馆藏项

馆藏记载,不但馆员应掌握,读者也需要了解,它不像图书的复本那样记录的内容都相同。期刊在长期的出版过程中,不但刊名、刊期有变化,而且内容随着科学技术的发展,经常增加新的研究动向与成果,每年各期的内容都不相同。根据读者的需要,可能要查阅该馆入藏的某刊、某年、某期的有关资料。如果把入藏部分陆续记载在款目上,反映在读者目录中,那么读者不必依赖馆员的往返查寻即可直接选择借阅。

著录时,标识符号及结构形式原则上与卷、期、年、月或其他标识相同。为了适应连续出版物陆续出版的特征,馆藏部分最好自第二张卡片著录期号,其后著录年份。

1. 既有卷号又有期号,应先著录卷号,再著录期号,后著录年份。期号与年份之间,应空出适当距离。

例如:馆藏有:

V.10,NO.3 ~ 4,1962

V.11, NO.4 ~ 12, 1963

2. 既有卷号又有期号,而全卷完整无缺,可省略期号,只著录卷号和年份。

例如:馆藏有:

V.1, 1971

V.2, 1972

3. 既有卷、期号,又有总期号,应依次著录卷号、期号、总期号,并用"＝"隔开。

例如:馆藏有

     V.6，NO.1～12，1978 ＝ 总61～总72

     V.7，NO.1～9,1979 ＝ 总73～总81

4.只有期号而无卷号和总期号,应先著录年份,后著录期号。

例如:馆藏有:

     1981，NO.1～NO.12

     1982，NO.2～NO.12

二、连续出版物著录格式

连续出版物著录项目来源于题名页。题名页可以在一卷之首,也可以在一卷之末。当题名页不完整或无题名页时,可以参阅封面、版权页、封底、刊头、书脊、出版与印刷说明以及前言、序、编者的话等处。当题名页与封面或其他部分记载不同时,应以题名页为准,关于卷数、尺寸、附件等外形特征的著录来源,应以连续出版物本身的实际情况为准,其著录格式如下:

例片54　连续出版物著录格式

1/2

正题名〔文献类型〕＝并列题名:副题名/第一责任者;其他责任者.—版本/与本版有关的责任者.卷期、年、月或其他标识.—出版地:出版者,出版年(印刷地:印刷者,印刷年)

文献总数:插图;尺寸＋附件.—(正丛刊名,国际标准连续出版物编号;丛刊编号)

附注

ISSN ＝ 识别题名:获得方式(年份)

接下卡

150

例片 55　连续出版物著录格式(续片)

正题名〔文献类型〕
　馆藏有:

　　以上格式将著录项目分为五段以悬行式著录。

　　第一段自卡片上端向下 1.5 厘米和自左向右 2.5 厘米交界处,开始著录题名与责任者项,在其后依次著录版本项,卷、期、年、月或其他标识项及出版发行项。各项移行时退后一字,突出正题名。

　　第二段载体形态项另起一行著录,其后著录丛刊项,移行与正题名第一字对齐。如刊物尚在刊行,文献总数位置应空两格。

　　第三段附注项、第四段国际标准连续出版物号与获得方式项均另起一行著录,移行时与正题名第一字对齐。

　　第五段为馆藏项,用第二张卡片集中著录,不够时,可增添第三张、第四张卡片。

　　书本式目录格式分两段著录。除馆藏项另起一行著录外,以上八个项目著录为一段,移行向左突出一字。各项标识符号均与卡片格式相同。

第四节　连续出版物著录法

连续出版物经过不同的渠道到馆后,以期为单位先进行验收、登记。这种登记与财产登记不同,故也称为"记到"。期刊登记后陈列在阅览室便于读者就室阅览。这种期刊在图书馆称为现刊。经过一年后,一般大型图书馆为了便于保管和借阅,要进行整理,装订成册,这些非当年的刊物,称为过刊,然后以册为单位再进行登记、分类、编目。

一、登录

现期刊物的登记,主要是按照期刊的刊期记载,因而必须先了解期刊的出版周期。一般利用特制的卡片登记为宜,其登记方法有两种:1.在相应的顺序号格子里记号或画"√"表示,它适用于定期刊物;2.按刊物实际出版时间,在相应的格子里填写期刊序号,不定期刊物多采用这种方法。

小型图书馆的杂志与报纸没有条件进行装订编目,即可利用登记卡代替目录,每张登记卡可使用4～5年,第一张写完,可接第二、三张,然后按刊名字顺组织。这种登记方法,既反映了每期刊物的到馆时间,也可即时揭示馆藏,必要时,还可将期刊中途变化情况记载在登记卡的反面,便于读者与馆员查阅。如果装订成册,可在相应的备注栏中注明"已装订",该卡还可继续使用(见例片56)。

例片 56 登记卡格式

索书号	杂志名称					刊期							
编辑者													
年 ＼ 月	1	2	3	4	5	6	7	8	9	10	11	12	份数	备注
分配单位													
份　数													

○

二、定期连续出版物著录法

(一)期刊

期刊是定期连续出版物中的主要刊物。其著录方法是将整套刊物作为一个著录单位,采用多卷书整套著录的方法进行。通常采用第一张卡片记载整套期刊总的情况。包括:题名与责任者项,版本项,卷、期、年、月或其他标识项,出版发行项,载体形态项,丛刊项,附注项,国际标准编号及其它标识等。其中中途变化部分都属于附注项的内容。馆藏项记载本谊对该刊入藏情况,包括:卷、期、年、月及必要的总期号。其著录格式与我国传统的三大部分的著录方法大致相同,只是使用了标识符号,并在个别项目中有详略差别。著录时应该注意以下特点:

1. 更改刊名情况:期刊在出版过程中经常出现更改刊名的现象,更改刊名就涉及到图书馆如何编目与典藏的问题,否则就会影响读者查阅同一种刊物中的有关资料,图书馆应考虑采用既方便读者，又便于管理的方法。当前图书馆界对改名刊物的处理方法颇不一致，大致有以下几种：

（1）期刊改名后，仍然以旧刊名著录、排架。改名后的期刊排在原刊名的后面，在目录中以新刊名做见片，见旧刊名。这种方法，只有通过目录中的见片才能了解新、旧刊之间的联系。利用此法馆员排架、取刊易混乱，因为在架上并不是按新、旧刊名分别排列。

（2）期刊改名后，以新刊名著录、排架。旧刊移至新刊名字顺后面，在目录中以旧刊名做见片，见新刊名。因为期刊改名频繁，所以，移位时经常造成倒架的现象。

（3）期刊改名后，以新、旧刊名分别著录、排架与组织目录。在新旧刊名款目的附注项中注明新旧刊名更改前后的关系。这样既可以便利读者检索到同一种期刊的全部资料，又可以保持新旧期刊的字顺组织次序。该方法对于一种期刊经过多次改名的，在架上与目录中都不能集中，但是并不影响读者查阅，因为读者习惯从刊名查找，通过附注项也可以了解同种期刊不同刊名之间的联系。

2. 刊期变化：著录期刊的出版周期，不但便于读者按期阅读，也便于对照入藏部分，判断完整与否。一种期刊的出版周期，从创刊后中途经常发生变化；当刊期发生变化时，应著录最近刊期，并在附注项说明其全部变化情况。

3. 副刊、附刊、增刊和特刊除按著录方法中的有关规定著录外，还应在馆藏项的有关卷、期、年、月后对随原刊编号的特刊、副刊注明"（Ⅴ.×ＮＯ.×为×××专辑）"；对不随原刊编号的附刊、增刊等，可附在主刊后说明"（另附×××增刊１期）"；还可作普通图书处理，单独著录排入图书目录。

下面根据连续出版物著录格式及其刊名、刊期等变化情况举例说明。

例片 57　期刊著录款目（刊期有变化）

红旗/中国共产党中央委员会. —1958，NO. 1（1958. 6）~　　= 总 1 ~

. —北京：红旗杂志社，1958，6 ~

NO. —126cm

半月刊（1958 ~ 64）；不定期（1965 ~ 71），

月刊（1972 ~ 79）；半月刊（1980 ~

POSN 2 - 371：4. 32 元（1983）

接下卡

例片 58　期刊著录款目（续片）

红旗

馆藏有：

1958，NO. 1 ~ NO. 14 = 总 1 ~ 总 14

1959，NO. 1 ~ NO. 24 = 总 15 ~ 总 38

1960，NO. 1 ~ NO. 24 = 总 39 ~ 总 62

1961，NO. 1 ~ NO. 24 = 总 63 ~ 总 86

1962，NO. 1 ~ NO. 24 = 总 87 ~ 总 110

1963，NO. 1 ~ NO. 24 = 总 111 ~ 总 134

1964，NO. 1 ~ NO. 24 = 总 135 ~ 总 158

1965，NO. 1 ~ NO. 13 = 总 159 ~ 总 171

接下卡

例片 59　期刊著录款目（续片）

3/3

红旗

馆藏有：

1966, NO. 1 ～ NO. 15 = 总 172 ～ 186

1967, NO. 1 ～ NO. 16 = 总 187 ～ 202

1968, NO. 1 ～ NO. 5 = 总 203 ～ 207

1969, NO. 1 ～ NO. 12 = 总 208 ～ 219

1970, NO. 1 ～ NO. 12 = 总 220 ～ 231

1971, NO. 1 ～ NO. 13 = 总 232 ～ 244

1972, NO. 1 ～ NO. 12 = 总 245 ～ 256

1973, NO. 1 ～ NO. 12 = 总 257 ～ 268

接下卡

例片 60　期刊著录款目（更改刊名前）

1/2

国外书讯／中国图书进口公司《国外书讯》编辑组编. —1973, NO. 1 ～ 1979, NO. 9 =　总 1 ～ 81. —北京:该组〔发行者〕,1973 ～ 1979

7V. —;26cm

月刊. —1979 年 10 月起改名为:《世界图书》. —根据 1974, NO. 1 著录

内部分行:2. 00 元(1978)

接下卡

例片 61　期刊著录款目(续片)

国外书讯

　馆藏有:

　1973, NO. 1~12=总 1~12

　1974, NO. 1~12=总 13~24

　1975, NO. 1~12=总 25~36

　1976, NO. 1~12=总 37~45

　1977, NO. 1~12=总 46~60

　1978, NO. 1~12=总 61~72

　1979, NO. 1~12=总 73~81

例片 62　期刊著录款目(更改刊名后)

世界图书=World Books/中国图书进口公司《世界图书》编辑部编. —

　1979, NO. 1(1979. 10)~1980, NO. 12=总 82~96;1981, NO. 1~

　NO. 3=总 16~18.

　北京:该编辑部〔发行者〕,1979~81

　3V. ;26cm

　　月刊. —继承:《国外书讯》. —1981. NO. 4 起改名《世界图书·A

　辑》. —1979 年~1980 年总期号按《国外书讯》总期号顺序编式;1981

　年总期号从 1979 年又重新累计编成。

　　POSN 2 -407;3. 36 元(1980)

接下卡

例片 63　期刊著录款目(续片)

世界图书

　馆藏有：

　1979,NO. 1～3 = 总 82～84

　1980,NO. 1～12 = 总 85～96

　1981,NO. 1～3 = 总 16～18

(二)报纸

　　在一般的图书馆,报纸经常不进行编目,但在一些较大的图书馆,为了保存历史文献,除对现期报纸进行登记外,还将一年以后的过期报纸装订成册,进行编目。其登记、著录格式基本与期刊相同,不同的是,报纸登记卡格子划的细些,一般报纸的"记到"按天计算,划 31 格。报纸款目中的载体形态项只著录开本;在馆藏项只著录年、月,不记期数。

　　例片 64　报纸著录款目

1/2

　人民日报:中共中央机关报/人民日报编辑部编·1948. 6～　　.—北京:

　该编辑部,1948. 6～

　对开

　日刊

　POSN 1000733:18 元(1983)

接下卡

例片65　报纸著录款目(续片)

人民日报
馆藏有:
1950,1~12月
1951,1~12月
1952,1~12月
1953,1~12月
1954,1~12月

接下卡

（三）年鉴

年鉴指的是同一总书名,每年出版一次的刊物,如:世界知识手册、各种年历、各种年度报告等。有些图书馆对年鉴按照单本图书分别著录,这是不必要的,如果利用综合著录法著录,要简明得多。

但必须注意,每卷年鉴的书名前往往带有年份。如《1979年人民手册》,《1959年天文年历》等,著录时年份应除去不计,列入"本馆有"项,以"人民手册"、"天文年历"作书名。即是分年单独著录,年份也要移到书名后面,便于在字顺目录中集中以同一总书名分期出版的刊物。年份移位著录后,应编"一般参照"指引说明。

三、不定期连续出版物著录法

不定期连续出版物指的是那些汇集许多著作以一个总书名,无限期地分期、分册陆续编号出版,但没有固定周期的出版物。它们在许多方面都和期刊相似,也有部分具有多卷书、丛书的某些特点,其主要特征:(1)它们没有固定出版周期;(2)其分册有时有一部分,有时全部有专门刊名;(3)其内容有时全部,有时有一部分是有专名的完整著作;(4)有时在一套刊物之中包含着几套另有专名,并另外编号的连续刊物;(5)绝大部分可以分册发行,而期刊总是按年预定。尽管如此,它们的性质、作用和形式还是接近期刊,因此和期刊、报纸合称为连续性出版物。

不定期连续出版物是图书馆中一部分重要的文献,在为政治、生产、科研、教学服务等方面均有特殊意义。它们几乎都是机关团体,特别是科学研究机关和高等学校的出版物。它们的名称虽然有"学报"、"通报"、"通讯"、"研究报告"、"汇刊"、"集刊"、"丛刊"等不同,但它们的内容都是反映科学技术上最新成果,是促进科学研究不可少的资料,因此,图书馆必须做好它们的收集、编目与宣传、利用工作。

不定期连续出版物可分为三种类型:

1. 只有总刊名而没有分册刊名的,其著录方法完全仿照期刊进行;

2. 具有总刊名而个别分册又有专名的,其著录应仿照丛书整套著录的方式进行,在子目项内要依次记载刊物编号和相应的分册专名,并为有专名的分册编制分析著录;

3. 具有总刊名而各分册又有专名的,其著录方法按照丛书分散著录的方式进行,再以综合著录法补充反映入藏情况。让具有专名的著作分别反映到有关学科里,同时,也可以反映因分散后,馆藏收集的总动态。

期刊、报纸在大多数图书馆中是单独组织藏书和阅览室,并且单独组织目录。按其组织方法可编制刊名目录和分类目录,不必编制著者目录,收藏不多的图书馆可将期刊并入普通图书目录中,报纸可以单独组织目录。

不定期连续出版物目录一般可与期刊目录合并组成。但分散著录的不定期连续出版物以及各种分析著录,应编入普通图书目录,著录与典藏应尽量一致。必要时在目录中可交叉反映,编制这种类型出版物,必须做到以下两点:第一,要向读者反映整套出版物的总情况;第二,要向读者推荐其中每一部分专著或部分资料。

以整套出版物作为著录对象,就要利用分析著录来补充反映;以各部分作为著录对象时,就要编制综合著录来补充反映。

四、连续出版物论文索引

编制论文索引是连续出版物编目工作的继续和深入,是揭示报、刊内容的唯一有效的方法。论文索引可以及时多方面地宣传推荐报刊上的重要著作。帮助读者获得最新最现实的文献资料。论文索引比报、刊目录更便于利用。因为目录只能反映馆藏各种报、刊的入藏情况,而索引是揭示每一期报、刊的重要内容,并可按主题或类别组织起来,便于读者按内容选用。没有报、刊索引,期刊、报纸不能得到充分的利用。

编制论文索引的方法,是应用分析著录法。其编制程序如下:

1. 首先决定所拟编的索引的种类和选定拟编索引的报刊;

2. 当报刊收到后,就按期选定其中应编入索引的论文;

3. 用分析著录法,为每篇选定的论文编制与索引种类相应的款目,在出处项注明报、刊名称、出版年、月、卷期及论文所在起讫页次。

论文索引是否单独组织目录,取决于索引的规模和报刊的阅览方式。如果规模大,数量多,而且有专门报刊阅览室或辅助书库,可以单独组织,否则也可以并入普通图书目录,但不能并入报刊目录中。必要时可将两种工具,用参照法联系起来。

连续出版物论文索引,通常有编好发行出售的,如上海图书馆编的《全国报刊索引》(月刊)。该索引主要报导全国中央和省、市、自治区一级出版的报刊上的资料篇目,并分"哲学、社会科学"和"自然、技术科学"两部分,分册编印出版,图书馆应该订购、利用。既不订购又不自己编制报刊索引,对为科研和教学服务工作是不利的。

第七章　特种类型出版物著录

　　随着科学技术的发展,出版物的内容与形式也在不断的变化中,有些出版物和一般图书相比有共同的一面,也有着大小不同的差别;图书馆在整理和宣传这些出版物时,也要采取相应的措施,充分揭示它们的特征。

　　特种类型出版物可归纳为:多语文图书、地图资料、技术标准、非书资料与剪辑、散装资料等。这些在图书馆藏书中,占有相当大的比重,其中大部分是科学研究和生产技术不可忽视的参考资料。下面分别阐述它们的特征及其著录方法。

第一节　多语文图书著录法

一、多语文图书著录问题

　　新到馆的图书,首先要分别语种,然后才能按文别进行登记、分类、典藏等工作。目前我国大多数图书馆一般分四个文别系统,即中文、日文、俄文、西文(西文包括英、德、法、意、西班牙、荷兰文等)。这样分主要是考虑便于读者按不同文别借阅,也便于组织字顺目录与分别典藏。大型图书馆,由于藏书量大,且语种繁多,文别系统就分得更细一些,每种文别给一个代号,以示区别。如:

英文用"Y",俄文用"E",日文用"R",德文用"D",法文用"F"表示。其它文用"Q",没有代号的是中文图书。

除此以外,图书馆中还有不少难以划分文别的图书,是一种图书中包含两种或两种以上文字的图书,有的是中、外文字组成,有的是汉文与少数民族文字组成,还有的是几种外国文字组成,这些出版物在图书馆中称为多语文图书。各图书馆对于如何处理多语文图书,是一个经常讨论而又迫切需要解决的问题。如:多语文图书应该归入什么文别的书库?登在什么文别的登记簿上?选用什么文字著录?组织到什么文别的目录中?目前各图书馆的处理方法极不一致,还没有共同的解决方法。这些问题如果解决的不好,不但影响读者借阅,难以发挥图书的作用,也给图书馆的科学管理造成混乱。

(一)按多语文图书的内容分,大致有以下四方面的图书

1.学习外国语文的图书如外语教科书、语法书、对照读物与注释读物等;

2.科学研究、政治宣传或法律性资料文件;

3.国际组织和国际关系的文件;

4.工具书。如各种对照的专业词典及一般性英汉双解辞典、俄华大辞典、新英汉词典等。

(二)多语文图书著录,要考虑以下几方面因素

1.图书的出版目的、用途。多语文图书一般都具有明显的特定用途。例如:学习外语的图书,一般是为了熟悉一种语言的人学习另一种语言用的。这类图书,可依据编写这种书所使用的语言。如该书的书名、前言、使用说明、解释和注释的语种;另方面也要考虑阅读这种书所具备的基础语言来确定。在一般情况下两者是一致的。例如:两种文字对照的词典,《新英汉词典》《俄华大辞典》等,其书名、前言、体例说明与注音说明以及内容解释都是用中文,使用对象也是具有一定中文程度的读者,它主要是供我国读者学

习和研究外语用的工具书。

　　这里需要说明,划分文别与分类法中词典的语言分类问题是不同范畴的两个概念;前者是指文别系统,即一种书决定作何种文字的图书分类、编目,是中文还是外文;后者指的是图书的科学分类,如:《新英汉词典》,我们把它的文别划分为中文,但是分类却分在英语类里(《中图法》H316)。又如:《日、英、汉无线电技术词典》,以文别是中文,而分类则分在无线电技术类里(《科图法》73.45)。应该按研究对象归类,而不能按研究对象划分文别,否则一些研究外国语言的中文著作都要划入外文书藏了,这与出版目的也是不相符合的。

　　2. 应考虑图书馆读者所习惯使用的语言,首先是祖国通用的汉文,其次是当地多数人所使用的民族语言。在兄弟民族地区图书馆,凡与兄弟民族对照的多语文图书,应以当地兄弟民族语言著录,因为读者总是利用其所熟悉的文字来查找图书。

　　3. 目录的作用和著录目的。目录的基本作用是揭示藏书,宣传图书,便于读者通过目录找到需要的图书。著录就在于提供这样一种便利,必须考虑这一类型图书,以什么文种进行著录,容易为读者查阅、认识和利用。

二、多语文图书的著录特点

　　多语文图书著录的主要问题是依据一定的原则,选择什么样文种进行著录,这个问题解决之后,就可以按照前面所谈的各种著录规则与著录格式进行著录,归入相应文种的图书目录。

　　(一)书名页和正文都是用两种或两种以上的文字对照,如果其中有本国文字,应以本国文字为主著录,如果其中有兄弟民族文字,那么在该民族所在地,就以民族文字为主著录,将其并列书名著录在正书名后面,在并列正书名前,以"="标识。还可以酌量以其它文字编制参照,并要在附注项中注明(见例片66、67)。

例片66　多语文图书通用款目

索书号

　　帽 商 的 城 堡 = Hatter's Castle：简 写 本／（英）克 罗 宁
（Cronin, A. J.）原著；智祥译. 上海：上海译文出版社，1984.9

303 页：图；32 开. —（英汉对照世界文学丛书；第四辑）

0.99 元

Ⅰ. 帽…Ⅱ.①克…②智…Ⅲ. 主题 Ⅳ. 分类号

○

例片67　书名见片（排入英文书名目录）

Hatter's Castle

见

帽商的城堡

本书为英汉对照读物。本馆以中文著录，请查中文书名目录

○

　　（二）正文有几种文字对照，而书名页只有其中一种文字或汉
文，应按书名页所用文字著录，因为这种书主要是供给懂得书名页
的文字的人使用的。

　　例如：图书专业词汇／《图书专业词汇》编辑组编

　　　　　该书为英、法、德、日、俄与汉语对照

　　（三）正文是一种文字，而书名页为另一种文字（或汉文），应

以书名页的文字著录,但要在书名前面方括弧内注明文别或在附注项注明"本书正文是英文"字样。这类书应入什么书藏,图书馆有很大分歧,我们认为应按书名页文别归入相应书藏。

例如:非线性规划论文集〔英文〕/中国科学院数学研究所运筹室编

(四)正文是汉文而书名页是两种以上文字对照,应以正文文字著录。如果正文不是本国文字,而书名页中有一种是本国文字,就应以本国文字编制参照片,因为本国读者通常会用本国文字来找书。

(五)正文混合使用两种或几种文字。这种混合使用几种文字与对照读物不同,对照读物是两种文字所反映的内容完全相同,都是完整的著作。混合使用两种文字或几种文字的书,其所用的各种文字都是这书的主要成分,共同组成一个完整的内容。读者只阅读其中一种文字,不可能获得对该书的完全认识。这些书又各有不同的情况:

1. 首先是以一种文字解释另一种文字的书,最常用的是双解字典。

2. 正文基本上是一种文字,而附有另一种文字的翻译、注释之类的资料,许多学习外国语的读本都是如此。

3. 正文某些部分是一种文字,而另一部分是另一种文字。例如:许多中外文图书编在一处的图书目录,往往分成中、俄、英、日等部分。这些书的书名页以及封面、书脊等处的题名也不一致:有些是两种文字对一照,有的只有一种文字,有的在这一处用一种文字,而另一处用另一种文字,情况相当纷乱。对这类图书的著录,应当考虑主要是供给使用什么文字的人用的,而以相应的文字进行著录。

上述各种多语文图书在划分藏书时,都可以依著录所用的文字划入相应的书藏。

第二节　地图资料著录法

地图资料是按照一定的数学原理,用形象化的符号,经过科学综合,显示地球表面现象的信息载体。它反映各种自然和社会现象的空间分布、组合、联系及其时间中的变化和发展。地图资料可简称为地图,它们一般只有很少的文字,甚至没有文字,而是借助于实用的地图来交流思想,传播知识。地图对研究政治、经济、军事、外交等重大问题,以及在科学研究和一般学习和日常生活中,都是非常重要的参考工具。

图书馆搜集、宣传、提供和保存各种各样的地图是一项很重要的任务。参考咨询部门、阅览流通部门,应当扩大它们的流通和利用。为此,图书馆必须做好地图的编目工作。

一、地图的种类

（一）以其内容来分

有政治区划图、经济物产图、地质图、气候图、雨量图、矿产图、铁路图、邮政图等。

（二）以其反映的地区范围来分

有世界地图、全国地图、省区地图、市镇乡村地图,地带地图等。

（三）以其反映的地理时代分

有当前形势图、古代形势图、一定历史时期的各种内容的地图。

（四）从物质形式分

有折叶、卷轴、单幅的、组合的地图,地图集以及立体地图（模型）、地图仪等。

二、地图著录的特点

《地图资料著录规则》是 1986 年颁布的国家标准。其著录格式、著录顺序以及标识符号与《普通图书著录规则》基本一致。包括:图名与责任者项、版本项、数学基础项、出版发行项、载体形态项、丛编项、附注项、标准书号及有关记载项、提要项等。结合地图本身的特点。仅在某些著录项目中反映着不同于图书的内容和形式,这也是地图资料著录的特点。著录格式如下:

例片 68　地图著录格式(卡片式)

正图名 = 并列图名:副图名及说明图名文字〔文献类型标识符〕/第一责任者;其他责任者.—版次及其他版本形式/与本版有关的责任者.—地图比例尺;地图投影(图廓坐标;二分点和历元).—出版地:出版者,出版年、月(印制地:印制者,印制年、月)

数量和地图资料类型:其他形态细节;尺寸或开本 + 附件.—(正丛编图名 = 并列丛编图名:副丛编图名和说明丛编图名文字/丛编责任者,国际标准连续出版物编号(ISSN);丛编编号.附属丛编图名)

附注
中国标准书号(装订):获得方式
提要

Ⅰ.图名Ⅱ.责任者Ⅲ.主题 Ⅳ.分类号

◯

即:

例片 69　地图著录格式（卡片式）

图名与责任者项.—版本项.—数学基础项.—出版发行项
载体形态项.—（丛编项）

附注项
标准书号及有关记载项
提要项

Ⅰ.图名Ⅱ.责任者Ⅲ.主题Ⅳ.分类号

以上著录格式将著录项目分为六段：

第一段：图名与责任事项、版本项、数学基础项和出版发行项，
一行写不完移行时，向左突出一字；

第二段：载体形态项，丛编项；

第三段：附注项；

第四段：标准书号及有关记载项；

第五段：提要项；

第六段：排检项；

附注项、排检项与上一项间隔一行著录。

以上著录项目在书本式目录中可以连续著录为两段，除提要
项另起一行，自成段落外，以上各项连续著录为一段，排检项可以
省略，各项采用的标识符均与卡片格式相同。

例片 70　地图著录格式（书本式）

正图名＝并列图名:副图名和说明图名文字〔文献类型标识符〕/第
一责任者;其他责任者.—版次及其他版本形式/与本版有关的责任
者.—地图比例尺;地图投影(图廓坐标;二分点和历元).—出版地:出
版者,出版年、月(印制地:印制者,印制年、月).—数量和地图资料类
型:其他形态细节;尺寸或开本＋附件.—(正丛编图名＝并列丛编图
名:副丛编图名和说明丛编图名文字/丛编责任者,国际标准连续出版
物编号(ISSN);丛编编号.附属丛编图名).—附注.—中国标准书号
(装订):获得方式

提要

例片 71　地图通用款目

索书号　　世界交通图＝Map of world communications/地图出版社编
　　　　制.—1:20000000;等角圆柱投影(墨卡托投影).—北京:编
　　　　制者,1982.2
　　　　　1 幅分切 3 张:彩色;折成 38×25cm 可拼成 86×201cm

　　　　中英文对照
　　　　1.80 元

　　　　Ⅰ.世…Ⅱ.地…Ⅲ.主题 Ⅳ.分类号

例片 72　　地图通用款目

索书号　　　阿尔及利亚/地图出版社编制. —1:45000000 等角圆锥投
　　　　影(W9°～E14°/N19°～N37°). 北京:编制者,1978.6
　　　　1 幅:彩色;46×68cm＋中外文对照,阿尔及利亚地名索引
　　　1 册

　　　0. 37 元

　　　Ⅰ.阿…Ⅱ.地…Ⅲ.主题 Ⅳ.分类号

○

　　结合地图的特征而设的不同著录项目,与某些项目包括的不
同内容,体现在以下两大项内:

　　(一)数学基础项

　　《总则》内称为特殊细节项是普通图书没有的项目,这是由于
地图本身的特点所决定的。包括以下内容:

　　1. 比例尺(即缩尺)

　　将物体绘成图样,有时需要缩小或放大,在其长度上缩小或放
大的倍数,称为比例尺。也就是表示地图上某些线段与实际距离
相应之比。例如:1:1500000 即地图上的 1 厘米长度相当于实际
距离的 15 公里。分子为一,分母大比例尺小;分母小比例尺大。
地图上未注明比例尺或比例尺不等时,应注明"未注比例尺"或
"比例尺不等"的字样。

　　2. 地图投影

　　它是地图制图学的组成部分,运用数学理论将地球表面上点
的经纬度相应地转换为平面上直角坐标的方法。

　　地图投影按要求特征可分为正形投影、等积投影和任意投影;

按经纬线投影后的形状可分为：方位投影、圆锥投影、圆柱投影、多圆锥投影和伪圆锥投影等。

投影法只在著录世界地图、全国地图或广大地区图时予以注明。一般地图上载明时，方予著录。一些辅助说明投影法的文字，如：经纬网、军事坐标网等可著录在投影后面。

3. 图廓坐标

图廓是指制图区域四周所加的范围线。一般分为外廓、分廓（经纬廓）和内廓。著录图廓坐标是为了划定地图东、西经度与南、北纬度的最大限度。经纬度以 60 进制的度、分、秒来表示，著录时在度、分、秒前面加上南、北、东、西的英文大写首字母，两组经纬度彼此用斜线符号隔开，前面不空格，每边以经度或纬度与其相对应边的经度或纬度用破折号隔开，前后也不空格。坐标说明为选择项目，著录时加"（ ）"。

例如：

（E79°－E86°/N20°－N12°）

（E110°30′－E120°30′/N25°15′－N22°10′）

（E15°00′00″－E17°30′45″/N1°30′12″－S2°30′35″）

（W74°50′－W74°40′/N45°05′－N45°00′）

4. 二分点和历元说明

二分点是指黄道和天赤道相交的两个点。每年 3 月 21 日前后，太阳沿黄道由南半天球进入北半天球通过天赤道的那一点，称为春分点；每年 9 月 23 日前后，太阳沿黄道由北半天球进入南半天球通过赤道的另一点，称为秋分点。每年此时。太阳在正午时分直射在赤道上空；受太阳照射的半个地球恰好同时把两极也都包括在内，地球上所有地方，昼夜都一样长短，各为 12 小时。无论何处，太阳都是出于正东，落于正西。二分点每年都有微小的移动，故都有年份注记。

二分点和历元说明为选择著录项目，一般将历元标记于后，二分点的英文缩写"Eq"著录于前。

例如:(Eq. 1971)

（二）载体形态项

该项著录地图资料的数量、尺寸、开本、形状特征及有关附件说明等。

1. 数量

地图数量一律使用阿拉伯数字,根据不同情况分别以幅、张、页、面、叶、册为计量单位。

"幅"是内容完整地图的计量单位。"张"是指内容完整地图的构成单位,多出现在分切图内。"分切图"是指一幅图受纸张大小限制,要求印制者化整为零分若干张印刷的地图。

例如:3 幅

　　　1 幅分切 3 张

　　　24 张

单本图集著录实际页数。多卷集可著录册数,如有总页数则著录在册数之后,图集的页数只标在单面上时,应著录版面数。

例如:

　　　120 页

　　　25, 210, 45 页

　　　4 册(2560 页)

　　　74 面

未装订的散页地图,除著录页数外,应将函数注明于后。

例如:

　　　78 页(1 函)

　　　84 面(1 函)

2. 其他形态细节

指地图的成图形态、色彩、制图材料等。其前用":"标识,各细节项间用","分隔。

例如:1 个地球仪:木制

　　　1 幅:彩色,塑料

3.尺寸与开本

幅图尺寸是指地图的版面尺寸,以内廓计量,纵×宽;立体图要加高度,即:长×宽×高;地球仪则著录球体直径;地图集著录原载开本;或按图集长×宽著录。其他尺寸都取整数以厘米计算。

例如:一具地形模型:彩色,石膏;45×35×2cm　269 页　彩色;8 开(或 39×27cm)

4.附件

一般是指与地图主体一并发表或增补发表,并结合地图主体使用的附加材料,如地图集所附带的索引册,幅图所附带的说明书等。例如:16 幅:彩色;每幅 60×52cm + 说明书 1 册

以上所讲的款目内容与著录格式,均为通用款目,地图著录因标目的不同,也可以分别以图名、责任者、标题和分类号为标目编制相应的款目。必要时,对函装的地图、地图集内或多卷地图集内的各张地图以及科学图书中所附的有极大参考价值的地图,结合本馆需要可编制分析款目。

例片 73　单本地图集通用款目

索书号　　台湾省地图册/地图出版社;中央人民广播电台台湾广播部编制.—比例尺不等.—北京:地图出版社,1982.10

　　　69,8,33 页:彩色;36 开

　　　1.30 元

　　　本图册包括 69 幅彩色地图,21 幅台湾风光和 33 页台湾简史文字说明。

　　　Ⅰ.台…Ⅱ.①地…②中…Ⅲ.主题 Ⅳ.分类号

例片74　地图分析款目格式

析出题名/责任者.—地图比例尺

　//图名/责任者.—版次或其他版本形式.—出版地:出版者,
出版年.—卷(册、幅)次或起讫页码

　附注项
　提要项

○

例片75　地图分析款目

索书号

　　　台湾省土特产/地图出版社;中央人民广播电台台湾广播
　部编制.—1:2500000
　　　//台湾省地图册/地图出版社;中央人民广播电台台湾广
　播部编制.—北京:地图出版社,1982.10.—第25页

○

　　地图最好单独典藏和组织目录,收藏不多的图书馆可以并入
普通图书目录。单独组织目录时,一般只编制主题目录(地区目
录)与分类目录,因为一般地图的名称都大致相同,不易区别,地
图绘制者往往也不是读者需要查寻的对象,实际上,读者查阅地图
时,总是从地区出发或某一类目出发,查明某地方的地图或某一种
地图。

第三节　技术标准著录法

　　我国在本世纪要实现四个现代化,科学技术的现代化必须走在前面。因此,科学技术工作者对科学技术的资料要求更迫切了。科学技术资料的范围很广。专门的图书、杂志、报纸、不定期连续刊物、论文、报告、经验交流资料以及小册子、图画等都是。其中大部分可用前面所说的方法予以揭示,向读者宣传、指导。但是还有一些具有专门用途和特殊类型的出版物对于科学研究和生产有很大作用,在图书馆中常称为特种科学技术资料。

　　特种科学技术资料有许多种类,最主要的是技术标准、工艺规程、工艺图样、产品目录、专利文献等。其中专利文献外文的较多,将在外文编目中讲;关于工艺规程、工艺图样,产品目录等著录方法与图书大致相同,所不同的要在书名后面标明"工艺规程"、"工艺图样"或"产品目录"等字样。本节主要讲述技术标准及其著录方法。

一、标准化、标准、技术标准

　　长期以来人们始终存在着要求标准化的产品与标准化的生产方式。就连石器时代的陶工,也并不是每制作一只陶罐都有一种新的式样,为了节省时间与精力,也为了适合消费者的要求,专门制作有限的几种造型和尺寸,这种造型和尺寸就包含着标准化对标准化的要求。

　　如今的标准化已经是一项相当复杂的工作,随着科学技术的发展,与新的交通工具的出现,标准规格、标准产品不仅是满足一个地区的需要,而是涉及到一个国家或几个国家的共同要求。其目的就是为了简化品种,避免混淆,减少差错,统一规定,以及利用所获得的经验教训。所谓标准化，是指制定标准和贯彻标准为主要内容的全部活动过程。它始终与科学技术发展的步伐保持一致。

"标准"是经公认的权威当局或主管部门批准的一个个的标准化的工作成果，作为解答标准化问题的文件。

"技术标准"，主要是对工农业产品和工程建设的质量、规格及其检验方法等所作的技术规定。经主管部门批准发布，是从事生产建设的一个共同技术依据。每一件标准都是独立、完整的资料，它作为一种规章性的技术文献，有一定的法律约束力。

标准的新陈代谢非常频繁，随着经济条件与技术水平的改进，常不断进行修改或补充，或以新代旧，过时作废。

二、技术标准的作用

标准化是实现四个现代化的重要条件之一。它的作用范围涉及到各个领域，成为组织与管理现代生产的重要手段，做好标准化工作，可以解决生产中许多矛盾，达到多快好省地发展生产的目的。从标准化的经济效果看，对于改善生产质量，提高劳动生产率，缩短生产周期，简化设计，减少原材料消耗，降低成本等方面都起着显著的作用。因此，目前世界上许多国家都重视标准技术经济效果的调查和分析研究工作。我国国家标准总局编印的《标准化经济效果事例》一书中列举了我国工业各部门实行标准化所取得的初步效果。在全国科学大会上，国家标准总局的书面发言中指出："当前标准化已发展成为一门综合性科学。"又说："在社会主义建设中实行标准化，是党和国家的一项重要经济技术政策。"因此，做好技术标准资料的管理和检索工作，对于为实现四个现代化服务具有十分重大的意义。

另外，技术标准资料也是一种重要的科学情报来源，一个国家的标准资料，反映着该国家的经济政策、生产水平、加工工艺水平和标准化水平以及自然条件、资源情况等内容。对于全面了解某国的工业发展情况是一种重要的参考资料。

对外国标准的收集和利用也是很重要的：(1)它对我国研究制造新产品，整顿老产品，改进技术操作水平，可起到借鉴的作用；(2)进口设备可按生产的标准资料装配和维修；(3)有些零件可按其技术标准的形状、尺寸、公差、材料配制；(4)外贸方面的检验工作，也是以技术标准为依据。外国的标准只要我们正确地收集、整理和利用，是可以起到"洋为中用"的目的的。

三、技术标准的种类

（一）按使用范围分

有国际标准、国家标准、部颁标准、专业标准与企业标准。

（二）按内容分

1. 基础标准—有术语、词汇、符号、缩写、绘图、命名、单位标准；

2. 制品标准—有关制品的形状、尺寸、材料、质量性质等标准；

3. 方法标准—有关产品的试验、检验、分析、测定等方法及技术条件之类的标准。

（三）按成熟程度与法律约束力分

有法定标准、推荐标准、试行标准、标准草案。

（四）按出版形式分

有单项标准、专题汇编本与各种标准合订本之分。

四、标准的级别

（一）世界标准级别大致分为四级：国际标准、地区标准、国家标准、公司标准

1. 国际标准

在具有共同利益的多数的国家之间合作与协商之下制定的，

是为全世界共同使用的标准,如1SO或IEC的标准。

国际标准化组织(International Organization for Standardization 简称1SO)是1947年2月23日成立的,随着国际贸易的发展,产生了对国际标准化统一的要求。由于该组织所起的作用,引起了世界各国对ISO的普遍重视。近30年来,ISO已有很大的发展,参加的国家越来越多,中国标准化协会于1978年9月参加了国际标准化组织,成为正式成员。今后国际标准资料的交流将会不断地增加。ISO是非政府性国际组织,其中的各项技术工作,是通过100多个技术委员会(TC)和600多个分委员会;(SC)以及1000多个工作组(WG)进行的。各组进行着不同专业标准的制定,其中关于情报、文献工作、图书馆工作的国际标准,由ISO中第46技术委员会(简称ISO/TC46)制定。它是在国际范围内开展情报、文献工作标准化的唯一部门。经ISO/TC46制定的情报、文献、图书资料工作和应用于情报系统以及文献交换网的信息处理等方面的国际标准,对科学管理和国际间科学技术交流与合作,发挥着极其重要的作用。

国际电工委员会(International Electrotechnioal Commission 简称IEC)成立于1906年是世界上最早的国际性电工标准化专门机构。1947年IEC作为一个电气部门合并于ISO,在技术上、财政上仍保持其自主性。我国于1957年8月加入该组织。IEC的成立,是为了协调统一各国的电工标准,其宗旨是促进国际间的相互合作,便于贸易交流,提高生产率。

2. 地区标准

它最初限于独立国家集团或地区标准团体,为了他们的共同方便而制定的。如欧洲标准化委员会(CEN)(主要是西欧国家)和经互会(苏联、东欧国家),欧洲电气标准协调委员会(CENEL),欧洲计算机制造商协会(ECMA)与亚洲标准咨询委员会(ASAC)等颁布的标准。

3. 国家标准

国家标准由国家标准机构制订颁布。国家标准产生于世界大工业的发展。世界上第一个国家标准化团体是 1901 年英国成立的标准化学会(BSI)。国家标准的发展带来了贸易的增加和作为贸易基础的标准规格的需要。

国家标准机构的职责,一种是完全归属于政府;另一种是国家标准机构完全独立于政府,而主要由私人企业资助与支持。实际上,世界各国的政府参与各该国国家标准机构的程度大小不同,但无论采取什么形式,国家标准工作必须得到政府的全力支持,否则在国内或国外都不会有成效的。

4. 公司标准

由公司各部门协商制定,由公司单独发行的。每个公司,无论大小都必须有公司标准,而且应当有一个组织负责掌管,并且随时修改。从某些方面对某些国家来说,它是最重要的级别,因为这一级别可以实现最大的和最直接的节约。公司标准必须在有限的基础上制定,仅包括个别公司或企业的正常工作所需要的项目。

(二)我国的技术标准分为三级:国家标准、部颁标准和企业标准

1. 国家标准

国家标准是对全国经济、技术发展有重大意义而必须在全国范围内统一的标准,其内容是产品的名称及其规格的说明,包括尺寸、技术要求、检验与试验的方法等。

1957 年我国结合具体国情,参考国际标准,在国家科委内设立了国家标准局,开始开展全国性的标准化工作。1958 年颁布了第一批共 120 个国家标准。1962 年国务院颁发了《工农业产品和工程建设技术标准管理办法》。这是我国标准化的重要文件,是开展标准化工作的政策依据。1963～1965 年共制定与修订了 619 个国家标准。粉碎"四人帮"之后,1977～1978 年共制定、修订国

家标准 503 个。为了进一步加强全国标准化管理工作,国务院于 1978 年批准成立了国家标准总局,它是国务院主管全国标准化工作的职能部门。到 1980 年底,共颁布了国家标准 2331 个。1979 年 7 月 30 日国务院批准颁发了《中华人民共和国标准化管理条例》,这个条例是根据全党工作着重点转移到社会主义现代化建设上来,对标准化工作提出的新要求、新任务而制定的。它是 1962 年国务院颁发的《工农业产品和工程建设技术标准管理办法》的继续和发展。《条例》体现了标准化工作要以发展国民经济、加速实现四个现代化服务这一指导思想;对于加强标准化管理,充分发挥标准化在实现四个现代化中的作用,有着十分重要的意义。

2. 部颁标准(专业标准)

是指全国性的各专业范围内统一的技术标准。由主管部门或有关部门制订、发布、报科委或国家计委备案。部颁标准还可以根据其专业特性和条件规定对国家标准的限制使用范围。

3. 企业标准

是指对企业生产技术组织工作具有重要意义而需要统一的标准。包括没有制订为国家标准、但属于部标准的产品标准;企业内通用的标准以及企业内技术管理、生产组织、经济管理方面的定额、规则方法等标准。

以上是我国标准的分级办法。不同的国家有不同的分级办法。一般来说是分三级,苏联的标准分四级:国家、专业、共和国与企业等标准。

五、标准的代号与编号

为了便于对标准的收集、整理、贮存、检索、管理与利用,需要对标准规定一定的代号和编号。

我国国家标准、部颁标准、企业标准的代号和编号方法根据国家科委(64)科标第414号文件《关于统一标准代号、编号的几项规定》和GB1-70规定,一律用两个汉语拼音字母表示标准代号,标准号由标准代号、标准顺序号、标准年号三部分组成。

(一)国家标准

按现行现定我国国家标准代号为"GB"(即"国标"二字的汉语拼音的第一个字母),编号采用顺序号加年代号表示。

例如:"GB1-73"为国家标准第1号,1973年批准

(二)部颁标准

规定用国务院所属部(局)名的两个汉语拼音字母表示,"HG"、"YB"分别为化学工业部和冶金工业部的部颁标准代号。部颁标准的编号也采用顺序号加年代号表示。如:"JB1100-73"为第一机械工业部第1100号,1973年批准。

国务院各部(局)标准代号〔见部(局)标准代号表〕

部(局)标准代号表

序　号	部　　　　　门	标准代号
1	煤炭工业部	MT
2	石油工业部	SY
3	冶金工业部	YB
4	建筑工程部	JG
5	化学工业局	HG
6	林　业　局	LY
7	地　质　部	DZ
8	建筑材料部	JC
9	第一机械工业部	JB
10	第二机械工业部	EJ

序　号	部　　　　　门	标准代号
11	第三机械工业部	HB
12	第四机械工业部	SJ
13	第五机械工业部	MJ
14	第六机械工业部	CB
15	第七机械工业部	QJ
16	农业机械部	NJ
17	铁　道　部	TB
18	交　通　部	JT
19	邮　电　部	YD
20	水利电力部	SD
21	轻　工　部	QB
22	纺织工业部	FJ
23	农　业　部	NY
24	农　垦　部	NK
25	粮　食　部	LS
26	商　业　部	SB
27	对外贸易部	WM
28	水　产　部	SC
29	卫　生　部	WS
30	劳　动　部	LD
31	教　育　部	JY
32	文　化　部	WH

(续表)

序　号	部　　　　　门	标准代号
33	公　安　部	GN
34	国家测绘总局	CH
35	广播事业局	GY
36	中国民用航空总局	MH
37	中央手工业管理总局	SG
38	国家物资总局	WB
39	全国供销合作总社	GH
40	中国科学院	KY

有的在标准代号后加注字母"n"如"GBn"表示该标准为内部发行。有的在标准代号后加斜线再加字母"z"。如"JB/z",表示是一机部颁发的指导性技术文件,其编号仍用顺序号加年代。

有些部门专业较多,需要按专业区分编号,但为了统一起见,一律在部门标准代号后用一个阿拉伯数字区分。如:HG2-740-72 表示化学工业部油漆专业方面的标准号。标准修改后,一般仍用原顺序号,只改年代号,如:"GB1-58"在 1970 年修改后,重新颁发,其标号便改为"GB1-70"。

(三)企业标准代号

加注地方简称及字母"Q"(企)表示。如上海化工局代号为"沪 Q/HG"。

国家标准总局现已提出"关于修改国家标准代号的建议",鉴于我国现行国家标准代号"GB",不表达"中国"的含义,而很多国家的标准代号都有国别的含义,所以"建议"提出改用"中国标准"的名称,用"ZB"为代号或用"中国国家标准"的名称,用"ZGB"为代号。

专业标准的代号,"建议"提出采用国际上常用的字母代表专业类别,后加四个阿拉伯数字,前二位数字表明该标准属专业中某一类,后二位数字表示该类标准顺序编号,最后加年代,并用横线与前四个数字分开。

例如: A 02 14－81
 专业代号 ： 标准序号 ：
  分类代号 年代号

专业标准中的国家标准,建议采用专业标准前加国家标准号"ZB"或"ZGB"或"GB",各专业中的分类应与各专业标准委员会一致,即一个分类成立一个专业标准委员会,并尽量与ISO、IEC的专业委员会对口。〔见下表:专业标准分类代号(草案)〕

专业标准分类代号(草案)

字母	专 业	字母	专 业
A	建 筑	L	通讯与电子工业
B	机 械	M	航空航天设备
C	电器设备	N	仪器仪表
D	公路运输、农业机械	P	矿 业
E	动力设备	Q	纺 织
F	铁 道	R	纸张印刷
G	造 船	S	农林产品
H	钢 铁	T	文化生活用品
J	有色金属	U	医疗卫生安全
K	化 工	Z	一般基础

外国标准号的编制原则与我国大致相同,不过有些国家的标准代号后加分类号,如日本标准号为JIS＋字母类号＋数字类号＋标准序号＋制定(或修订)年份号。各国的标准代号都用字母表示。如美国"ANSI",英国标准代号为"BS",西德标准代号为"DIN",苏联标准代号为"ГОСТ"。

六、技术标准的特点与著录方法

（一）根据以上情况可以看到标准不同于其它出版物，具有独自的特点

1. 从出版形式看，标准一般有标号，在标准名称前冠有"某某标准"字样。但也有不以"标准"这个词命名，而称为"技术条件"、"指导性文件"、"规程"、"规范"等，其中也有无标号的，内容都是对产品或工程建设质量要求所作的技术规定，都属标准范畴。

2. 从内容来看，除了技术标准外，有的是国家标准管理部门公布的有关标准化工作的政策、法令、规章等，如：《标准化工作文件资料汇编》；有的是关于标准事业理论与方法的论述，如：《标准化的目的与原理》；有的是介绍标准化组织及其活动的，如：《国家标准化组织 ISO》；有的是论述实行标准化的重大意义及其经济效果，如：《标准的效果事例》；有的是关于标准的检索工具，如：《国际电工委员会标准资料目录（1975）》、《中华人民共和国国家标准和部颁标准目录（1977）》等。

3. 代号复杂，更替频繁。在 1964 年《关于统一标准代号、编号的几项规定》公布以前，部标准的代号是很复杂的，如：一机部在 1956～1963 年颁布的标准是按专业区分使用的代号，如："机"表示机械工业通用标准，"GC"表示金属切削机床专业标准……等。这些标准有的现在仍在沿用，有的经过修改后改为新标准的代号。例如："JB1466 - 74"无心外国磨床精度"代替 HC23 - 60"。

另外，由于国务院组织机构调整，标准代号亦随之更改。例如：原来没有冶金工业部和化学工业部，只有"重"、"重钢"、"重色"等，后来又改为"冶"，1959 年开始使用"YB"代号。化学工业部标准 1957 年以前使用的代号是"重"，"重化"、"化暂"，后来改用"化"，1958 年起使用"HG"代号，后改为"HGB"，从 1964 年起开始在代号"HG"后面加注数字，区分不同专业。例如"HG_1"表

示化工部标准的"无机化学产品类"。还有其他变更情况,就不一一叙述了。标准著录格式如例片76、77。

例片76 标准著录格式

标准名称与标准号〔类型〕/第一提出者,其他提出者;第一起草者,其他起草者;—版本.—出版地:出版者,出版年月(印刷地:印刷者,印刷年月)

页数;开本

附注

文献标准编号(装订):获得方式

提要

Ⅰ.①标准名称 ②标准号 Ⅱ.责任者Ⅲ.主题 Ⅳ.分类号

○

例片77 国家标准通用款目

索书号   程序设计语言FORTRAN GB3057–82/电子工业部提出;北京有线电厂起草.北京:中国标准出版社,1984.5

251页;16开

中华人民共和国国家标准,1983年5月1日实施。

3.30元

Ⅰ.①程…②GB3057–82 Ⅱ.①电…②北…Ⅲ.主题

Ⅳ.分类号

○

(二)技术标准的著录方法

根据上述特点,技术标准在其内容形、式和使用目的等方面都与普通图书不相同。因此,在著录时都必须反映。但是其著录格式、著录项目与著录标识符号等同样是在《文献著录总则》的编制原则指导下，可以沿用普通图书著录格式进行。以标准名称、标准号与标准提出单位或起草单位为题名与责任者项；对规范、规程一般以主编或颁布者为责任者；版本项、出版发行项、载体形态项，按一般图书著录；在附注项中注明本标准的发布单位、批准单位、实施日期以及被代替的标准号。著录时应注意以下几点：

1. 标准题名一般由国家名称（或包括部名称）、标准名称、标准编号三部分组成。如：《中华人民共和国国家标准中国标准书号 GB5795 – 86》。为了突出标准名称与标准号，可将其作为正题名著录，对于题名前冠有国家名称或部名称者。除在附注项注明外，应另编一般参照，指导读者直接从标准名称查寻。这样处理既便于通用款目的使用，也可避免在题名中与 GB, JB 代号的含义重复（见例片 78、79）。

例片 78　部标准通用款目

索书号

3027 酚醛层压布板 JB2182 – 77/广州电器科学研究所提出；西安绝缘材料厂等起草. —北京：技术标准出版社，1977. 3
4 页；大 32 开

中华人民共和国第一机械工业部部标准，由该部发布，自 1977 年 10 月 1 日实施。代替 JB886 – 66。

Ⅰ. ①3027…②JB2182 – 77　Ⅱ. ①广…②西…Ⅲ. 主题
Ⅳ. 分类号

例片 79　一般参照

中华人民共和国

　　凡冠有中华人民共和国和所属各部的标准,均依各标准名称查寻。
例如:《中华人民共和国国家标准非书资料著录规则 GB3792.4－85》,
应从"非"字查起。又如:《中华人民共和国第一机械工业部部标准管
套 JB1919－77》,应从"管"查寻。

○

　　2. 标准号是技术标准的特点之一。读者经常提出标准号向馆
员索取标准。由于标准号具有某种程度的分类性质,又没有重号,
所以可利用标准号为标目,编制检索性款目,组织标号目录。

　　国家标准常有以新代旧现象,必须在新、旧标准款目的附注项
分别说明:"代替××－××"或"为国家标准××－××"所
代替。

　　3. 国家标准或部颁标准重版发行时,要注明重版日期。

　　4. 凡一册包括两项或三项的合订本标准,在书名页上有单项
标准名称与标准号时,与合订本图书一样著录,将第二、三项标准
名称与标准号著录在第一项标准后面,用";"标识,必要时为第
二、三项标准编制标准名称附加款目。

　　5. 标准汇编一般按图书著录方法进行,在书名页上有标号应
照录,汇编中的个别标准,必要时可为其中的单项标准编制分析款
目(见例片80、81)。

例片 80　标准汇编通用款目

索书号

　　黑色金属产品标准汇编:生铁及铁合金/冶金部情报标准
研究所汇编.—北京:技术标准出版社,1974.3.
　　214 页;大 32 开

　　本汇编包括 35 项生铁及铁合金标准,冶金工业部颁布,分
别自 1965 年 1 月 1 日、1966 年 10 月 1 日和 1967 年 1 月 1 日
实施。
　　0.73 元

　　Ⅰ.①标准名称②标准号　Ⅱ.责任者　Ⅲ.主题　Ⅳ.分类号

○

例片 81　单项标准分析款目

索书号

　　硅铬合金 YB526 - 65
　　//黑色金属产品标准汇编:生铁及铁合金/冶金部情报标
准研究所编.—北京:技术标准出版社,1974.3.—第 29 页

○

　　6. 外国的国家标准有专用的分类号,是依据本国制定的分类
表编的,我国现在还没有专用的标准分类表。如果标准号由专业
分类号组成,那么标准号可作为组织分类目录的标目,国家标准不
须再分类。它们可以单独组织藏书,单独组织目录。在尚没有标
准分类号的或收藏标准较少的图书馆,可按图书一样分类、编目、

并组织到图书目录中。

7. 最好为国家标准编制主题款目。因为标准的名称大都是产品名称,是读者经常检索的途径,更便于读者直接查阅。

技术标准为了适应它本身的特点与读者的检索习惯,一般编制标号目录、分类目录与主题目录;如果标号中有分类号,则只编标号目录与主题目录即可。在组织标号目录时,对没有标号的标准与专业标准汇编本,可在索书号上注明相应的标准代号(如:"GB"、"JB"),组织在相应的标准代号的后面,再按目录分类号排,以便集中。

第四节　非书资料著录法

一、非书资料的意义

文献资料按其形态而分,可归纳为图书资料与非书资料两种。

图书资料是装订成册,以书籍形式出版发行,并经图书馆按照一定的原则与方法收集、分类、编目,供阅览、流通、参考利用的都是图书资料。

不以书籍形式出版,而主要以胶片、胶卷、磁带、磁盘、塑制片、胶木片等物资为记录载体的,都是非书资料。非书资料又可分为印刷资料与非印刷资料。

(一)印刷资料

这类资料属于广义的非书资料,它是经过印刷程序,而又不同于图书资料形式的。包括:连续出版物、政府出版物、小册子、图片等。都需要读者利用视觉去阅读的,所以又可称为纯视觉性资料。

(二)非印刷资料

这类资料按它的制作技术和材料属性区分,可概括为缩微资料与视听资料两大类型。这些属于狭义的非书资料。

1. 缩微资料:又称缩微复制品,是现代出版事业中的一项新措施,是采用摄影技术将文献内容缩摄在特制的胶片、胶卷或照像纸上,然后使用显微阅读机放大阅读的资料。一件缩微资料可以是一部完整的图书,一套完整的期刊或报纸,一篇论文或手稿,书中的一章、一节,可以每篇著作为一个发行单位,也可以许多种著作共同摄制在一个胶卷或一套胶片上。

缩微资料按材料的形态可分为:缩微胶卷、缩微卡片、缩微平片、缩微印刷品等。这些缩微资料都有一定的规格。例如:缩微胶卷有宽 8 毫米和 16 毫米,也有宽 35 毫米、70 毫米和 105 毫米的,一般标准型号为 35 毫米和 16 毫米两种。缩微平片或缩微印刷片一般标准尺寸为:"105 × 148 毫米"。

缩微资料体积小,节约书库,一只 $1m^3$ 的书柜,可以盛放上千部图书的胶卷,而且重量很轻,寄递携带都很方便。因绝版而买不到的图书,特别是成套的期刊和报纸,都可以利用这种方法复制出来。不便出借的善本和珍本图书资料,摄成胶卷或胶片即可出借。我国许多大型图书馆都已有这种摄制设备,越来越多的图书馆都通过它来获得急需的难得的图书资料。

2. 视听资料:采用声像技术直接记录图书声音,然后通过播放手段给人以视觉、听觉感受的资料。其中有些是属于利用听觉的学习资料,又称为录音资料,如唱片、录音带等。有些是借助于放映器利用视觉学习的资料,又称为视觉资料,如透明图片、幻灯片等。有些则属于同时利用视觉和听觉学习的资料,又称为视听资料,如:记录图像又记录声音的录像带、电视片、电影片等。总之,它们都是利用视觉或听觉去接受的,所以在习惯上总称为"视听资料"。

1985 年颁布的国家标准《非书资料著录规则》(GB3792.4 - 85)对非书资料的定义及其范围是根据国家标准《文献著录总则》及《国际标准书目著录(非书资料)》〔ISBD(NBM)〕的原则,结合非书资料的特点而制订的。其定义是："以音响、形象等方式记录有知识的载体"。包括录音制品、录像制品、幻灯片和投影片，电影片、多载体非书资料、缩微制品、图书、模型、智力玩具、机读件等。本节以国家标准为准，阐述其一般的著录方法。

二、非书资料的著录项目与著录格式

由于《非书资料著录规则》是在《文献著录总则》的原则指导下制订的，所以其著录项目、著录格式以及使用的标识符都与普通图书相似，只有某些著录项目的内容是结合非书资料的特点制订的。其著录项目分为 9 大项。即：题名与责任者项；版本项；出版发行项；数量、规格项；系列项；附注项；标准编号及价格项；提要项；排检项。

著录格式有卡片式与书本式两种，均采用段落符号式。其格式如下：

例片 82　非书资料卡片著录格式

分类号　　　　　　　　　　　　　　　　载体代码索取号

　　正题名＝并列题名：副题名及说明题名文字〔语种〕/第一责任者；其他责任者．—版次及版本形式/与本版有关的责任者．—出版发行地：出版发行者，出版发行日期（制作地：制作者，制作日期）

　　数量：规格 1；规格 2；规格 3 ＋ 附件．—（系列正题名 分卷（集）号＝系列并列题名；系列副题名及说明题名文字/系列责任者，国际标准系列编号）

　　附注
　　标准编号：价格（商标名称）
　　提要

　　　　　　　　　　　　　○

以上格式将著录项目划分为五段：

第一段　包括题名与责任者项；版本项；出版发行项

第二段　包括数量规格项；系列项。系列项接在数量规格项后面，用圆括弧括起

第三段　附注项

第四段　标准编号及价格项

第五段　提要项

排检项包括载体代码、分类号和索取号。

书本式著录格式将著录项目划分为两个段落，除提要项另起一段著录外，其余各项为一段连续著录；排检项中的分类号和顺序号可以省略；各项冠以特定的标识符。格式如下：

正题名＝并列题名：副题名及说明题名的文字〔载体代码，语种〕/第一责任者；其他责任者. —版次及版本形式/与本版有关的责任者. —出版发行地：出版发行者，出版发行日期（制作地：制作者，制作日期）. 数量：规格 1；规格 2；规格 3 ＋附件. —（系列正题名　分卷（集）号＝系列并列题名：系列副题名及说明题名文字/系列责任者，国际系列标准编号）. —附注项. —国际标准编号；国内编号：价格（商标名称）

提要

三、非书资料的著录特点

虽然文献的类型多种多样，然而它们的著录项目与著录方法基本上是一致的。但是非书资料因载体的差异，在某些著录项目中，它与普通图书有着不同的内容与方法，形成了非书资料的著录特点。

（一）主要著录依据

普通图书的主要著录依据明确规定为书名页与版权页。在书

名页与版权页上记载着较完备的书目信息,供著录时选用。而非书资料在多数情况下只规定取自资料本身,并没有明确规定取自资料的某一特定部分,这给识别与著录带来一定的困难。一般来说如果有题名页,即可取自题名页,否则可以参考标签、封套、说明书等。如果被著录资料的书目信息不全时,还可依据被著录资料的有关材料进行。如:可选录音带、录像带、电影片、幻灯片的带头或带尾的有关材料进行著录,和普通图书相比,非书资料需要更多的查找参考书目,有关的印刷附件等。

（二）载体代码和语种

非书资料由于其载体的不同,在题名项中必须说明载体名称的代号和语种,以反映非书资料的类型与文别,在包括多种文献载体的目录中能迅速确认特定文献的性质,满足读者的特定需要。《非书资料著录规则》对载体名称和代号是在国家标准《文献类型与文献载体代码》的基础上,结合非书资料的特点予以补充的。见该规则"附录 A·载体名称和代码（补充件）"。

附录 A·载体名称和代码

（补充件）

中文名称	英文名称	代码
录音制品	audiorecording	A
盒式循环带	sound cartridge	AX
盒式磁带	sound cassette	AH
开盘磁带	sound reel	AK
唱片	sound disc	AP
录像制品	Videorecording	V
盒式循环录像带	videocartridge	VX
盒式录像带	videocassette	VH
开盘录像带	videoreel	VK
录像片	videodise	VP

（续表）

中文名称	英文名称	代码
幻灯片、投影片	Visual projection	L
幻灯卷片	filmstrip	LJ
幻灯插片	slide	LP
投影片	transparency	LT
电影片	motion picture	F
盒式循环电影片	film cartridge	FX
盒式电影片	film cassette	FH
开盘电影片	film reel	FK
立体电影片	stereograph reel	FL
多载体非书资料	Kit or multimedia	K
教学多载体非书资料	kit	KJ
实验多载体非书资料	Laboratory kit	KS
程序教学多载体非书资料	Programed instruction kit	KC
缩微制品	microform	M
开窗式缩微卡	aperture card	MC
单轴盒式缩微卷片	cartridge	MD
双轴盒式缩微卷片	cassette	MH
开盘缩微卷片	reel	MK
缩微平片	microfiche	MP
封套卡	jacket	MF
缩微照片	microcard	MS
缩微印刷片	microprind	MY

中文名称	英文名称	代码
图片	Picture and graghic	P
艺术复制品	artireproduction	PY
美术印刷品	artist's print	PM
声画片	flashcard	PS
照片	photograph	PZ
图画	picture	PH
教学卡片	study print	PJ
工程图	techcnical drawing	PG
挂图	wallchart	PT
立体图片	stereograph card	PL
示教板	flannel or magnetic board set	PB
模型	Object	O
模型	model	OM
立体布景模型	diorama	OL
天体、地球仪	planetarium	OT
智力玩具	game	G
机动智力玩具	Mechanical toy	GL
电动智力玩具	electrical toy	GD
电子智力玩具	electronic toy	GZ
手动智力玩具	puzzle	GS
机读件	machine readable data	R
磁盘	disc	RP
磁带	tape	RD
穿孔带	punched paper tape	RC
穿孔卡	punched card	RK

（三）制作地、制作者和制作期

在出版发行项中必须著录非书资料的制作地、制作者和制作期，反映它的使用期、时效期及有关制作情况。制作地、制作者和制作期，著录于"（ ）"内，在制作者后面加"制"、"摄"等字样。当与出版发行项完全相同时，可省略。

必须指出的是，非书资料的出版发行项并非原文献的出版发行项，而是非书资料的出版发行事项。原文献的出版发行有关项目，常著录在附注项内。

（四）数量、规格项

该项在传统的著录条例中称为稽核项，用来记录普通图书的外形特征，如页数、插图、开本、装订等。《文献著录总则》称为载体形态项；结合非书资料的特点，在《非书资料著录规则》中则称为数量规格项。本项包括数量、规格、其他并列规格与附件。著录本项时，非书资料与普通图书略不相同。

1. 数量：数字使用阿拉伯数字，量词使用汉字；其中公制长度和重量，采用国际单位的英文缩写字母。时间按"分"、"秒"计，分用"′"表示，秒用"″"表示。

页数、帧数、件数，播放时间等，著录在数量后的"（ ）"内，播放时间按资料载体标签上注明的时间著录，若没有注明，则按实际播放时间著录。

例如：3 盒（156′）+ 教材 1 册

非书资料由几个相同类型的载体组成，而每个资料都有各自的播放时间，可将播放时间的总和著录在"（ ）"内，必要时将每个资料的播放时间著录在附注项中。

2. 规格：包括载体的型号、材质、长度、转速、色别、声响、尺寸（或开本）等。每件资料的载体都不尽相同（参见《非书资料著录规则》各种资料载体著录细则）。

例如：2 盒：3/4 英寸；NTSC；彩色

1 套(32 张):9 x 12cm;彩色;复合片

2 件:塑料;彩色＋挂图 5 张

（五）排检项

包括分类号、载体代码和索取号。

分类号表示非书资料的类别,建议用《中国图书馆图书分类法》著录于卡片左上角;载体代码表示非书资料载体的类别,用国家标准附录 A 所规定的代码著录,置于卡片右上角;索取号表示非书资料的排架位置,著录于载体代码之后,中间不空格。

四、非书资料基本著录法

（一）掌握了非书资料著录的特点与普通图书著录法,非书资料的一般著录就可以进行（见例片 83）。

例片 83　非书资料通用款目（电影片）

```
 分类号                                    FK 索取号

    阿 Q 正传〔汉〕/鲁迅著;陈白尘编剧;岑范导演;严顺开主
 演.—北京;中国电影发行公司,1982(上海:上海电影制片厂
 摄制,1981)

    12 本;35mm 宽银幕;彩色


    严顺开获第二届国际喜剧电影片最佳男演员奖


    Ⅰ.分类号　Ⅱ.载体代码　Ⅲ.索取号


                        ◯
```

（二）非书资料综合著录法

非书资料综合著录与普通图书的综合著录的格式、著录项目与标识符基本一致,只是其中某些项目的内容有其不同的特点与

着录方法,它适用多卷集非书资料、系列非书资料与多载体非书资料。多卷集非书资料与多卷书一样,是一种资料分若干卷出版的;系列非书资料在一个总题名下汇编多种单独的资料组成一套,并以编号或不编号的方式出版,与丛书相似;多载体非书资料,是由两种以上不同材质制品的资料载体所组成的配套非书资料。这些都可采用综合着录法进行着录。

1.综合款目着录格式:综合款目包括两部分,一是有着整套资料的共同项目,称为总括部分(或整套资料);一是有关部分资料的不同事项,称为子目部分(或组成部分)。见例片84。

例片84　综合款目着录格式

分类号　　　　　　　　　　　　　　　　　载体代码

　　　正题名＝并列题名:副题名及说明题名文字〔语种〕/第一责任者;其他责任者.—版次及版本形式/与本版有关的责任者.—出版发行地;出版发行者,出版发行日期(制作地:制作者,制作日期)

　　　数量:规格1;规格2;规格3＋附件.—(系列正题名 多卷(集)号＝系列并列题名:系列副题名及说明题名文字/系列责任者,国际标准系列编号;本系列编号)

　　　附注

　　　标准编号:价格(商标名称)

　　　提要

　　(1)……载体代码索取号;(2)……载体代码索取号;(3)……载体代码索取号;(4)……

着录时,总括部分之后空一格于附注项内着录子目部分,子目前冠以序号,后面着录子目题名、载体代码、索取号等。

200

2.多卷集非书资料一起入藏时,可采用综合著录法,一张著录不完可续片,并在各张卡片右下角标明张数(见例片85)。

例片85　综合著录基本款目

分类号　　　　　　　　　　　　　　　　　　　　　　　　VH

　　　武松〔汉〕/施耐庵,罗贯中著:王汉年,赵长海编剧;王浚洲,刘柳导演;祝延平主演.—山东:山东电视台,1983

　　　8盒(381′42″):3/4英寸;PAL;彩色

　　　第一集 景阳冈打虎(48) VH索取号;
　　　第二集 兄弟话别情(47′17″) VH索取号;
　　　　⋮

　　　　　　　　　　　　　　　　　　　　　　　　(接下卡)

　　　　　　　　　　　　　　　○

3.多载体非书资料按不同载体分别入藏时,也可按综合款目著录,除在总括部分著录一般项目外,在子目部分著录各项资料载体的名称、数量、规格、载体代码和索取号。见下列教学多载体非书资料的数量、规格项与子目部分(组成部分)。

3盒(156′)+幻灯片6卷+教材1册

(1)录音磁带1盒(50′) AH索取号;

(2)录普磁带1盒(54′) AH索取号;

(3)录音磁带1盒(52′) AH索取号;

(4)幻灯卷片6卷:135半格;彩色 SJ索取号;

(5)教材1册　索取号

第五节　剪辑资料、散装资料的分组整理

一、分组整理的意义和作用

上面所说的著录方法都是将出版物逐件进行著录的方法,也就是在目录中反映个别出版物的方法。但是图书馆中不可避免地会积聚一些零星琐碎的资料,通常是剪辑和散装的资料,如果每件都分别著录会消耗很大的人力物力。为了节约起见,图书馆在一定条件下,可以不进行个别的著录,而将一批出版物组织起来作为一个单位进行著录,不反映个别资料而反映整个一组资料。这就是分组著录法。

分组著录的出版物,在分类、典藏以及出纳方面也都应该以一组为一个单位。分组著录必须和按组分类、按组排架以至按组出纳联系起来。这是一整套的处理某些资料的方法,通称为分组整理法。分组著录法只是分组整理法的一个环节。

二、适用分组整理的资料

分组整理法适用于下列的各种资料:

1. 剪辑资料;
2. 杂志、报纸、论文的抽印本;
3. 散叶图书及照片;
4. 油印的或晒印的工作报告、总结、统计等等;
5. 档案、文件、信函、单据等;
6. 单张的展览品目录、节目单、通告、广告、传单等;
7. 产品目录、商品目录;
8. 小册子(无永久价值的,同一类型但无总名的,如各学科教

学大纲）；

9. 活页文选、活页资料等；

10. 连环图画、"小人书"（在不对儿童开放的大型图书馆内）。

这些资料有些是图书馆有意识地搜集来的,有些是在长时期中无意识地积累起来的。它们大部分富有现实意义,是关于某个问题或某种事物最新鲜、最真实的材料,在科学研究中往往有很大作用。图书馆对它们必须加以保存、整理和利用。分组整理是揭示这类材料的最简便方法。

三、分组整理的方法

分组整理可以分为五个主要步骤。

（一）决定分组整理法在本馆应用的范围

如上所述,可以适用分组整理的印刷物种类很多。究竟哪些资料应该分组整理,要事先订出计划。这个问题的解决,正如目录中其他许多问题一样,要取决于图书馆的具体任务、读者需要和资料本身的情况。

在解决这个问题时,还要考虑:分组整理的资料如果不止一种时,是混合起来保管？还是分开保管？还是几种单独保管而另外几种混合起来？由于保管的方式不同,组的内容也就不同。这个问题影响到著录的方法,所以必须先行决定。在决定这个问题时,首先,要考虑每类资料的作用,在本馆的使用情况和发展前景,其次要考虑它们的数量。

（二）将出版物按主题予以分组

必须先分组,然后才能著录。分组的标准一般是以主题为主,就是把关于一个问题,一个对象或一个类目的资料集中为一组。当然主题的范围是可大可小的。比如,可以用"图书馆"为题而集中一切有关图书馆的资料。但也可以用"公共图书馆"、"科学图书馆"、"分类法"、"读者工作"等为题,分别集中有关一个问题的资料。甚至可以用"北京图书馆"、"上海图书馆"、"中国图书馆图书分类法"、"国际十进分类法"等来分别集中有关的资料。当然这是要取决于读者对这类资料的使用要求和资料数量的多寡。比如,在专业图书馆内对本专业的资料应详细分组;对非本专业的就简单分组。这就要求在运用分组整理法时要拟定一个组别表,这个表可以采用主题表或分类表的形式。

将同一问题的资料集中一处,用文件夹(纸匣、口袋、封套等)盛起,这就成为一个组。将问题写在文件夹外面,这就构成了这个组的标题。如果一个夹内只有一种资料,在标题后面可以标明夹内资料的种类,如:剪报、图片、照片等;否则可以不注明。同一问题的资料,如果一个文件夹不够,可以再续一个。

（三）决定它们的排列方式

排列方式有两种:(1)按主题字顺排列:(2)按分类系统排列。前者就是将各资料夹依其标题的字顺进行排列,后者又有两种情况:①如果组别表已经采取分类表的形式,那么,就将有关组的分类号写在资料夹左上端显著地位作为排架号;②如果组别表是主题表形式,就可以将各个主题按照图书馆采用的分类表,给以分类号,并依此进行排列。总的说来,采用主题字顺排列是比较灵活、比较方便的。因为可以不受分类号码体系的限制,增加、修改或删除都比较容易,不牵动全局,但是容易混乱。

（四）进行组内登记

这就是在资料夹上注明夹内有些什么资料。可以用一张 16 开或 32 开的白纸照下式登记:(见例片 86)

例片 86 分组登记

```
    标题(种类)
 1. 资料题目        (种类)        来源
 2. 资料题目        (种类)        来源
 3. 资料题目        (种类)        来源
 4. 资料题目        (种类)        来源
 5. 资料题目        (种类)        来源
 ……
 ……

                        ○
```

　　如果一个资料夹内的资料只属于一种形式(论文、剪报、图书、照片等等)就在标题后面注明形式种类。如果是几种形式的资料都收在一个夹内,就在每件资料题目后面注明其形式。

　　其中来源一项是资料出处,如果是单行本资料,即注明印制年、月,有出版处的注明出版处;如果是剪报或抽印的论文,则注出报纸杂志名称(简称)和年、月、日、期。

　　资料登记以收到先后为序,续到的可以随时添入。

　　这张纸片在资料夹表面或封页里面。

　　(五)进行分组著录

　　著录时以一组为单位,在目录卡片上以资料夹的标题作为著录标目,其后注明资料所属文献类型或性质,分别用方括号括起。具有整套资料的责任者与出版发行事项时,应照著录;否则可以省略。以上为一段,空一行著录每件资料的顺序号、题名与责任者、出版发行日期等内容,每件资料均著录为一段落。其著录格式与综合著录子目项相似。

例片 87　分组著录格式

索书号	〔标题〕〔文献类型〕与有关说明文字/责任者. —出版发行

　索书号　　〔标题〕〔文献类型〕与有关说明文字/责任者. —
　　　　　出版发行
　　　　　顺序号　题名/责任者. —出版发行
　　　　　………　………………　……………
　　　　　………　………………　……………
　　　　　………　………………　……………

○

例片 88　分组著录款目（资料）

　索书号　　〔著录规则〕〔资料〕
　　　　　1. 中文图书提要卡著录条例/图书提要卡联合编写
　　　组. —1964
　　　　　2. 中文图书著录条例/北京图书馆中文采编组. —1974. 1—
　　　　　3. 中文普通图书统一著录条例（试用本）/北京图书馆
　　　编. —1981

○

例片 89　分组著录款目（照片）

　索书号　　〔橡胶〕〔照片〕
　　　　　1. 祖国橡胶产地:海南岛. —6 幅
　　　　　2. 栽培橡胶树. —4 幅
　　　　　3. 人造橡胶. —7 幅
　　　　　4. 橡胶制成各种用具. —4 幅

○

为了避免重复,有些图书馆只编制分组著录的目录卡片而不用分组登记片。有些图书馆进行分组登记,而只在目录上写一个标题(或者标题和分类号)而不著录组内的资料。按照前一种方法在资料夹上看不出夹内有些什么资料,出纳检查很不方便,而且续增资料时还要在目录卡上去增加。按照后一种办法,实际上不是资料目录而是资料总索引。比较起来,后一种办法在实际工作中还好些。

　　分组著录通常只有一种款目,其作用相当于普通图书的主题款目。在组织目录时,这条款目要按标目字顺编入主题目录。如果馆内没有主题目录,就编入分类目录。这时,如原来无分类号或资料组别分类号与图书分类表不同,都要重新依图书分类表分类。

　　在通常情况下,分组著录不编著者款目。但是如果在分组时将某一人关于某一问题的资料集中为一组时,除以问题为标目外,还可以编制一张著者款目收入著者目录。

　　在分组资料数量巨大的图书馆内,可以单独成立"资料目录"或"资料索引"。

四、分组资料的经常检查与更新

　　分组资料经常检查是必要的。必须经常剔除过时的而代以最近的资料,更换过时的标题而代以现实性的标题。有必要时,还可以将资料重新编组,或将原来一组分为几组,或将原来几组合并为一组。这样才能保证资料的实用性和现实性。随着资料夹内容的变更,目录也必须随之更改,不能有目录与资料不符的现象。

　　总之,所有分组著录的资料,不管其本身是多么零碎,本来都是可以按照一般著录法进行个别著录的,其所以概括为一组,主要是为了使用上和保管上的便利,为了节约编目工作的人力、物力和目录体积。所以这是一个实际措施的问题,每所图书馆都应该根据自己的具体情况来规定分组著录的资料的范围。

第八章　图书馆目录组织

　　目录组织就是把著录好的各种款目,按照一定的原则和方法排列起来,成为一个严密的整体,同样的款目,按照其不同的标目,不同的方法组织,就成为不同的目录。这种排列款目的工作是目录的基本组织方法。除了组成各种目录,使每套目录反映的图书资料系统化外,还要把各种分立的目录,组织起来,使其相互联系、相互补充而形成一个反映全馆藏书的完整的目录体系。这才是目录组织的完整概念。

　　图书著录和目录组织是编目工作的两个不同步骤。图书著录仅仅完成目录款目的编制工作,目录组织才是图书编目工作的最后工序。有标准化的图书著录,才有质量较高的图书目录;但是如果图书著录得标准,而没有把个别的、分散的款目,用科学的方法组织起来,目录的作用仍然不能发挥。因此,目录组织得好坏在很大程度上也影响目录的质量,这两者之间的关系是相互影响,相互促进的。

　　目录组织的方法基本上分为两种:一是按照图书内容所反映的科学体系的类目组织起来,即分类目录组织法;一是按图书著录的不同标目字顺组织起来,即字顺目录组织法—书名、著者、主题目录组织法。

第一节 分类目录及其组织法

一、分类目录的作用

图书经过分类之后，一方面图书可以按类排架；另一方面可以组织分类目录。

分类目录又可分为公务目录与读者目录两种。就公务分类目录来说，它与图书分类排架的排列顺序应该是一致的，因此，也可称为分类排架目录；而就读者分类目录来说，它不仅反映每一种书在架上的位置，还可以在有关门类中，将内容涉及到两类或更多门类的书刊反映出来。此外，如果一种书的内容在大体上属于一定的门类，但其中有一部分涉及到另一门类，也应该将这一部分反映在另一门类中去，这都是公务分类目录和图书排架所达不到的。由于充分地利用图书著录中的辅助著录，读者目录才能将一部书的内容从深度和广度揭示出来，才能将一门知识的材料完全地有系统地集中，所以分类目录的编制工作乃是分类编目的统一。图书经过分类，如果不通过目录来反映，或反映得不确切，就不能达到为读者服务的目的。因为图书在架上是单线排列，而目录是从多途径反映图书的内容的。这是图书分类排架或分类排架目录与读者分类目录实质性的区别。再者随着时代的发展，学科体系可能用不同的观点重新组织起来，这样就要相应修改分类体系的有关部分。分类目录也要改组或改编，因此，分类目录必须与其它目录相互配合，相互补充，组成完整的目录体系，才能满足读者多方面的需要。

读者分类目录在我国是图书馆的主要目录，它能回答以下的问题：

1. 关于一定的知识部门有些什么书,或其中某一问题有些什么书,这些书是什么人写的,有些什么版本,其内容梗概怎样? 有无表格或插图等;

2. 某门学科研究有些什么重要问题,它和哪些学科有关;

3. 某门学科发展的大概情况,每一发展阶段有些什么代表著作,以及诸如此类的问题;

4. 分类目录不仅向读者推荐一定的图书,并且向读者推荐一个知识部门内一系列的图书,便于族性检索与特性检索。因此,它是读者阅读的强有力的助手,也是馆员补充藏书、推荐图书、编制参考书目、辅导阅读的重要工具。

分类目录是图书馆重要的目录,但不是唯一的目录,它有自己特殊作用,也有不足之处,如分类法的体系读者难于掌握与判断,不能集中同一主题的图书资料等。

二、分类目录的组织

分类目录是按学科体系组成的检索工具,它不同于字顺目录按不同的字顺组织,它是把概念用体现其系统的号码和符号组成,不受语言文种的限制,有利于国际标准化。

分类目录的组织成分是由分类主要款目、分类附加款目、分类分析款目、分类综合款目、类目参照片和类目指导片等组成。

(一)分类目录的一般排列方法

分类目录的排列主要根据反映学科门类的分类法。分类法又是根据类目之间的不同关系,如从属的、并列的、时间的等等关系的逻辑顺序排列而成。这种排列反映了类目之间本质的逻辑关系,所以它提供的资料具有严格的系统性。

组织目录时,首先按分类法体系中代表类目先后次序的分类号排列,这个分类号应当是款目中的目录分类号,而不是分类排架情况下,索书号中的分类号。即使这两个分类号有时相同,也是偶然现象,而原则上两者之间并无联系,也不完全相同。当利用固定排架或改用登录号排架时,就更清楚看到索书号与目录分类号两者的本质区别。

索书号中的分类号一般要求单纯简短、便于排架索取,但目录分类号中的多种符号和长短根据需要可不必限制,只供组织目录时使用。国内多数图书馆采用的是分类排架,常出现索书号中的分类号与目录分类号相同的现象,而误认为分类目录的组织是按索书顺序排列,这种错觉必须纠正,即使两者的类号相同,仍需分别著录。

下面根据《中图法》编制体例,阐述分类目录的具体排列方法。

1.首先按大类集中各类的各种款目,将各款目依照分类号的先后顺序排列起来。目前分类号大多采用字母与数字混合制(《中国图书馆图书分类法》)或数字制(《中国科学院图书馆图书分类法》)。字母就按字母表的顺序排,例如:A12,A5,B3,C8,D2,F112……;阿拉伯数字,则按小数制的顺序排,例如:28,3115,312,414,42……。

2.同一类中视类目的性质一般按著者字顺排或书名字顺排。在同一类中,按著者字顺排,可以集中一个著者的著作。

3.分类号带有辅助符号的,按下列方法排:

(1)有"a"推荐号的,排在原分类号前面。即将各类的马列主义、毛泽东著作有关各学科的分类附加款目、分类分析款目排在同类款目的最前面,以突出反映马列主义经典著作。

例如:Ga G G03a G03 G1 G12 G2

(2)凡有"—"总论复分号的排在数字"0"前面,如:B–61排在B0之前。

(3)有":"组配复分号的,按":"及其他学科的类号顺序排列,表示集中有关资料,增强使用分类法的灵活性。

例如:Z88:T(工业技术书目)

    Z88:TB(一般工业技术书目)

    Z88:TD(矿业工程书目)

(4)一般图书要进一步复分,包括下列各种符号时,按其先后含义大小次序排列,符号排列次序是:—、=、( )。

例如:S512 麦(综论)

    S512 – 33 麦(种植经验)

    S512 – 33 = 5 麦(种植经验)现代

    S512 = 5 麦(综论、时代细分)

    S512( )麦(综论、国家细分)

(二)分类目录的特定排列法

1.马克思、恩格斯、列宁、斯大林、毛泽东单行著作,按写作年代排列,多卷书先按第一卷的出版年排,再按卷次排列;

2.党和政府的会议文件,按会议届次顺序排列;

3.按年出版的政府工作报告汇编、法令汇编、历书,按历史发展顺序排列;

4.中小学教科书及教学参考资料,同类中按出版年代顺序排列;

5.同一种书的不同版本,按反纪年排,最近的排在前,早期的排在后面;

6.单项国家标准、部颁标准及专利文献等,按本身的编号排列。

(三)读者分类目录与公务分类目录组织的区别

1.分类的对象不同:读者分类目录主要是以图书资料的内容为对象,把图书资料中的主题分析作为重点与目的,指引读者从深度与广度检索图书资料,其分类号不受长短的限制;而公务分类目录是以每一种图书资料为对象,反映它的馆藏位置,便于采编查重、清点藏书为首要目的,其分类号力求简短;

2.组织成分不同:读者分类目录由分类主要款目、分类附加款目、分类分析款目、分类综合款目、分类参照片与分类指导片组成;而公务分类目录由于其职能的不同,其组织成分只有反映排架位置的一种分类主要款目与必要的分类参照片、分类指导卡即可;

3.同类书排列不同:读者分类目录同类书的排列是分类的延续。根据上述一般与特定的排列方法,确定每种图书的目录分类号,按该分类号排列,在同类书中,通常遵循著录标目的顺序排,即按书名、著者、出版者、丛书名顺序排列,这些排列标准在整个目录或某一部分需要统一,以达到其分类的延续作用;而公务目录的排列,主要是在同类中一般按著者号或种次号排列,即相同的一群书中,再确定每一册图书排列顺序号,而组成一种书的索书号,在索书号中的书次号起着分类号的辅助作用巴。顿(R. Barden)就索书号的作用指出:"(1)图书按一定顺序排架;(2)为每一册书预备简单而准确的索书号码;(3)在书架上为每一册书定位;(4)为读者预备外借用的书号;(5)便于把图书归架;(6)核对馆藏时便于识别图书"((日本)宫坂逸郎等编《图书资料的分类》)。因此,以索书号组织读者分类目录,不但混淆了两种分类目录的职能,而且不能充分发挥读者分类目录的作用。

(四)分类目录参照片

类目参照片是揭示分类目录中类与类之间的相互联系和相互补充的关系,使目录形成一个整体。

分类目录中的参照法有以下三种:

1.见片:它是指导读者从不作为著录标目的类目,去查阅作为著录标目的类目。

分类法中有些类目既可作为这类的下位类,又可作为那一类的下位类(即交替类目),然而在分类目录中只能反映到一个类目下面,不能为两类都编制重复的相同款目。但又必须在另一类指引读者到这一类中查阅。例如:植物病理学既是植物生理学的下位类,又是植物病害及其防治的下位类(见例片90)。

例片90　类目见片

```
    Q945.8　植物病理学
    见
  S432.1　　植物病理学
    植物病理学在本馆分类目录都集中在农业类


              ○
```

2. 参见片(相关参照):一般用来表示类目的相互关系。指引读者查阅该类图书时,还可到有关类目中去查阅,扩大读者的检索范围。

在相关的各类中,有许多图书可以同时分入两个或两个以上的类目。例如:中国共产党党史与中国现代史,有很多有关这方面的图书都可以分入这两个类。如果要分别为这些图书编制分类附加款目,反映到有关类目中去,必然会使得目录体积过分庞大。(见例片91)

例片91　类目参见片

```
    D23　党史
    参见
  K26　　新民主主义革命时期


              ○
```

另外有些类目之间本身有密切联系,查阅这类时,必须到有关类中去找。(见例片92)

例片 92   类目参见片

```
    TB 856    录音、还音设备
    参见
    TN 646    记录器(录音机)、录像器、消声器



                        ○
```

3. 一般参照:将本馆使用分类法的规则告诉读者。

有些类目规定,哪一类性质的图书列入该类,哪一类的图书不属于此类。(见例片 93)

例片 93   一般参照片

```
    029 应用数学
        总论入此,具体应用入有关各类
    例如:工程数学入 TB11



```

参见片排在有关类目著作的后面,一般参照排在有关类目著作的前面,见片按类号顺序排。

(五)分类目录指导卡

分类目录的排列方法,类目的从属关系,某类包括书籍的范围与归类标准等都应向读者宣传,让读者熟悉,方便读者在分类目录中迅速地找到自己需要的图书。因此,在分类目录中必须编制详细的指导卡。

1. 按性质分:指导卡有两种,一是指导类目的从属关系的一般

指导卡;二是表示具有特别现实意义和科学价值的类目,需要及时向读者推荐的特殊指导卡。

2. 按形式分:有全长导耳指导卡,可表示基本大类,1/2 导耳指导卡表示第二级类目,1/3 导耳指导卡表示第三级类目,其余子目也可用 1/4 或 1/5 导耳的指导卡来表示。每类指导卡的导耳上应写上该类的类号和类目,还应该写出它的直接下位类和相应的号码,这样可以表示出每类的内容和各类之间的从属关系,帮助读者了解他们需要的书在分类目录中的部位,也可以引导读者从一个较大的类目,去找一个从属的小类。

(1)指导类目从属关系的指导卡:

全长导耳指导卡

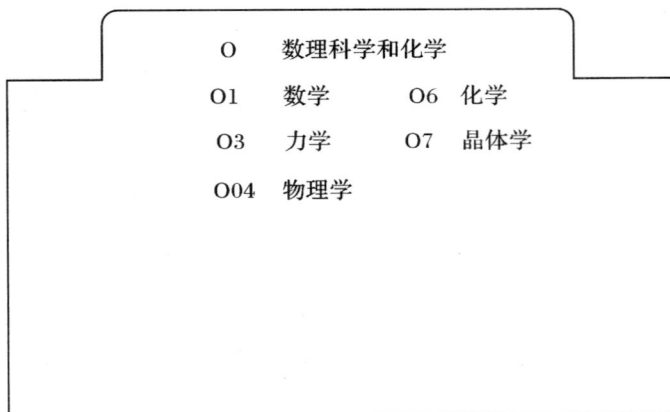

O	数理科学和化学		
O1	数学	O6	化学
O3	力学	O7	晶体学
O04	物理学		

1/2 导耳指导卡

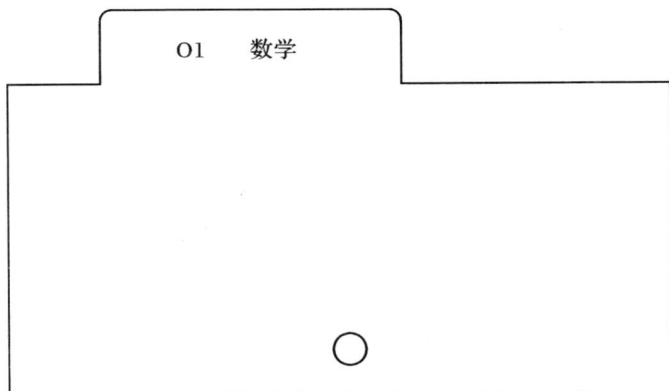

O1　数学

1/3 导耳指导卡

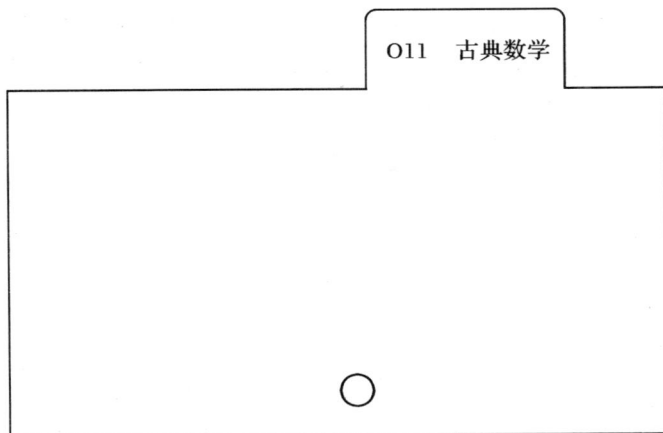

O11　古典数学

　　指出本类图书所论述的重要范围与分类规则,实质上这也属于一般参照性质的指导卡,必要时两者可以结合使用。

```
┌─────────────────────────────┐
│  O342  结构力学              │
├─────────────────────────────┴──────────────────┐
│                                                  │
│      总论入此，专论入有关各类。                  │
│      例如：建筑结构力学入  TU311                 │
│                                                  │
│                                                  │
│                                                  │
│                    ◯                             │
│                                                  │
└──────────────────────────────────────────────────┘
```

（2）特殊指导卡：

可以用 1/2 导耳的指导卡,表示有现实性的类目,推荐各知识部门中特别重要的文献。特殊指导卡不受类目级别限制,还可用有颜色的指导卡突出宣传。特殊指导卡可以按需要情况随时添制或撤除。它只用于读者分类目录。

指导卡一般分别排在有关类目前面。

（六）分类目录的宣传

分类目录的宣传工作很重要,很多读者反映不会利用分类目录,原因是读者不了解分类目录的体系结构。图书馆应该加强宣传,帮助读者掌握。

其宣传方式:(1)可通过目录咨询员的口头宣传,目录咨询员不仅仅帮助读者利用分类目录查找图书,并且还要通过工作向读者宣传分类目录的结构与其特点,以便读者逐渐掌握与利用;(2)可通过书面宣传,如将分类法的简表张贴在目录柜旁,每一目录柜和目录盒上都作一鲜明的标志,编印如何利用分类目录宣传手册等。

三、分类目录的组织调整

　　分类目录主要按分类法的体系组成。经过图书馆选用的分类法,有一定程度的稳定性。这是由分类法的逻辑系统决定的。但是客观事物不断发展,科学日新月异,新事物不断涌现决定着图书馆使用的分类法要不断的修改和补充。任何一个适用的分类法,都是一定历史时期的产物。从人类对事物的认识来说,也有阶段性和局限性,一成不变的分类法是没有的。解放以来我国编制出版了《东北图书馆图书分类法》、《山东省图书馆图书分类法》、《中国人民大学图书馆图书分类法》、《中国图书馆图书分类法》等,都是随着新科学、新事物的发展而修订、增补、直到局部或全部改编。一种分类法在当时来说是适用的,但随着时间的推移,往往会被新的分类体系所代替。所以分类法的稳定性,只是相对的而不是绝对的。因此,结合新科学、新技术、新事物的发展、出现对分类法的类目进行必要的增补是一项经常性的工作。

　　分类法的修订增补开始是局部的,随着历史的发展,有时需要对原来的分类体系进行较大幅度的修订,或者以新的分类法来代替,否则原有的分类法就容纳不了新出版的图书。分类法的更替与修订直接影响着分类目录的组织调整工作,历史比较长,藏书比较多的图书馆,这样的问题更为突出。对于这些问题,图书馆界处理的方法有以下几种:

　　(一)改编

　　根据新分类法对按旧分类体系分编的图书进行改编,即图书和目录款目全部重新分编。对藏书少的图书馆,或者以前使用的分类法问题比较大,改编可解决目录组织中的诸问题,提高目录的质量。改编时,必须做好充分的准备工作:

　　1.制定工作制度与改编计划。改编是比较彻底的方法,但是工作量大,头绪杂,人手多,必须做好充分准备工作与组织工作,条

件不具备时,不可轻易动手;

2. 确定图书改编的范围。根据各个图书馆的具体情况,确定是否将所藏图书全部改编,还是按文别、类别、时期重点地进行改编;

3. 确定采用的分类法、著录规则、同类书排列法、目录组织方法等,并组织改编工作人员对以上分编的内容讨论学习,统一认识,熟悉各个工作环节的具体做法与彼此联系;

4. 确定书标的样式与颜色,改编的图书与今后分编的新书,最好采用另一种形式或颜色的书标,以便与未改编之书有区别,做好一切必要的物质准备;

5. 严格检查架上图书。改编前要清点藏书,集中复本,正在改编的某类书要暂停外借,每日归还的该类书另行排架,目前尚未进行改编的书,可以照常出借。

(二)按新分类法对分类目录进行改组

新入藏的图书按新分类法分类、编目,按新的体系单独排架;对原来的图书款目按新分类法重新分类,作为目录分类号,图书排架次序不变。然后将新、旧图书款目统一按新分类体系组成分类目录。即藏书分新、旧两个体系分别排列;而目录按新分类体系统一组织。这种方法主要是改组分类目录,不涉及图书的改编问题。把同一学科的图书资料在分类目录中集中反映,不但便于读者检索,也解决了藏书量多、分类体系多头而要彻底改编图书的种种困难。

国内不少大型图书馆,如:北京图书馆、北京大学图书馆等。大都采用这种方法,提高了目录质量与检索效率。其具体做法如下:

1. 整顿目录:首先对读者分类目录与内部用的排架目录进行核对,核对以内部用的排架目录为基础,如遇读者目录有缺片和破损片时,应予以补充和更换,同时可与剔除图书工作结合,对目录进行整顿；

2.重新分类：根据新分类法首先对内部用的排架目录中的款目重新分类，将类号写在卡片左下角；如遇到难以分类时，根据索书号再到书库查书，按书的内容分类。然后，再按新分类号著录在相应的读者分类目录的款目左下角，作为目录分类号；对于编有分类附加与分类分析款目的，也必须集中重新分类；

3.目录组织：将新编的图书分类款目，与重新分类的原图书分类款目，按新分类法体系排列，组成统一的分类目录。藏书分两个系统。索书号有新、旧区别，分别用于排架与索书。

（三）按类目组织目录

将新、旧分类法相同的类目合并，也称为并类法，新书按新分类法分，旧书不改原来的分类号。组织目录时，把新旧分类法相同或相近的类目靠拢，将旧分类法的大小类目向新分类体系的大小类目合并，图书在架上依然是两个体系。这种方法也是不移动架上的图书，只对目录重新组合。因为没按代表类目的类号组织，随意性较大，易乱。

采用以上两种方法，在着手改编之前，为了提高工作效率，最好编一个新、旧分类法对照表。以便有计划，按类更改、合并分类号与类目，同时，必须依新分类法的体系制作新导卡与屉标。

（四）分类法修改后，目录的改编问题

《中国图书馆图书分类法》，《中国科学院图书馆图书分类法》都曾有修订版，将来还会有第三、四版修订版问世，这是必然的。在这种客观情况下，图书馆目录为了便于读者检索，避免产生图书馆目录的多头状况，应该结合本馆的实际情况，根据修订本进行改编。

分类法修订本与新编分类法不同。一般它的编制原则、体系结构、标记符号与大部分类目的含义均不变。为了适应新科学、新技术、新形势的发展，扩充某些类目，增加某些复分，也会删除部分类目,改变少数类目内容和含义以及部分类目隶属关系的变化等,它是在原分类法的基础上局部修订,目录的改编也是局部进行,工作量少些,其准备工作可参考第一种改编法的有关部分,其改编步骤如下:

1. 要制定修订版与原版分类法对照表;

2. 根据对照表,通过排架目录从书库中提出图书,再从读者分类目录中抽出款目(分类主要款目、分类附加款目、分类分析款目等)逐类进行改编;

3. 对相应的书袋卡、书标,以及相应的其他款目进行改编,给予新的类号;

4. 然后进行核对,分别排入目录。

四、分类目录字顺主题索引

编制各种不同分类体系的分类目录的统一主题索引,把各种不同分类体系的分类目录联系起来,对于读者查阅不同分类体系中的有关资料提供了方便条件,这是不改变目录分类体系,充分发挥分类目录作用的一种辅助方法。

分类目录主题索引,是将分类目录所收资料的类属主题,连同它们的分类号著录在卡片上,按字顺排列成索引,从类属主题引向类号的工具。有卡片式,也有书本式。

读者需要某一主题的图书时,即可以通过分类目录字顺主题索引中有关主题及其类号,再到分类目录中查找所需要的图书;在开架的情况下,也可以直接到架上取书,不至因为分析判断错误,或因与分类人员分析不一致而查不到所需要的类号和类目。

(一)分类目录字顺主题索引的作用

1. 能查到任何特定的主题在分类体系中的位置与类号。对于新主题、小主题的检索,更显得重要。因为这些主题在分类表中的位置还不固定,也不显著,读者很难分析判断;

2. 可集中在分类目录中被分散了的资料,补充分类目录的不足,便于读者对某主题的综合研究。例如:关于石油的图书资料,在分类目录中是被分散在勘探、炼制以及石油贸易等类中,通过字顺主题索引不但集中了有关资料,反映了分类目录中各类目之间的联系,而且也为分类目录提供了各种补充分类,增强了族性检索的功能(见例片94);

例片94   分类目录字顺主题索引

石油
　—勘探 P618. 138
　—炼制 TE62
　—贸易、中国 F724. 741

○

3. 对复杂主题在分类目录中往往分入一或两个类目(分类附加),读者难以判断。如《土壤的卫生与污物的处理》由三、四个主题组成的复合主题,分类目录字顺主题索引,可以用不同的方法,组织几个主题,读者从不同的主题下,都可以检索到有关资料,就是说可有4条索引条目,提供4个查找途径:

例如:污物(土壤)　　R124

　　　土壤卫生　　　R124

　　　环境卫生　　　R12

　　　卫生学　　　　R1

4. 某些图书馆因采用多种分类法而造成分类目录种类繁多、头绪复杂,编制统一的分类目录字顺主题索引,可把各种分类目录中同一个主题的类目联系起来,即可把同一个主题类目而不同类号的图书资料集中,便于读者检索(见例片95)。

例片 95 分类目录字顺主题索引

```
        激光技术
          TN24（《中图法》分类号）
          37.771（《科图法》分类号）


                              ○
```

英国南特拉福德教育学院图书馆的分类目录字顺主题索引，不仅收录了图书的分类目录号，而且收录了有关视听资料与期刊等的号码，下面是该馆的一张索引卡片的正、反面。卡片正面，凡用笔打星号的，表示馆藏有关环境的图书、录音带、图册、教学影片、期刊、设计资料档等。

例片 96 字顺主题索引（正面）

环境				
图　　书	☆	唱　　片	
盒式录音带	☆	期　　刊	☆
图　　册	☆	教学影片	
影　　片	☆	录像磁带	
剪报资料		设计资料档	☆
幻灯片			

○

卡片的反面，指明图书在书架上和分类目录中的号码与有关视听资料与期刊的号码与名称。这种方法的好处是，只要查一个主题索引,就可以掌握全馆所藏有关该主题的各类型资料的线索,很受读者欢迎。

例片97 字顺主题索引(反面)

○

图书:574·5

盒式录音带:C97,C99

图册:Ch91,Ch92,Ch96,Ch97

教学影片:12 ,62 ,97 ,221 ,302 ,307

期 刊:Bulletin of Environmental Education Environment
& Change

设计资料档:P/F574·5, P/F711·4

总之分类目录字顺主题索引是利用分类目录的钥匙,又是提高目录质量,健全目录体系的工具,便于多途径检索。

(二)分类目录字顺主题索引与分类表索引

日本标题目录专家山下荣认为,编制分类目录,而不编分类目录主题索引,如同分类表没有索引一样,缺少画龙点睛之笔。既然两种索引的作用都很重要,那么,有了分类表的相关索引,是否能代表分类目录字顺主题索引呢? 显然不能代表。

1.因为两者编制的对象不同,目的不同,作用也不一样。分类法索引是以表中列出的类目为对象,采用相关索引法编制,处理分类表中被分散了的相关事项,目的主要是便于熟悉和利用分类表。而分类目录字顺主题索引则是以图书馆藏书为对象,主要是配合分类目录揭示馆藏;

2.分类表索引的标题比较概括、粗略,对于用各种复分产生的主题、新主题、小主题以及采用组配法产生的复合主题,都不收入。而分类目录字顺主题索引就比较完全、细致、具体、专指;

3.分类表索引是供各类型图书馆普遍采用的,不管有无藏书,均列索引,读者通过分类表索引查得的类号,有时可能是空号,因为图书馆没有入藏。另外,分类号的配给并不考虑某个图书馆目录适应本专业所采用的分类方法与分类特点,由于藏书成分和读者对象的不同,经常要在目录中作些修改。这是分类索引没法体现的。而分类目录字顺主题索引就比较实在,也切合具体图书馆读者群的需要,凡查到的主题,就有相关的类号,也就会检索到相关的藏书。

根据以上的分析,说明分类表索引不能等同于分类目录字顺主题索引。不过如果有正式出版的编制得好的分类表索引,在人力、物力有限的条件下,不易编分类目录字顺主题索引,利用分类表索引,也可作为分类目录的辅助工具。

(三)分类目录字顺主题索引与主题目录

当前,在手工检索的条件下,图书馆要想从学科体系和主题两方面满足读者检索的要求,除编制分类目录外,还要编制主题目录或者分为类目录编制字顺主题索引。

从检索的角度比较,两者各有利弊。在主题目录标题下面可以直接查阅到图书的著录事项,了解图书,索取图书都比较快,而在分类目录字顺主题索引的主题下查得类号,还要根据类号到分类目录中查阅款目,索取图书,多一道手续。但是由于分类目录字顺主题索引的职能是引导读者使用分类目录,在所引向的类号前后,同时也获得相关的图书资料,也发挥了分类目录族性检索的功能。另方面两者都具有程度不同的直接性、确切性与灵活性等特点。在我国图书馆普遍都设有分类目录而在编制主题目录条件还不太成熟的条件下,如果另编主题目录,不仅要耗费人力、物力而且会与分类目录之间产生不必要的平行现象。如果为分类目录编制字顺主题索引,不仅满足了读者从主题检索的要求,提高分类目录使用效率,而且在编制技术,工作量和设备方面都比另外编制主题目录要简便、经济、容易得多。刘国钧先生在 1961 年曾经指出:

"实际上,在分类目录编有详细明确的字顺主题索引之后,主题目录并不是必要的"(《图书馆》1961 年第 2 期)。在当前的条件下,与其另编主题目录,不如整顿、提高分类目录,编制分类目录字顺主题索引。

第二节　字顺目录及其组织方法

所谓字顺目录就是把图书款目按特定的字顺组织起来的目录。为了从各个不同的方面来满足读者检索的需要,按图书款目的不同标目字顺分别组成书名目录、著者目录、主题目录或号码目录等。这些目录的组织方法基本上是一致的。字顺目录不但款目要按字顺排列,其指导片和目录抽屉的排列次序都是按字顺排列。

一、检字法在组织字顺目录中的应用与比较

（一）以汉字形体结构为基础的检字法存在的问题

组织字顺目录首先就要选择一个科学的检字法。我国的汉字检字法种类很多,目前图书馆采用的主要检字法有:部首法、笔划笔形法、号码法与汉语拼音音序法等。这些检字法除汉语拼音音序法之外,都以汉字形体结构为基础。由于汉字本身存在着字数繁多,结构复杂,同字异形等问题,因此,它表现在排检上的缺陷有以下几点:

1. 一个字属于哪一个部首难以确定,如"公"入"八"部,"分"入"刀"部,"橐"在"目"部,"舆"在"臼"部;

汉字简化之后,"开"、"关"再不属于门部,"电"、"云"再不属于雨部,都改用它们的起笔作为部首。现在一些工具书对于部首的归属也不一致。如"意"字,《辞海》入立部,《新华字典》入心部,《现代汉语词典》入音部,使人莫衷一是,无所适从;

2. 笔画笔形也无一定规范，尤其是笔形往往因人而异，随意性大。如"长"字，应作四画"丿"起笔，而有人作"长"五画"丨"起笔。"皮"字起笔有的作"一"，有的作"丿"。这样的分歧现象，举不胜举；

3. 不少汉字笔画繁多，必须一笔笔计算，不仅费时，而且往往由于数错或起笔不对而无法检索；

4. 用汉字四角取号法虽然较为简便，但也不够规范化，容易产生分歧，重号多。汉字简化以后，四角也要更改，此法不宜在图书馆目录中普遍采用。

总之以汉字形体为基础的检字法的缺点是难以克服的，对于提高字顺目录的排检效率是一大障碍。但是，也应该看到，我国的汉字经历了 4000 年的发展历史，有着广泛的群众基础；再者，不少工具书还沿用着以汉字形体为基础的检字法。因此，全国尚有不少图书馆不同程度地采用。

（二）汉语拼音音序检字法的发展

利用汉语拼音音序法组织字顺目录是在 60 年代才发展起来的，它将成为今后的方向。

早在 1951 年毛泽东同志就指出："文字必须改革，要走世界文字共同的拼音方向"。1957 年国务院公布了《汉语拼音方案》，为逐步实现汉语拼音化打下了基础。1958 年 1 月周恩来同志在政协全国工作会议上作了《当前文字改革的任务》的重要报告，周总理在报告中，根据毛泽东同志提出的方针和文字改革实践，着重阐述了当前文字改革的三项任务：简化汉字，推广普通话，制订和推行《汉语拼音方案》。图书馆使用汉语拼音组织字顺目录，不仅可以克服汉字笔画笔形检字法的缺点，而且符合我国文字改革的方向，也起着促进和推广汉语拼音化的积极作用，同时还为图书馆早日实现自动化创造条件。

利用汉语拼音组织字顺目录有以下几个优点：

1. 克服了汉字形体结构复杂所形成的字顺目录排检上的困难,它不受部首、笔画笔形和汉字简化的桎梏;

2. 能提高排检效率和排检的准确性。北京图书馆曾统计过:以前使用笔划笔形每人日平均排列图书款目 400~500 张,改用汉语拼音音序法每人日平均排列图书款目达 1000 张以上;

3. 符合毛泽东同志提出的"要走世界文字共同的拼音方向",具有长远的使用价值。图书馆目录是累积性、连续性的工具,不宜经常更改其检字法。使用汉语拼音音序法组织字顺目录,保证了字顺目录的稳定性。武汉测绘科技大学图书馆 1962 年改用汉语拼音组织字顺目录以来,工作一直很顺利,不受字体简化的影响;

4. 有一定群众基础和发展前途。现在,中、小学生都学习汉语拼音,中、老年知识分子大都学过外语,掌握汉语拼音也很容易。

随着汉字不断的改革和简化,汉语普通话的普及推广,人们对汉语拼音检字法的优越性的认识日益提高,利用它组织字顺目录的图书馆逐渐增多。

二、常用的几种检字法

(一)笔画笔形法

1. 先按汉字的笔画多少排,笔画少的排在笔画多的前面;

2. 如果笔画相同,则依起笔的笔形(、一丨丿)排,如:同四画,则按"文"、"王"、"中"、"介"顺序排,起笔相同再依次笔形排,如:同四画则按"斗"、"文"、"闩"、"为"顺序排。

目前各图书馆对笔形的种类与先后顺序的使用不统一。除按"、""一""丨""丿"四种笔形排列外,还有按"、"、"一"、"丨"、"丿"、"乛"五种笔形排列;有的是按"一"、"丨"、"丿"、"、"、(乛)等笔形排列;

3. 第一字完全相同,目前各馆采用的方法有两种:第一是比第二字的笔形,相同再比第三字,依此类推。如:同四画按"中学"、

"中共"、"中日"、"中华"顺序排;第二是比第二字的笔画,笔画相同再比笔形,依此类推。如:同四画按"中日"、"中共"、"中华"、"中学"顺序排。第一种方法比较简便,适合藏书量少的图书馆采用;大型图书馆藏书多,大多数采用第二种方法。

（二）部首法

先将字归并为若干部,以部首的笔画多少依次排列,部首相同再按笔画的多少排。

部首法的优点是把结构复杂,而极不规则的大量汉字分别归纳在 1、2 百个部首里,基本上符合汉字的结构特点和人们检索的习惯,它是我国工具书最普通的一种编排方法,对于不认识、又读不出音的字,可以用部首法查找。其缺点是:部首难以确定,或左或右,或上或下,还有的在中间,难以捉摸,因此部首法并不是一种完善的检字法。大多数图书馆都不用它来组织字顺目录。

（三）四角号码法

四角号码是根据汉字方块形状的特点拟定的,它把汉字笔形分为 10 种,用 0～9 这 10 个数字表示,按字的左上、右上、左下、右下四角次序取号。每个汉字取四角,把四角的笔形数字连接起来就成了四角号码。按四角号码顺序排列字顺目录,即是四角号码法。

四角号码法的 10 种笔形代号是:0 零即"亠"; 1 横即"—"; 2 垂即"丨";3 点即"、";4 叉即"十";5 插即"キ";6 方即"囗";7 角即"ㄱㄈ";8 八即"八";9 小即"小"。这是每一种笔形的简单配号。详细符号请查看四角号码检字法的规定。有人为四角号码检字法编一个口诀:"横一垂二三点捺,叉四插五方框六,七角八八八九是小,点下有横变零头",可以帮助记忆。

利用四角号码法组织字顺目录,只要记熟 10 种笔形所代表的号码,看见字形就能想出字的号码,较快的排检。用作组织字顺目录时还有具体规定。如用来组织著者目录时,著者姓名为单名时,取姓和名的左上角和右上角。如"梁军"为3337;如果著者姓名为双名时,取姓的左上角和右上角,名字均取其左上角组成著者号码。如:"郑一鸣"为8716,它的主要缺点是:如对笔形有所差误,就很难排检,重号也多,汉字简化后,一字的四角的号码就不同了。这种方法有些馆习惯用来组织公务目录,不适于组织读者目录。

(四)汉语拼音音序法

目前按汉语拼音音序法排列图书目录,有两种不同的方法:

1. 按汉语拼音音序的严格顺序排

(1)首先按图书的书名、著者或主题的汉语拼音字母顺序排列;再将首字母相同的汉字集中,按第二个字以下的汉语的拼音排。

例如:

Liè	《列宁全集》	Maó	《毛泽东论调查研究》
Māo	《毛泽东选集》		《毛泽东选集》
Sī	《斯大林全集》		《毛主席哲学著作》

(2)如果书名音节相同再按声调排;声调相同再按笔画排。

例如:

āi	《埃及》	lì	《历史》
ái	《癌的药物治疗》	lì	《立体几何》
ǎi	《矮脚南特》	lì	《厉行节约》
ài	《爱社的人》		

(3)首字的音节、声调、笔画、全相同,按笔形的先后次序排。

例如:lì《沥青表面处理》

《丽梅的心事》

《励磁机》

《利用野生植物》

(4)书名相同,但不是同一种书,按编、著者或出版单位等名称的汉语拼音排。

231

例如：《力学》北京大学物理系编

《力学》华东师大物理系编

《力学》武汉大学物理系编

在实践过程中,还会遇到一些技术上的问题,可以根据《汉语拼音方案》、《新华字典》等工具书,结合图书馆目录的具体要求,编制本馆切实可行的《汉语拼音字顺目录组织规则》作为排列的依据。从北京图书馆,北京大学图书馆,天津市人民图书馆以及黑龙江全省、县以上的图书馆等单位的实践经验来看,这种排列方法稳定性大,检索效率高。图书馆字顺目录排检方法的改革,对于读者有一个检索习惯过程,关键在于作好宣传辅导工作。此外,还可以编制一个《汉语拼音字顺目录笔画索引》供个别不会汉语拼音的读者使用。这种辅助性工具,像分类目录字顺主题索引一样不能认为是多余的工作。总结过去图书馆目录的缺点,都是单线检索,没有一个其他排检方法的索引;对于新采用的图书目录排检方法,更需要有一个其它排检方法的索引作为补充。

2. 按书名的汉语拼音首字母字顺排列法

(1)按书名汉语拼音字母的字顺排,书名长的取前五个字的汉语拼音字母(卷舌音取两个字母:zh、ch、sh)按拉丁字母顺序排。

例如：　D. F.

东 风

D. F. B.

大风暴

D. F. H. G. Q.

东　方　红　歌　曲集

D. F. H. L. S

东　方　红　朗　颂词

(2)书名首字母拼音完全相同,则按索书号排。

例如：　　C . L . L . X . J .

P21　　测 量 力学教程

　　　C. L. L. X. J.

TB12　材 料 力学讲义

　　(3)书名前冠有中华人民共和国,中国共产党中央委员会等较长的书名,为了便于排列,除按规定取书名相同的五个首字母外,再按"国""会"字后的三个首字母排列,并制特殊指导卡,突出指引。

　　例如:

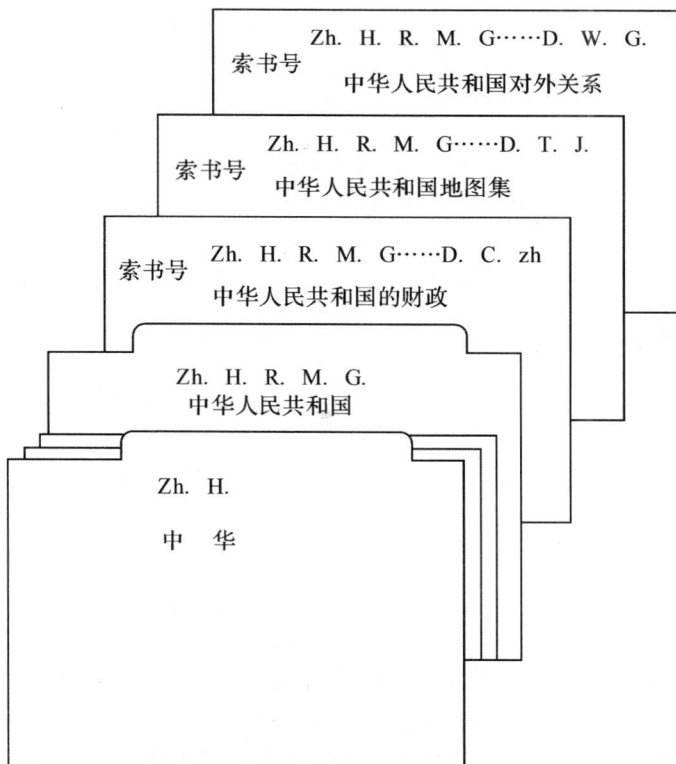

（4）马列主义经典作家著作等较长的书名的排列法也相同。为了突出经典著作，也为了避免过多的重复，可以加特殊指导卡，将字头完全相同的部分标在导耳上，导卡后面的卡片按可区别的首字母排。

例如：

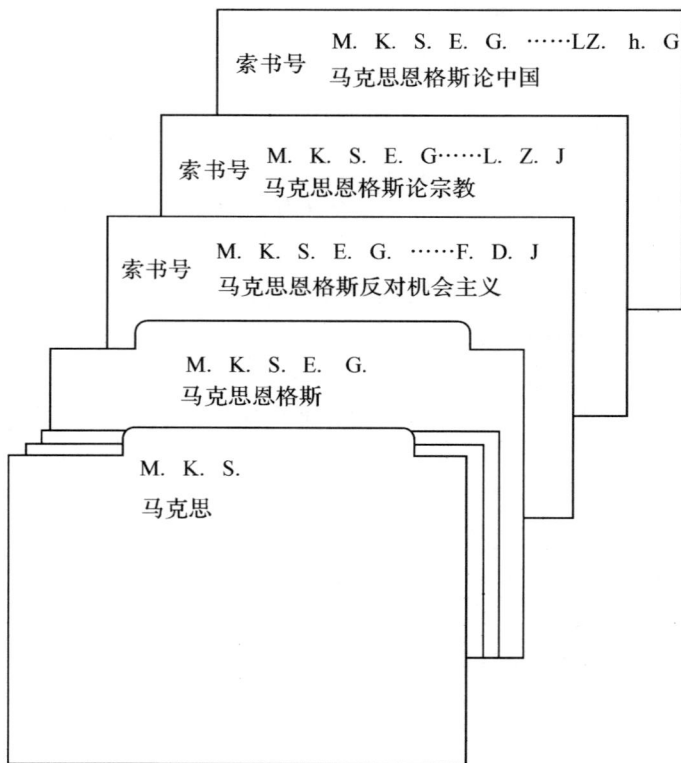

（5）书名前有年代的一律集中在前面，按年代顺序排。

（6）书名前或中间有外文字母、阿拉伯字、罗马字以及其他符号的均不计，按后面的汉语拼音首字母排（因为它们都不是汉语）。

例如：

	ch. X. sh. J. D.
ALGOL	程序设计导引
	Sh. X. D. zh. Y
X	射线的作用
	Z. B. D. T. H
Ⅲ—Ⅴ	族半导体化合物制备

以上介绍的两种方法，各有其优缺点，可根据不同类型馆与藏书的多少选用。

第一种方法的优点是：排检准确，稳定性大。存在的问题是：排检慢，往往要借助于工具书才能准确标音，在某些局部范围还不能完全突破汉字的制约。

第二种方法的优点是：排列快，容易检索，只要有一点拼音知识的馆员与读者都可以标音与利用，不需要逐字查工具书。在中小型图书馆使用比较方便。武汉测绘科技大学图书馆自 1962 年改编以来，已经累积了不少经验。其组织《规则》也比较简单。存在的问题：① D. T 两字母的拼音容易混淆，如果取错或排错，不易检查去向；②因为只取首字母，往往把不同书名，而拼音字母相同的书名都排在一起，另一方面相同的学科因书名长短不同而排散了，不能集中同一主题的书；③不宜用于组织著者目录。

例如：

H. X. C. D.

汉 西 词 典

H. X. Ch.B.

化 学 初 步

H. X. D. J. Sh

欢 笑 的 金沙江

H. X. D. L. D

化　学　地　理的基本理论

H．X．D．L.X

化　学　动　力学

使用第一种方法,书名前冠有化学的图书不会分散,而可以相对集中。这是从比较而言,但集中同一主题并不是书名字顺目录的主要职能,它的主要职能是根据特定的书名,可以迅速的检索到图书,补充分类目录或主题目录的不足。

以上仅简单介绍了目前图书馆利用汉语拼音音序组织字顺目录的两种基本方法。要熟练地掌握,必须反复地不断地实践,并结合本馆的需要编制一个切实可行的组织规则,作为排检的依据,(请参考北京图书馆编的《汉语拼音字顺目录组织规则》,武汉测绘科技大学图书馆《汉语拼音书名目录排检规则》以及河北工学院图书馆《汉语拼音字母法在编制书名目录中的应用》等)。

三、书名目录组织

书名目录是把以书名为著录标目的款目,按字顺组织起来的目录,它的组织成分有:书名主要款目、书名附加款目、书名分析款目、书名综合款目、书名参照片和书名指导片等。

书名目录是按所选订的检字法来组织各种书名目录,排列时,必须严格遵守检字法与根据特定检字法制定的书名目录组织规则进行。不能凭主观臆想,以免造成混乱。

（一）书名目录一般排列法

1．先按各种书名款目的标目的第一字的顺序先后排,第一字相同,再按第二字的先后排,以此类推;

2．书名完全相同,再按著者的字顺排;

3．书名以外文字母、阿拉伯数字开头的均按各文种文字、阿拉伯数字、罗马数字或公元纪年顺序排在全部卡片的后面或前面;字名中夹有外文字母、阿拉伯数字、罗马数字或公元纪年的,先按第一字排,第一字相同时,则排在第二字是汉字的书名款目之后,其排列次序是阿拉伯数字、拉丁字母其他外文字母。对书名里有阿拉伯数字或有罗马数字,则按相当的汉字排。例如:"4"、"Ⅳ",则按"四"字排,"7"、"Ⅶ",则按"七"字排;

4. 凡书名冠有"增订"、"新编"、"袖珍"、"绘图"、"校订"、"最新"等冠词的,应一律略去不计,按后面的字顺排,为了保持原书题名,也为了便于检索,在著录标目时,最好将冠词略去或在冠词上加圆括弧;

5. 书名加有标点符号的,一律略去不计,按书名字顺排,但有破折号的,排在相应词而无破折号的款目后面;

6. 书名包括正书名、副书名、说明书名文字等应分别情况排列:正书名相同时,再按副书名字顺排列;正书名下有国家、地区、历史时期或有编号等时,皆可按其不同的字顺、历史时代或编号顺序的先后排。

(二)书名中的系统排列

书名目录除按不同检字法字顺排列外,还可按系统排。

1. 凡以会议届数、次数、开会年份为书名的一部分,又是同一机关的会议著作,排时按届数、次数、开会年份的顺序排;

2. 年鉴,多卷书分别著录时,应依年或卷次的顺序排;

3. 图书的不同版本,按版次或出版年的反顺序排,即最近的排在前面;

4. 一书的评价、注释、索引等款目,排在被评介、注释书的后面,但批判某一书的著作,则评价的书列在原书之前。

(三)参照片的运用

书名目录的参照片,常用的是见片与一般参照片。见片用来指引该书有另一别名异名的书,凡本馆入藏,即应指引读者按其别名、异名去查找作为著录标目的原名。

另一种是目录组织上的一般参照,读者有可能以冠词来查找图书,而排列时不按冠词排;或者汉字有繁体字和简体字时,如按简体字排,那就应为冠词、繁体字编一张参照片。这种参照不是为每一种书编,相同的,只要编写一张就行了。

参照片的排列与书名款目的排列法相同,一般排在相同的标目之后。

(四)书名目录指导卡

书名目录指导卡有两种:一般指导卡与特殊指导卡。

一般指导卡指引目录的字顺结构,如用笔画笔形排列法,应有指示笔画数,笔画形状,单字,也可以是一个词等各种不同大小长度的指导卡。例如:"中国共产党"这种指导卡要看其起首相同的字或词有多少款目来决定,一般说以每25～30张卡片配置一张较为合适。

例如:一般指导卡

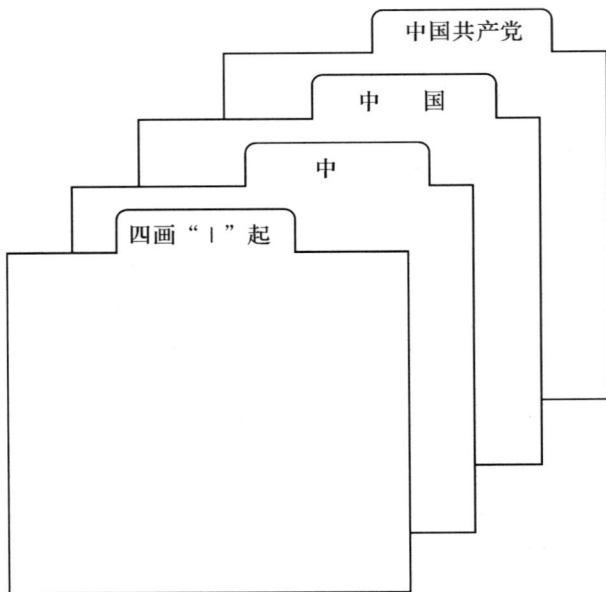

特殊指导卡,是为了推荐特别重要的著作用的,与分类目录中的特殊指导卡相同。

目录柜和目录盒外面应该标明盒的卡片排列的起至字。例如:

三画"、"起 一三画"丿"止	四画"一"起 王—天	四画"丨"起 中—中央

四、著者目录的组织

著者目录是以著者为著录标目的款目,按著者字顺组织起来的目录。它的组织成分有:著者主要款目、著者附加款目,著者分析款目、著者参照片、著者指导片等。

(一)著者目录的一般排列法

1. 著者目录是按选订的检字法来组织各种著者款目,排列时,先按标目的字顺排。首字相同,再按第二、三字排列,以此类推。

2. 著者姓名相同,而不是同一著者时,分别以不同情况排列:

(1)属于本国著者时,按著者的生卒年代先后排;

(2)本国著者姓名与外国译名相同时,本国著者在前,国外著者在后;

(3)同是外国著者而译名相同时,按国别的字顺排,或按著者原文的字顺排。

3. 同一著者的不同著作,按书名字顺排,书名相同按版次排,同一书的多卷或连续性出版物,按它们的顺序号排。

4. 同是外国著者的汉译姓氏相同时,按原名字的缩写字母顺序排。

5. 建国前与建国后机关团体名称相同时,将建国后的机关团体排在前面。

（二）著者目录的系统排列

1.同著者的不同著作方式,按著、编、译、校等顺序排;

2.同著者,同一著作方式,按全集、选集、单行本等顺序排;

3.各种作品的摘要、续编和改编等排在原书的后面;

4.政府机关团体、各部门的著作依下列顺序排:

（1）决议、决定、命令、工作报告、章程规则等,依文件名称排;

（2）以该机关名称发表的专门著作,依书名排;

（3）以该机关内部机构名义发表的著作,先依机构名称排,再依著作书名排;

（4）关于该机关的著作,依书名排。

著者目录的系统化,对于同一著者（包括集体著者）的所有著作,不是机械地排列,而是根据不同的情况,给予系统组织,但如果与分类目录组织相同时,则不必按系统排列,可按一般排列法排列,如:中国共产党与共青团的著作在分类表的类目安排时已系统化,因此排列著者目录时不应重复反映。

著者目录的参照片、指导片以及目录的装饰等与书名目录大致相同。

五、主题目录的组织法

主题目录是将主题为标目的款目,按主题字顺组织起来的目录:主题主要款目、主题附加款目、主题分析款目、主题参照片与主题指导卡等。具体排列方法如下:

（一）主题目录按各种主题款目的标目字顺排。当主题标目相同时,一般依书名排,也可按著者排。

（二）主题词相同,按副标题字顺排。用历史年代为副标题时,按年代字顺排,用地区为副标题时,按地区范围排。例如:以中国、东京、北京、日本、天津、河北等地名为副标题,将中国、北京、河北、天津排在一起。日本、东京排在一起。

（三）主题目录中的指导卡与书名目录相同,参照片也都按标目的字顺排,一般参照应排在标目相同的卡片前面。

六、书本式目录组织法

书本式目录和卡片式目录的区别只是形式上的区别,在著录项目、著录顺序、各项目的识别符号等方面,没有什么不同。

著录格式可采用段落符号式与表格式。

表格式通常用简要级次著录。可省略附注项与提要项,载体形态项只记页数、册数即可。由于一种书的著录只占一行,也叫通栏式。特别是印刷的书本式目录,各项记载的位置整齐、紧凑,一眼能看很多内容,使人一目了然。这就要求各种目录的标目要突出,书名要明显而各项记载要清楚分明。

指导卡在书本式目录里变为分节标目,要用大小不同的字体表示不同等级的标目,同一级的标目要用相同的字体。

（一）书本式分类目录

分类目录以类目为标目,类目要表示类列的关系,不同级的类目用不同字体,同级的类目用一样的字体,在同一类目下各条著录经过分组之后逐步按顺序列出,书名在印刷时可以用一号字,索书号一律印在左边自成一栏,或者印在著录的末尾。

（二）书本式字顺目录

字顺目录以检字法所要求的笔画、笔形、汉语拼音音序或其他标志作分节标目。

在书名目录内,相同的笔画、笔形标目下,依书名字顺逐字排列。但对于一些古典著作在流传中有不同名称的、改名的等不同版本,都可统一在一个原来的书名之下。用异名、改名等在字顺排列中的地位作参照。

在著者目录内,在相同的分节标目下,将各条著录依著者姓名字顺排列。必要时,著者名下,可以加注简单的生平简略,各条著录也应加以系统化。

在主题目录内,在相同的分节标目下,将各种著录依标题的字顺为序。标题相同的著录依书名、著者姓名或按性质分组排列。

所有各书本式目录的内部组织,都可仿照卡片式目录组织处理。

第九章　图书馆目录种类与目录体系

随着社会的不断发展,科学技术的日新月异,文献的品种和数量不断增长,其内容和形式也随着发生变化;另一方面,读者在各个时期,对不同著者、类别或主题等方面文献资料的需要也不相同,这些就决定着解决文献与读者需要之间矛盾的图书馆目录种类的多样性。不同种类的目录在内容上、形式上都有各自的特点,每一种目录都以特定的编制方法达到特定的目的,各种目录又相互联系,相互补充,形成一个完整的目录体系。研究图书馆目录的种类,就必须掌握它们的特点,以便正确地区分、编制和利用它们为不同类型的图书馆建立合理的目录体系。

第一节　图书馆目录的种类与职能

一、按目录的使用对象分

可分为读者目录和公务目录。

（一）读者目录

读者目录又称公用目录,是专门供读者使用的目录。它在图书馆目录体系中居于主导的地位。一般设在目录室、外借处、阅览室及参考咨询部供读者检索。读者目录根据图书馆的任务与不同读者对象又分为公开目录与内部参考目录。公开目录是读者目录的核心,它反映的文献内容是经过选择,值得向读者推荐,并具有参考价值的。它是图书馆宣传图书,指导阅读,从而提高读者的科学文化水平、生产技术知识以及思想觉悟的检索工具。为了照顾读者的特殊需要,在参考咨询部,还应设置内部参考目录。内容包括不宜公开的内部读物,这部分文献资料要通过一定的手续,由馆员区别提供检索。

读者目录的特点:

1. 针对不同的读者对象,分别设置不同的读者目录,每种读者目录,反映馆藏文献的一部分,供读者按不同需要检索;

各类型图书馆的读者目录,反映藏书的范围和标准根据各馆的任务、服务对象有所区别;

2. 对文献的内容应予以科学的鉴定和揭示,使读者通过文献的著录可以了解文献的基本内容、政治倾向、科学价值以及用途,从而可以选择最需要的文献;

3. 读者目录的组织成分,除包括各种文献的主要款目外,还应包括各种文献应有的辅助款目与参照卡片,便利读者从深度与广度检索他们所需要的文献资料,引导读者从熟悉的类目或标目去查阅相关的类目或标目,由一种目录去查阅另一种目录;

4. 要经常审查和整顿读者目录的内容,保持它的科学性与现实性,要随时增加新出版的文献,剔除过时的、失去参考价值的文献,破损的卡片要及时更换,卡片上的著录事项应保持清楚,统一。

(二)公务目录

又称工作目录与勤务目录,专门供图书馆工作人员在工作中查阅。它包括采编部工作目录、典藏部工作目录以及各部门书库的排架目录等。

采编部工作目录反映全部馆藏图书文献,是采编人员制定采购计划、订购、补购,以及分编查重,记载各种业务注记等工作不可少的工具。

典藏部工作目录,是图书馆掌握全馆藏书动态,对全部藏书进行组织、布局、调剂、调拨、清点、统计等工作的依据。

排架目录一度作为公务目录的总称,仅限于采编部工作目录。但在实际工作中,采编部工作目录并不能代替排架目录的职能。图书馆要对读者实行区别服务,除利用基本书库外,还要建立适当的辅助书库。各书库就必须设置相应的排架目录,便于各书库的清点、保管、注销等工作。

公务目录的特点:

1. 反映全部或局部馆藏文献,并有详细地记载,包括复本书,重版书等;

2. 在公务目录的主要款目上,记载着较完全的业务注记,包括:索书号、登记号、储藏地点、完全分类号目、录分类号、根查等;

3. 公务目录组织成分包括主要款目与必要的参照片、指导卡等。

这两种目录各有不同的职能,但是也不能把它们截然分开,尤其是公务目录,由于所反映藏书比较齐全、完备,当某些读者有特殊需要欲查阅时,馆员可斟酌情况,主动协助。

读者目录与公务目录的使用对象,反映藏书范围,和目录组织成分都不相同,这一区别贯串到图书馆的各种目录中,即各种目录都要划分为读者目录或公务目录,如果混淆了这种区别,就会抹煞图书馆目录的目的性、思想性与教育意义。

二、按目录的编制方法分

可分为书名目录、著者目录、分类目录与主题目录。

这四种目录是图书馆目录编制方法的基本类型,它是根据文献的主要特征与读者习惯从这些特征索取文献的需要而编制的目录。

（一）书名目录

它是按书名的字顺组织起来的目录,便利读者从书名方面来检索文献。它不但可以回答读者是否有某一特定书名的文献,而且可以集中同一种文献的各种不同版本。

在书名目录中,除反映文献的正式题名外,文献的副题名、简名、交替题名、或连续出版物中某些重要的篇章名称等,必要时都可以应用不同的标目,不同的著录方法反映在书名目录中,帮助读者从题名的不同方面来查寻有关的文献。

（二）著者目录

它是按著作者(个人或机关团体)的姓名字顺组织起来的目录,便利读者从著作人方面检索特定的文献。在著者目录中,除反映文献的著作人之外,还要反映文献的编者、辑者、校订者、注释者、释译者、绘图者,由于某些著者常采用不同的名称,因而还有别名、笔名与改名等。在著者目录中,必须采用不同的著录方法,引导读者从同一著者的不同姓名字号找到同一著者的全部著作。刊载在某些文集、连续版物中的有关著者的重要著作,也应适当的揭示。

在著者目录中可以集中著名的科学家、文学家、政治家以及同一机关团体发表的文献,对研究某些著名的著者及其所掌握的学科具有一定的参考价值。

（三）分类目录

它是根据图书馆采用的图书分类法,把馆藏图书文献内容按学科体系组织起来的目录。它系统地揭示某门学科及其每一问题的文献资料;利用著录方法还可揭示相关学科之间的关系,为指导读者系统学习,进行科学研究提供多方面的检索途径。

（四）主题目录

又称标题目录,它是根据图书馆采用的主题表,按馆藏文献所研究的对象的主题词字顺组织起来的目录。它是从文献的主题方面揭示文献。可以告诉读者某主题中有些什么文献,便利读者直接从主题检索到涉及不同学科的文献,利用各种著录方法还可显示出某一主题与相关主题之间的联系,以及一种文献共涉及到的几个主题,引导读者从有关的主题检索到所需要的文献资料。

这四种目录是按款目的不同标目组织划分的,每种目录提供了不同的检索途径,起着相互补充的作用。因为分类目录是按图书内容的学科系统组织的,便于读者系统检索,所以为读者目录中的主要目录。而书名目录可以反映馆藏的全部藏书(包括多头分类目录中的文献),便于馆员进行各种业务工作,所以是公务目录的主要目录。

(五)分类目录与主题目录的比较

分类目录与主题目录都是揭示文献内容的目录,但由于揭示文献的角度与著录标目的不同,在性能上彼此又有差别。

1.分类目录是以文献的类号为标目组织起来的,表达文献的科学性和系统性,它是以学科或专业为中心,集中与该学科或专业的有关文献;而主题目录是以规范化的名词术语为标目按字顺组织起来的,表达文献所论及或涉及的事物主题,它是以事物为中心,集中与该事物有关的文献;

2.分类目录有较强的系统性与严密性。由于文献的分类标目只限于分类法中所列出的类目,所以它不够灵活、直观,专指性较差;主题目录不受知识体系的限制,它具有灵活、直观和专指性较强的优点,但它不能反映同学科主题的完整知识体系,反而把同一学科的文献分散于各处;

3.分类目录对图书馆开展阅览外借、宣传辅导、参考咨询等工作都很方便;主题目录除在参考咨询等工作中较方便外,对其他工作不太适用。

分关目录与主题目录各有其优缺点,一种目录的优点,恰是另一种目录的局限性与补充;两种相辅相成,相互补充。

三、按出版物类型分

可分为图书目录、报刊目录、地图目录、乐谱目录、图片目录、缩微文献目录、视听资料目录、特种资料（如：标准、专利研究报告、会议录等）目录与盲文图书目录等。

一般图书馆都应有图书目录与报刊目录；其他类型的目录，应根据该馆的任务和各类型出版物收藏的多少而设置。例如：科学技术图书馆应设置技术标准目录与缩微文献目录；音乐学院图书馆应设乐谱目录；大专院校地理系应单独组织地图目录。

四、按反映的藏书范围分

可分为总目录、部门藏书目录、特藏目录及联合目录等。

（一）总目录

是揭示本馆全部藏书或大部分藏书的目录。它可以回答图书馆有些什么藏书，或有没有某一特定的文献。在历史较久，藏书组织较复杂的图书馆，更显出设置总目录的必要性。由于分类法的局限性形成分类目录的多头现象，因此，图书馆很难有一套分类总目录，一般图书馆都以采用采编部的公务书名目录为馆藏总目录。读者目录的设置常与藏书组织相适应，而且又有公开与内部参考目录的区别，难以设置读者总目录，如果说比较齐全或包括大部分藏书的就属参考咨询部的目录。在大型图书馆为适应工作的要求，也应加强建设参考咨询部的目录，使其逐步担负起读者总目录的职能。

（二）部门藏书目录

也叫作辅助藏书目录，它反映着辅助书库的部分藏书。包括分馆藏书目录，外借处目录，各种阅览室目录以及高等院校的系科资料室目录等，它们反映着各部门的藏书特点与内容。

（三）特藏目录

它是指在整个藏书中有特殊价值,而需要单独保管的图书目录,如:善本书目录、革命文献目录、手稿本目录和某著名人士捐献的文献目录等。

(四)联合目录

它联合报导若干图书馆收藏的文献,通过馆际协作的形式编制。

联合目录使一个图书馆的文献能为更多的读者服务,具有资源共享的功能,它为开展馆际互借提供了极大的方便。其次,联合目录为图书馆研究藏书重点,藏书范围与进行地区采购协调打下基础。一般有综合性与专业性的文献联合目录、期刊联合目录以及新书联合通报等。

五、按语言文字分

可分为中文文献目录、西文文献目录、俄文文献目录、日文文献目录等。

一般大型图书馆,如大专院校、科学院系统以及公共图书馆等都收藏着各种文字的文献。根据读者的需要,各种文字的藏书可分别组织入库,分别排架保管。因此,就必须为各种文字文献编制相应的目录。由于一些国家的文字多为拉丁字母如英文、法文、德文等,因此,可以统一组成西文文献目录,如果图书馆藏某一种文字的藏书比较多,也可以单独组织目录。

六、按目录的形式分

可分为书本式目录、卡片式目录、活页式目录、缩微式目录与机读目录等。

(一)书本式目录

它是把图书的内容和形式上的特征,按照著录规则和一定的组织方法,著录在空白簿上或填写在印制的格式内而装订成册的目录。

我国历代所编的目录,虽然曾使用过不同的名称,而其形式都是书本式目录,在长期的发展过程中,出现过许多有学术价值的巨著,记载着我国光辉灿烂的历史文化,作为治学的重要检索工具,对后来学术界的影响,极为深远,如:《汉书·艺文志》、《隋书·经籍志》、《四库全书总目提要》和建国后出版的《中国丛书综录》,以及《中国古籍善本书目》等都是内容精博,编辑审慎的书本式目录。

书本式目录的优点是:体积小,便于携带和保管,也便于查找;同时可复制成许多份,馆内馆外均可使用,能及时配合和满足科研、教学和生产的需要,也便于馆际交换和互借。其缺点是:不能随时反映新入藏的文献资料,因此,必须定期编制补充目录,才能反映一定历史时期的馆藏。在手工编目的情况下,书本式目录的及时性和完整性比较差;在采用计算机编目的条件下,才能陆续不断地、迅速地编制出累积性书本式目录。所以,书本式目录仍不失为是图书馆目录的一种好形式。

(二)卡片式目录

是把文献的内容与形式上的特征,按一定的著录格式著录在卡片上(卡片国际标准格式是 7.5cm×12.5cm),再按一定的规则组织成目录,其中还要利用指导卡将各组款目加以区别,向读者指引关于目录的顺序结构,便于读者迅速地查阅检索文献。

卡片目录于 19 世纪末创始于美国,20 世纪初才传到我国,从那时起我国图书馆界就有了书本式目录与卡片式目录的区别。在"五四"新文化运动的影响下,建立了不少新图书馆,卡片式目录也随着图书馆事业的发展,在我国广泛地使用,从而代替了书本式目录的优势,到现在卡片式目录成为我国图书馆目录的主要形式。

卡片式目录的优点:可以随编,随排,随时利用,早出成果,长期积累;新出版的文献可以及时反映,发现内容陈旧和观点错误的文献可以随时抽出，能动态地反映藏书的实际情况，可以按读者的需要灵活组织，一套目录并可供多人同时查阅。其缺点：体积大，不便携带，只能在馆内使用；容易紊乱和丢失；组织管理和使用比较复杂；成本较高。

以上两种目录各有其优缺点，卡片式目录适合于及时反映文献资料，可以起到逐步积累，随时增减，重新组合，不断更新的作用；书本式目录却有缩小体积，降低成长，便于携带，周期的累积资料的优点。它们的优点不能互相代替，但是可以互相转化，相互补充。目前有些大型图书馆的藏书不断的增加，目录柜也随之不断添置，已成为一种负担，因而有些图书馆提倡按一定的年限将部分图书馆目录编印成书本目录代替馆藏的卡片式目录，便于保管使用；对近来新入藏的文献，仍用卡片式目录及时反映，迅速报导。

另外，以卡片式目录可以改装而成"明见式目录"（将卡片式目录竖立改排成平铺贴拢方式，使每张卡片的主要著录项目露在外面），它兼有卡片式目录的灵活性和书本式目录的简明性的特点，使读者一目了然，省去逐张翻检之劳。这种明见式目录，适合借书处，阅览室宣传图书，通报新书、新刊时使用，各图书馆可根据实际情况配合编制，相互补充，使目录更能发挥宣传图书，辅导阅读的作用。

（三）活页式目录

是介于卡片式目录与书本式目录之间的一种目录形式，它由一张张印有主要项目的活页纸装在形式像书的活页夹中，夹中的纸可以随时增添，也可以随时撤换。每一小类或一个子目为一页，同一类目的图书著录在一起，一页著录不完可以增加新页，不影响其他类别的著录，比书本式目录较为灵活，在小型图书馆藏书不多的情况下，可以利用活页式目录。

（四）缩微式目录

所谓缩微式目录是指缩微胶卷与缩微平片，它是把目录的内容缩摄在缩微胶卷或缩微平片上,利用显微阅读机阅读的一种目录形式。如美国在 50 年代研制成功,最近几年在国外不少国家普遍应用的 COM(Computer Output Microfilm)目录,就是由计算机以缩微输出的方式转变为文字,直接摄录在缩微胶片上的。

缩微式目录的优点是:累积能力强,存贮密度大,处理简便,体积小,携带方便,而且成本低。缩微胶卷有 16mm 及 35mm 宽;一张 105×148.75mm 缩微平片,可容纳 225 张卡片,缩小 42:1。另一种超缩微的 COM 胶片,可以包括几万记录(款目)。缩微式目录还可经常积累,如一月、半年或几年,将分段积累的 COM 胶片重新缩制成完全的 COM 胶片,代替以前分段的 COM 胶片。这样可将新旧书编在一起,保持目录的及时性和完整性。英、美、澳等国不少图书馆,尤其是大学图书馆的卡片目录即是 COM 目录,它兼有卡片式目录和书本式目录的优点。其缺点是:必须借助阅读机才能阅读,而且不便转为一般书本式目录。

(五)机读目录(MARC)

它的全称是机器可读目录(Machine—Readable Catalogue)。

要使计算机能阅读与编制目录,必须先将文献目录记录的文字、图形、数字、字母与符号转换为机器可识别的代码形式输入到计算机,计算机由预先根据人们对编目的各种要求编出程序,这种程序代替手工加工过程,来自动控制计算机,将结果转换为人能识别的文字并编制成人们需要的各种目录。确切地说,机读体上的,编目程序能自动控制、处理与编辑出的目录信息。

机读目录是美国国会图书馆在 60 年代末创制的。MARC 磁带已由美国国会图书馆向世界各国出售,许多国家利用美国研究的成果,相继进行研究、规划、试验,建立自己的机读目录。机读目录的产生、发展是图书馆编目工作的巨大改革和进步。不少国家利用它来生产卡片目录、编印书本式目录、编制新书通报和联合目录等,促进了图书馆技术的自动化,提高了图书馆服务工作的质

252

量。随着汉字信息、电子计算机设备、程序语言的设计、检索网络的分布研究等问题的逐步解决,一个具有中国特色的机读目录体系必将在我国出现。

第二节　图书馆目录体系

图书馆目录体系简单地说就是图书馆为了从不同的角度揭示图书馆藏书,满足读者多方面需要而编制起来的各种馆藏目录,通过他们之间的相互补充与相互联系而构成一个完整的体系,这个体系我们称为目录体系。图书馆目录体系所要研究的问题是:每个图书馆应编制哪些目录? 它们的职能及其相互关系与联系如何? 反映藏书程度怎样? 图书馆目录与书目资料的关系怎样等。图书馆规模越大,藏书越多,内部组织机构越复杂,建立科学的目录体系就更显得重要。

一、确定图书馆目录体系的依据

要根据图书馆的类型及其任务、读者成分、藏书成分、藏书组织的划分和馆舍分布等情况来确定图书馆的目录体系。

(一)图书馆的类型不同,它们的任务也不同,同一类型的图书馆,由于其规模大小不同而担负着不同的任务。例如:公共图书馆系统的省(市)图书馆与县图书馆的任务就不同;高等学校系统中综合性大学图书馆与专业大学图书馆不同;科学院图书馆系统中院总部图书馆与各省(市)的分院图书馆任务也不相同;同一地区,同一类型的图书馆之间应有分工,他们的任务也应有所区别,例如:北京图书馆与首都图书馆,北京各区、县图书馆任务也不相同。总之,各类型图书馆的具体任务是不同的,图书馆目录的建立必须以各图书馆的任务为依据。

（二）读者成分及其工作特点，也是决定图书馆建立合理的目录体系的依据。例如：一般的省（市）公共图书馆服务的读者成分是很复杂的，有工人、农民、学生、教员、科学工作者、干部等，即有成人，又有儿童。他们对图书馆的要求各不相同，有的是为了进行科学研究工作，有的为了提高政治思想水平和文化技术水平，有的是为了学习各种知识。图书馆为他们的服务工作也就多种多样，目录体系的建立也复杂些。高等学校图书馆的读者成分比公共图书馆单纯，其基本特点是依系科和专业划分为许多读者群，图书馆担负着为教学和科研服务的任务，因此，针对不同的读者群，按不同学科与专业建立目录体系就显得十分重要。科学院图书馆从性质分有专业性与综合性两种。专业性指中国科学院所属各研究所图书馆，其读者成分主要是有关本专业的研究人员；综合性指中国科学院总部与各省（市）分院图书馆，其读者成分，除研究人员、技术人员外，还有政府机关、文化、出版事业机构工作人员以及广大的知识分子，科学院图书馆为不同读者成分的服务工作和其他类型图书馆一样，通过各种目录组成的目录体系，满足不同读者的检索需要。

（三）藏书成分与藏书组织的不同，也是建立图书馆目录体系的依据，全馆藏书有多少？各类型出版物有多少？是否要单独组织目录？藏书组织如何划分？各种文字的文献是否要单独组织目录等。

藏书成分与藏书组织在不同类型图书馆也不相同，如科学院系统图书馆、综合性大学以及省市公共图书馆，藏书范围较广，数量较多，收藏的出版物类型是各方面的，除图书、期刊外，还有特种技术文献资料。如：善本书、标准、专刊以及缩微文献等，而且文字种类也多，要利用这些藏书为读者服务，必须设立普通阅览室、专科阅览室、外借处与参考咨询部、特藏部等服务机构，不同机构必须配备各自的专用目录，组成图书馆的目录体系。

另外,工作机构的设置与馆舍布置也是应考虑的因素。为读者服务的部门越多,目录的设置也就越复杂,内部工作的部门越多,图书馆舍很分散,目录也要相应的增加。

以上是建立目录体系的客观依据,但是,我们也要注意编制各种目录需要花费不少的人力和物力,而且又必须经常一贯地进行,要有相对的稳定性与延续性,因此,在考虑设置几种目录时,一定要体现需要与可能相结合,根据各馆具体的人力和物力,把图书馆目录体系的建立放到恰如其分的地位,不能盲目的贪多求全,也不能轻率忽视。为了完成任务和方便读者检索,认为哪几种目录必要而有可能编的,就应给予人力、物力以及质量的保证;哪些目录是可编可不编的,对完成任务不是迫切需要,条件又不允许,就坚决不编或缓编。但是必须指出:有些图书馆只看到编目要花费人力、物力,而看不到目录为完成任务和满足读者需要方面的积极作用,从而否定各种目录的作用,轻率地取消这种或那种目录,结果对于工作,对于读者检索利用,都造成难以克服的困难。要建立或取消一种目录,必须进行周密地调查研究,不该建立的而建立,将造成浪费,不应取消的而取消,是对工作轻率、不负责任。

二、图书馆目录体系的建立

确定图书馆目录体系的依据如何,已如以上所说,而要建立各个图书馆的目录体系,则要根据各馆的具体情况,不能生搬硬套。为了让大家进一步地掌握,现对三大类型图书馆提出一般的看法,供学习时参考。

(一)公共图书馆

根据省(市)图书馆的任务、读者成分与藏书情况,作为一个省级图书馆,究竟应该设置多少目录才能适应工作的需要呢?按照《省、市自治区图书馆工作条例》的要求:"省馆目录应设置分类、著者、书名等目录,条件成熟时,适宜设主题目录。要积极创造条件,把若干年前的旧藏书编成书本式目录。"现在各省(市)图书馆都设有读者目录与公务目录两大系统,绝大多数图书馆的读者目录有分类、书名、著者三种,或分类、书名两种;个别图书馆因有针对性地为当地工农业生产和重点科学研究项目服务之需,还编有主题目录、专题目录而成为四种乃至五种。但在公务目录方面,一般只有分类、书名两种。

如果各省(市)自治区图书馆还设有分馆、普通阅览室、借书处、参考阅览室、专科阅览室、特藏阅览室、儿童阅览室等工作部门,而且又各有自己的辅助书库,就应设置相应的读者目录。必要时,还应有一套公务用的完整的典藏目录(分类目录),以便掌握各书库图书的入藏动态。

以上是就中文图书而言。外文书在各省(市)自治区图书馆藏得比较多,其目录编制原则和设置与中文图书大致相同。藏书数量较少的,可以不必按文字各自编一套目录,只将有关文字合并组织即成。例如:英、法、德文图书款目,可合并为西文图书目录。

还应为期刊编制读者刊名目录与分类目录,公务目录只编刊名目录即可。期刊论文索引,需视具体情况而定,一般可利用上海图书馆编的《全国报刊索引》。有条件的图书馆可编一套馆藏报刊论文分类索引或篇名索引,供读者检索,充分发挥馆藏报刊的作用。

还要为各种其他类型出版物,如地方文献、地图、特种技术资料、缩微图书等单独编制目录,如果数量不多,利用率不高,不单独编制,可反映在图书目录中,标明文献类型代码,以示区别。这部分出版物在为生产、为科学研究服务工作中起相当大的作用,不应忽视。此外对内部资料、保密资料也应单独编制目录,不应反映在读者目录中。省(市)自治区图书馆、图书馆目录的种类可多至几十种最少也有十几种,不能认为是不合理,但也不能认为越多越好。

（二）高等院校图书馆

高校图书馆，除了与省（市）自治区公共图书馆一样需要编制各种必要的目录，如：读者分类、书名、著者目录，公务书名、分类目录，各阅览室的各种读者目录、期刊目录、特藏目录，各种外文的读者和公务目录，各种类型出版物目录，内部保密图书目录之外，还要为各系图书室或资料室编制各种目录。为了配合教学，根据各系的专业课程应编制教学参考书目录，配合教学与科研编制主题目录（图书资料可合并组织）。专业性院校图书馆，如果没有系图书室或资料室，院校图书馆应直接为各系教学、科研服务，可考虑为各系的公共课或主要课程编制教学参考书目。高等学校图书馆必须编制读者总目录或公务典藏总目录，反映各系图书室、资料室的藏书动态，便于总馆调整藏书，也便于全校读者了解与检索全校的藏书，因为有些藏书总馆可能没有，而分到各系图书馆或资料室去了，因此，设置总目录对高校图书馆是很重要的。

（三）科学院系统图书馆

科学院系统图书馆目录体系的建立，有综合性与专业性的差别，因此藏书的规模与数量也不同。一般来说它们的藏书比较特殊、较专、较精，往往偏重于某几方面或一方面。各馆情况不一样，有的外文书多，有的古书多，有的中、外文期刊多，有的特种技术资料多，工作部门较简单，读者成分与文化程度整齐，任务比较单纯，所以它们的目录种类在数量上看没有大型公共图书馆与高等学校图书馆多，但有以下几个特点：（1）除设置一般图书与期刊的读者目录与公务目录外，要为各种收藏较多，比较重要的出版物，单独编制目录。如：专利、标准、地图、缩微文献以及收藏较多的其他非书资料等；（2）科学院系统图书馆文献资料文种多，现代科学日益向专的方面发展，同时也向综合方面发展等特点。科研人员研究一个问题往往涉及许多有关学科,科学研究的成就往往是通过各种文字传播,科学家们进行科研工作时需要的专业文献资料往往也是几种文字的。因此,可以结合科学院系统图书馆的特点,考虑中外文分类目录合排,克服目录的多头现象,对科学家的研究工作也提供方便;(3)应编制主题目录或编制分类目录字顺主题索引,更好地为生产、科学研究服务;(4)健全著者目录,科学图书馆的读者对于本门学科内的科学家是比较熟悉的。科学家在某方面的贡献如何,某一科学家有些什么科学论著,他最近又发表了一些什么著作等问题是读者特别关心与需要了解的。所以,著者目录在科学图书馆是具有特殊作用的。安巴祖勉曾指出:"这种组织方式可以促进祖国和外国的卓越科学家的著作的宣传。"(安巴祖勉《图书馆目录编制法》刘国钧译1957年11月)。著者目录同时也反映着机关、团体的出版物,这些出版物中刊载着机关团体的学术研究成果,也是读者经常要检索的资料;(5)为了进一步为科研服务,不论综合性或专业性科学图书馆都应编制期刊论文索引。在科学研究中,它的使用率常超过图书目录的使用率,也是参考咨询工作人员为读者解答问题或寻找资料不可少的工具。

三、图书馆各种目录之间的分工和联系

决定了图书馆目录的种类之后,还要解决它们之间的分工与联系。各种分立的目录之间如果没有分工与联系,一方面形成目录的多头现象,使读者不知从何处着手检索,另一方面又会形成平行现象,在目录之间产生不必要的重复,浪费人力、物力。为此,各种目录必须明确分工,相互配合,把各种目录组织成为一个有机联系的整体。要达到这个目的必须注意以下几方面:

(一)确定分类目录为图书馆主要目录

分类目录是按照知识门类来组织的,它不仅揭示图书的内容

而且还揭示出它们在内容上彼此之间的联系与差别,从而反映出图书馆藏书在内容方面的系统性与整体性。分类目录是宣传图书、指导阅读的工具。它所揭示的图书思想倾向和科学内容,不仅向读者宣传、介绍个别图书,也便于图书资料的族性检索。

要提高分类目录的质量,除编制具有详细的著录项目的款目外,还应该编制必要的分类附加、分类分析和分类综合款目,增加类目之间的参照,改进指导卡的编制,最好配制分类目录字顺主题索引,作为查阅分类目录的辅助工具。

(二)避免各种目录之间的重复结构

目录之间的重复结构,是指在不同目录之间有着次序完成相同的组合,也叫作平行反映。这种现象不仅造成图书馆人力、物力的浪费,而且也不便读者检索。但这种现象在目前图书馆界的目录中普遍存在,不考虑实际效果如何,一味强调每一种目录的完整性,机械地按照惯例,为每种图书一律编制分类、书名、著者或主题等款目,同时从四种目录中反映,这是造成目录的庞杂、平行、重复的重要原因。例如:同一书在不同的目录中全部反映,其排列次序都完全相同,这显然是不必要的。应当从各种目录的作用以及在目录体系中的地位,决定应反映在什么目录中,与不应反映在什么目录中。

既确定了以分类目录为主要目录,就要避免著者目录、主题目录、书名目录与分类目录结构产生不必要的重复,使其他目录起辅助分类目录的作用。例如:在分类目录中,有以人物立类的类目,像马克思、恩格斯、列宁、斯大林、毛泽东的著作,在分类目录中已在个人名下按全集、选集、个别著作的次序排列,而在著者目录中亦同样集中排列这些著者的作品,两种不同功用的目录,在这方面采用同样的组织方法,就显得重复。主题目录与分类目录虽然都是以图书的内容为依据反映藏书,但两者是有区别的,尤其是查找有关一个地区、一个国家、一件事物的资料,主题目录比分类目录更能显示其优越性。那末,是否每一种书都要编制主题款目呢?譬如:数学、物理、化学等这些比较大的门类的一般性图书,在分类目录中比较集中,也很容易找到,若都编制主题款目,不仅与分类目录重复,而且也增加了主题目录的体积。所以,主题目录应与分类目录配合,作为分类目录的辅助目录,避免与分类目录平行、重复的反映。书名目录也是读者经常要查寻的目录,它与分类目录的重复,主要在同一种书有不同版本的时候。避免重复反映要利用参照片从著者、主题目录引见到分类目录中或从分类目录引见到书名目录。一书的不同版本应反映在书名目录中,分类目录只反映最好的版本。这样既保持了各种目录的特有的职能与相互联系,又避免了一些不必要的重复,但要在分类目录的款目的附注中写上:"本书其他版本见书名目录"等字样。

(三)加强中外文图书目录之间的联系

建立各种目录之间的联系,除了在中文图书目录中相互指引外,还应将中文图书目录中的重要译文与各种外文图书目录中的原文书联系起来。国家标准《普通图书著录规则》要求对翻译的书注明原著者和原书名的原文,这显然是为了帮助读者在必要时查对原书的;除此之外,最好在中文译本的款目上与原文书的款目上分别写上"书名原文……本馆有(或索书号)",和"本书中译本译名……本馆有(或索书号)",这种办法对大型公共图书馆、高等院校图书馆与科学研究机关图书馆加强中、外文目录之间的联系,发挥目录的作用是很必要的。

(四)图书馆目录与其他书目之间的联系

图书馆除了编制反映馆藏的基本目录之外,还要编制其他的参考书目。这种参考书目在图书馆基本上是由书目参考部编制,在图书馆专业课程设置上是由"目录学"课程讲授,在工作上与课程中虽有分工,但在为读者服务中应保持其紧密联系,互相合作,避免不必要的重复。书目参考部编制的书目所收藏的书目资料并非仅仅揭示一个馆的藏书,它常围绕着一门学科、一个专门问题的发展动态,将各种分散的、零星的、不同文字的有关图书资料集中起来加以系统化;它能够节省读者查阅图书资料的时间和精力,能为读者开拓资料的来源和线索;它是为读者服务的重要工具。这些书目都是作为参考工具使用的,一般都用它来解答读者咨询的问题,很少利用它来为扩大本馆藏书流通使用。因此,一向不列入图书馆目录体系之内,不与读者目录一起陈列在目录室。

事实上,可以利用书目来补充本馆的藏书目录,从而扩大本馆藏书的流通,如上海图书馆编《全国报刊索引》,文化部出版事业管理局版本图书馆编《全国总书目》,中国科学情报研究所编的科学技术方面的期刊论文索引,以及其他图书馆编的专题书目等。在收到这些书目之后,检查核对一下馆藏,在本馆已入藏的期刊论文上,做上一个明显的记号,放在目录室内,对读者有很大方便。也扩大了期刊的利用,通过简单的加工,一个图书馆就可以利用许多其他书目,补充着本馆的图书目录。这样图书馆目录与其他书目之间就密切联系起来。当本馆编制专题目录时,就可考虑已印制的同性质书目,而避免编制工作的重复,也可节省一定的人力与物力。

当利用计算机编目与检索时,目录体系将发生新的变化,一条款目的记录,一次输入,通过各种指令就可以达到多途径的检索的目的。那时的目录形式则要以机读目录为主,缩微式目录,卡片式目录和书本式目录并存,相互补充。因此,在手工编目中要考虑到机读目录的特点以及两者之间的联系,为实现利用机读目录打好基础。

第三节 图书馆目录制度

图书馆目录的编制工作是一项非常细致的技术性工作,而且是长期累积性工作;为了保证目录的质量,充分地发挥它在图书馆工作中的作用。必须制定一系列的规章制度,作为编目工作的准则。

图书馆目录制度,包括以下内容:

一、区分目录的标准

即规定出读者目录的种类及选书标准。不能要求各类型图书馆遵守统一的标准,各馆应根据本馆的具体情况而制定。这是保证目录内容适合读者需要的制度,也是体现目录思想性与贯彻区别服务的制度。

二、著录规则

这是关于文献著录的标准方法与准则。制定这个制度时应着眼于标准化,从考虑全国或世界的统一编目出发。目前《文献著录总则》已颁布,各著录分则已相继制定、颁布。应重视各著录标准的实施与应用,逐步改变图书馆界文献著录的不统一局面。

三、图书分类法与分类规则

是保证图书正确分类的依据与方法。图书馆在选用分类法以后,还要根据本馆的实际需要制定分书规则与分类法使用细则。

四、目录组织法

是将款目组成目录时遵循的方法,包括分类目录组织法与字顺目录组织法两种。

五、确定图书馆目录体系

包括目录种类的确定以及各种目录的职能与分工,相互补充、相互联系等制度。

以上制度是所有编目人员共同讨论制定,经领导批准共同执行的规则,任何人不能擅自更改;如需要更改,应经过集体讨论,领导批准,这样才能保证图书馆目录的质量。

　　此外,还应建立经常性的检查和校订制度,要有专人负责,片时检查,发现错误及时更改,及时补充或更换破损、丢失的卡及等。

第十章　计算机在编目工作中的应用

第一节　编目工作的现代化

本世纪 50 年代后期,电子计算机在图书馆工作中被广泛应用,编目工作也迅速向现代化方向发展。编目工作已逐步由手工编目走向自动化编目,由脱机批式处理走向联机处理,由个体编目走向网络化联机编目。这些新的技术、新的方法、新的设施,使编目工作发生了深刻的变化。随着机读目录的出现,使目录的载体形式,目录的使用形式,目录信息的传递形式以及编目工作的组织形式,都发生了一次新的飞跃。

一、编目工作现代化的意义

编目工作现代化是以手工编目为前提的。编目工作现代化是图书馆工作现代化的基础。50 年代以前,编目工作以手工为主,使用的编目工具也十分简单,目录载体以纸质材料为主。编目的效率不高,因而目录的准确性、传递性、使用性、对文献揭示报导的及时性都受到一定的限制。50 年代以后,电子计算机被应用到编目工作中,使编目工作的手段和工具走向了现代化。

编目工作现代化的意义主要表现在以下几方面:

(一)提高了文献编目处理的速度

计算机是一种信息处理工具,利用计算机对文献进行编目,能迅速地输出打印卡片式目录、书本式目录,输出缩微式目录以及磁带式目录等多种目录载体,扩大了目录载体的类型,加快了编目处理的速度,因而极大地提高了编目的效率。

（二）加快了目录信息的传递速度

传统的目录形式体积较大,不易传递和交换。在以机读目录为中心的网络化联机处理中,目录信息的传递是以电讯的速度进行的,从编目开始到获得编目结果的时间很短,一般是用秒或分计算的,所以极大地提高了目录信息的传递速度。

（三）编目易于标准化

手工编目的标准化尽管可以遵循各种条例和规则,但在不同的编目部门之间,对同一文献在掌握标准的尺度上,受到地区、环境等因素的限制,影响了相互之间及时的协商和参考,所以完全的标准化是困难的。在网络化联机编目系统中,一种标准的编目成果,各图书馆可以利用终端随时使用,这种及时的处理过程,对于实现编目的标准化是非常方便的。

（四）提高了目录的使用效率

一套卡片目录系统,一般只能供一个图书馆使用,在同一个时间里,也只能供少数人使用。目录体积大,传递、交换都很不方便。在联机编目系统里,查目和编目可以同时进行。机读目录易于传递,不仅可以供一个图书馆使用,还可供任何图书馆使用,也可以供众多的图书馆使用。并且,能够保证信息的完整性。在需要各种纸介质的目录或缩微式目录时,利用机读目录可以输出这些种类的目录。所以编目工作实现现代化,提高了目录的使用效率。

（五）能充分揭示文献的内容和形式

计算机有高速处理的能力,所以可以根据编目工作的需要增大编目信息量,便于对图书进行充分的揭示,以满足读者对书目信息的各种需求。

（六）是实现图书馆现代化的基础

图书馆工作在很大程度上都是围绕目录开展的。从馆藏、读者服务到进行各种咨询，大多是以目录为基础进行的。所以实现了编目工作的现代化，将带动图书馆各部分工作的现代化，是实现图书馆自动化的基础。

二、编目工作技术的发展

(一)向网络联机编目发展

计算机网络联机编目是在计算机脱机编目形式的基础上建立起来的。脱机编目，一般只限于本馆使用。60年代中期，随着机读目录的出现，计算机与通讯技术的结合，计算机编目工作迅速向网络化方向发展。例如：目前，在美国已有计算机编目网络400多个。著名的三大计算机编目网络有OCLC(美国俄亥俄学院图书馆中心，1981年改名为联机图书馆中心)，WLN(华盛顿图书馆网络)和RLG(研究图书馆网络)。其中，OCLC在1970年8月投入使用的第一个系统就是一套脱机目录卡片制作设备，这种脱机系统缺乏联机编目系统的那种即时响应能力。到1971年OCLC便建立了一个完善的网络联机编目系统。70年代以后，美国无论新建立的还是原有的计算机编目系统，都向网络化联机方向发展。从美国计算机编目网络的建立中，可以看出图书馆编目工作的发展趋势。目前，许多国家都在努力建立自己的联机编目网络，如英国不列颠图书馆正在建立可容纳500～600个终端的网络。法国和日本正在规划全国性的编目网络。瑞典的LIBRIS计划可为本国13个最大的研究图书馆提供联机编目条件。联机编目网络的建立，是计算机编目的高级阶段。

(二)编目成果的集中使用

在网络联机编目中，当一个图书馆要进行一种图书的编目时，可直接在网络终端上输入该书的标准号码、责任者名或书名等项目，系统中如果有这种书的编目资料，终端会立即显示此书完整的著录内容,这个图书馆就可以直接利用网络中对此书的这一编目成果。系统中如果没有此书的编目资料,编目人员可直接从自己的终端上输入该书的有关编目信息,该书的编目成果就成为这个网络系统中书目数据库中的一条记录被保存起来。这条记录通过网络传输又可以供网络中任何一个图书馆使用。这就是网络联机编目的基本处理过程。在传统的图书馆目录中,一种书被收藏在许多图书馆里,各个图书馆至少要有一套相应的著录款目,而计算机网络联机编目,一种书的编目成果一旦存入计算机网络中,就不再只是属于某一个图书馆的"独占资源",而是成为可供许多图书馆集中使用的编目成果。这种网络联机编目主要依靠现代化的通讯设施和计算机技术。它避免了重复劳动,提高了编目的及时性和准确性,也使编目更趋于标准化。

在一个实现了网络联机编目的图书馆里,由于大量的工作是由计算机进行的,因此,通过计算机终端在远距离就可以检查编目人员的工作,极大的提高了编目效率,保证了编目质量。

(三)机读目录将占主导地位

图书馆目录形式经历了书本式、卡片式、缩微式和机读式。其中机读目录的优势最为突出。利用机读目录能够输出卡片式目录、书本式目录、缩微式目录等多种形式的目录。同时,它又可以以代码形式利用通讯设施进行远距离传输。机读目录的这些优点都远远超过了其它任何形式的目录。所以随着信息存贮技术的发展,机读目录在图书馆目录中将占主导地位,这是信息存贮技术及目录载体发展的必然结果。美国国会图书馆从1981年开始,实现了以联机终端使用机读目录为主的处理形式,就充分说明了这一点。

(四)著录内容更详尽

计算机对机读目录中的信息,能够根据各种款目的要求进行处理。能够做到"一条记录,多个款目"。在手工卡片目录中,由于受条件的限制,检索点一般只有 4～5 个,机读目录可增大到 20 多个,而且根据需要还可以再增大。也就是说,检索点可以不受限制。检索点的增大,提高了目录的信息量。这种特点,正是编目工作在充分揭示图书有关信息这个任务中所需要的,也是其它形式的目录难以做到的。机读目录的这些特点必然反映到著录标准和著录条例上,使著录的形式、著录的内容都趋于更详尽。例如:AACR$_1$ 关于连续出版物附注部分共有 8 项,AACR 达到了 33 项。造成目录著录更详尽的主要原因是信息量的猛增。为了准确标识文献、方便检索,就必须全面的、详尽的、准确的揭示文献。机读目录能够满足这一要求,适应了编目的发展需要。反过来,机读目录的编制和使用,又对编目工作提出了新的和更高的要求。

(五)编目人员的知识结构发生变化

编目工作现代技术的发展,机读目录的出现,图书馆计算机的广泛使用,特别是在信息社会中,计算机已成为图书馆信息处理的主要工具,这就给编目人员提出了新的要求。所以,掌握计算机、机读目录以及新技术应用的基本知识就成为适应现代化编目工作的重要条件。这时,编目人员在传统的编目工作基础上还必须具备以下的条件:

1. 具备编制机读目录的知识、基本理论和处理方法;

2. 具有熟练使用网络联机编目系统的能力;

3. 具有用计算机存取书目信息的能力;

4. 具有对计算机系统中使用的各种检索语言、编目条例、规则、标准的理解和使用能力;

5. 具有建立和使用书目数据库的能力。

显然,这些能力的培养除勇于实践外,更需要在新的工作环境中不断学习。

第二节　机读目录

一、什么是机读目录

机读目录是计算机可读目录的简称。机读目录是经过计算机对编目数据加工处理后,将目录信息磁化记录在计算机可处理的介质上而形成的。其介质一般为磁带或磁盘,存贮在这些介质上的书目信息又可以通过计算机输出打印成卡片或书本式目录。

计算机所能识别的符号主要是"1"和"0"两种状态。"1"和"0"是二进制数中两个唯一的数符。它是两种不同的物理状态,计算机的处理过程就是对这两种不同的状态进行运算的过程。也就是说,任何一种可处理的字符都可以用一串二进制代码表示。反过来,任河一串二进制代码都可以转换成一个相应的字符。计算机中处理字符、数字的过程是对,"1"和"0"处理的过程;在输出结果时,再将其转换成人眼可读的字符和数字。计算机处理的每一个字符都有一组相对应的二进制代码,处理的全部字符叫字符集,不同类型的计算机,字符集中字符的多少是不完全相同的。为了使所处理的字符的二进制代码取得一致,就需要为用二进制代码表示文字符号制定标准。目前比较通用的标准代码有 BCD 码(Binary Coded Decimal Code,十进制的二进制编码),ISO 码(International Standardization Organization,国际标准化组织),EBCDI 码(Extended Binary Coded Decimal Interchange Coded,扩充的二进制编码的十进制交换码),ASCII 码(American Standard Code for Information Interchange Code,美国标准信息交换码)。国际标准化组织制定了七单位的 ISO 字符集代码标准,还规定了扩充这个字符集的标准方法。

我国是国际标准化组织成员国,作为国家标准的七单位编码接近于 ISO 的七单位标准字符集。这个字符集共计 128 种字符。下边是部分字符的二进制代码表示形式。

A	1000001	E	1000101
B	1000010	F	1000110
C	1000011	G	1000111
D	1000100	H	1001000
a	1100001	e	1100101
b	1100010	f	1100110
c	1100011	g	1100111
d	1100100	h	1101000

那么,按照这个字符集中二进制代码的表示形式。"图书馆"的英文 LIBRARY 在计算机内的形式是:

10011001001001100001010010010

1000001101001010110001

计算机内事先存放的是仅由"1"和"0"组成的七单位二进制代码,当在输出打印时,由打印装置将其转换成 LIBRARY 打印在纸上,又成为人眼可识的文字。

汉字处理,也是同样的道理,有一套对应的二进制代码。为了用电脑处理用汉字表示的信息,必须首先确定在电脑中表示汉字的二进制代码。我国历代用过的汉字达 5 万之多,如果把所有的汉字都收集到汉字的二进制代码表之中,那就要用 16 位二进制代码($2^{16} = 65536$)才能表示完。但据我国 1987 年公布的《现代汉语常用字表》统计,常用汉字为 2500 个,次常用汉字为 1000 个,显然,就不一定要用那么多位数了。下边是用 14 位二进制代码表示的汉字的例子:

书　　　1000001　　　0110010

籍　　　0111000　　　0101100

每个汉字是用二个七位二进制代码表示的。我们日常使用的汉字很多，是英文字母的许多倍，字符集也就很大。在计算机输入时，可以由键盘整字输入或由汉语拼音等方式输入一个汉字，这个汉字便以二进制代码形式存贮在计算机内，在输出时，由输出装置将代码转换成相应的汉字输出。

为了节约计算机内存贮空间，供处理和存贮其它信息用，还可将计算机内存中的书目信息输出存贮在计算机外部介质上，在需要使用这些信息时，再将介质上的信息输入计算机的内存贮器中。最常用的介质是磁带和磁盘。磁带是一个由塑料材料制成的长带，有一吋和半吋两种，带的表面涂有磁化材料，磁盘是表面涂有磁性材料的圆盘，目录信息就是被磁化而存贮在这些介质上的。

信息在磁带或磁盘上的存贮形式，同样也是"1"和"0"两种物理状态。即在磁道上用磁化和没有磁化的两种状态存贮的。存贮在磁带或磁盘上的目录信息就是机读形式的目录。很明显，机读目录本身所记录的信息并不是文字，而是"1"和"0"代码，由机读目录输出信息时，必须先将机读目录信息输入计算机，然后经过计算机处理，再转换成文字符号，由打印机打印输出书目所需要的字符。所以，机读目录的记录方式、组织方式、识别方式以及使用方式都与传统的目录不同。根据这些特点，可以看出，机读目录是以代码形式和特定结构记录在计算机存贮载体上的，能够被计算机识别和编辑输出书目信息的一种目录形式。

机读目录产生于美国国会图书馆。美国国会图书馆从 1961年开始图书馆自动化可行性调查，1963 年进行图书馆自动化研究，1965 年提出了《标准机器可读目录款式的建议》。这是美国国会图书馆机读目录的第一个格式，称为机读目录一式。由于这一格式较多的照顾了对计算机编制程序上的方便，与传统的编目相差太大,不适合图书馆的要求,后经过修改,1967 年提出了机读目录二式,1969 年正式向全国发行机读目录二式的英文书目磁带,称为"MARC"(Machine Readable Catalogue),音译"马尔克"。"马尔克"的出现引起了图书馆目录的一次重大变革,它对编目工作的理论、方法、技术以及使用的工具等都提出了新的要求。"马尔克"出现后,许多国家都迅速开展这一工作,生产本国的机读目录。英国 1969 年研究和生产了自己的机读目录,联邦德国 1972 年生产国家书目磁带,法国 1975 年发行法国书目磁带,加拿大 1975 年发行国家书目磁带,澳大利亚、瑞典、苏联等国家都在 70 年代研制和生产了本国的机读目录。机读目录的研制和生产已成为各国图书情报工作自动化的重要内容。

二、机读目录格式特点

下边是一条机读目录的例子:

卡片形式

激光在建筑工程中的应用/欧阳立著.—北京:中国建筑工业出版社,1984.12

214 页;16 开

1.45 元

Ⅰ.激… Ⅱ.欧阳… Ⅲ.激光应用—建筑工程 Ⅳ.TU18

作成机读目录形式如下:

00276anm ƀƀ 2200109 ƀƀƀ 4500

100003500000200002200035
210002700057215001400084
216001000098606001500108
690000900123 ℱ 19880529d

1984 ♭♭♭♭ gkmyochiyo110

♭♭♭♭ e ℱ 1 ♭ $a 激光在建筑工程中的应用 $f 欧阳立著♭♭
$a 北京 $C 中国建筑工业出版社 $d1984。

12 ℱ♭♭ $a214 页 $d16 开ℱ♭♭ $a￥1.45 ℱ♭♭ $a 激光应用
$X 建筑工程ℱ♭♭ $aTU18 ℝ

分析:

这是一条机读目录记录,共分为四个部分。第一部分从 00276 到 4500 为止;第二部分从 100 到第一个ℱ(分隔符)为止;第三部分从 1988 到第二个ℱ为止;第四部分从 1 ♭到最后的ℝ(记录终止符)为止。第一部分为头标区,是 24 个字符的固定长,是对一条记录的总体说明,指明记录的长度、状态、数据区的开始地址以及标识符号等。其中 00276 就表于这一条记录共有 276 个字符长。第二部分是目次区,由若干个目次构成,每个目次 12 位,如:100003500000,前三位是字段标识符,像 100;中间四位是对应字段的字符个数,像 0035;后五位是对应字段的起始地址,像00000。那么第一个目次就是 100003500000,这条记录共有七个目次,每个目次按序对应着下边的书目数据,就像一本书前边的目次一样,注明了起止的页码,以方便查找。第三部分是固定数据单元,共 35 位长,用来注明图书加入机读目录的日期,图书的出版国家、插图、复制、载体形式、文种等情况,以方便对整个图书的了解和利于机器处理。第四部分是著录的正文,叫数据区。

从格式上可以看出,机读目录与传统的目录有许多不同的地方。其中数据区中的 $a、$b、$c、$d 等是子字段指示符;1 ♭、♭♭ 等是字段指示符。

计算机编目的目录记录相当于目录著录款目。记录的内容叫书目数据,书目数据由数据元素构成。数据元素是著录文献的最小单位。数据元素的集合叫子字段,相当于一个著录项目的分项。如出版项中的出版地、出版者、出版年等,分别为三个子字段。相关内容的子字段集合叫字段,相当于一个著录项目。如书名责任者项等。计算机中一条记录由若干个字段构成;一个字段由若干个子字段构成;一个子字段由若干个数据元素构成。所以计算机编目对于一种图书的目录来说,就是作为一个单位来处理的数据元素集合。这个集合包括构成这条记录的所有字符、数字、标识符号和终止符号等信息。

从上边的例子中可以看出,计算机编目使用的书目数据分为两部分。一部分数据为非用数据,另一部分为实用书目数据。那些只供计算机识别而不需要输出打印在目录卡片上的书目数据为非用数据,如各种标识符号等。另一部分书目数据则必须打印在目录卡片上供读者使用,这部分数据就为实用书目数据,如书名责任者项,出版发行项,分类号,主题词等。对计算机编目来讲,这两部分书目数据都是不可缺少的。

三、机读目录与传统目录的比较

(一)机读目录与传统目录的相同点

1.目录的作用和功能方面是相同的。机读目录与传统目录的作用都是反映馆藏的书目信息,都是揭示文献特征的工具。它们收录同一的文献,所以在目录的作用和功能上它们是相同的,两者具有共同性;

2.由于机读目录与传统目录都是反映同一的文献,机读目录的著录是以手工著录为基础的,所以在著录方法、遵循的原则、条例以及所使用的各种标准方面,两者具有一致性;

3.机读目录和传统目录使用的范围和对象都是图书馆,为图

书馆提供各种书目信息。随着目录数量的增加、服务的深度、广度都将提高,所以两者都具有累积性和服务性;

4.机读目录和传统目录各自都有一套完整的系统和使用方法,都具有独立性。但机读目录可以输出打印各种目录,所以机读目录对传统目录讲又具有兼容性。

(二)机读目录与传统目录的不同点

1.书目信息的存贮介质不同。传统目录信息主要以纸质材料作为载体,用手写或印刷进行记录,其信息的表现形式主要是文字,人眼可直接阅读。机读目录信息则存贮在计算机识别的载体上,这些载体一般为磁带、磁盘等,人眼是不能直接阅读的,必须通过计算机和相应的软件输出后,人眼才可识读;

2.目录信息的再生性不同。机读目录是"一条记录、多种款目"。机读目录通过一条记录可输出多种类型的目录,一条记录具有产生多种款目的功能,机读目录中的书目信息是能够再生的,能够多次使用。传统目录则必须有多种目录才能构成较完整的目录系统。如书名目录、主题目录、著者目录、分类目录等目录。这些目录各自完成一种功能,要完成另一种目录的功能就必须重新制作一套目录,一种目录不能再生另一种目录。传统目录中大量的书目信息是重复的,而机读目录中的书目信息是不重复的;

3.机读目录的全部记录,采取一种组织法。机读目录一般只有一种排列方法。这种方法一般都是按输入书目信息的先后顺序排列的。需要某种目录时,由计算机的排序软件按某种标识直接输出形成一种目录。例如:需要输出打印书名目录,只要以每条记录中的书名字段为标识排序输出即可。需要其它目录时,也是采取同样的方法进行,就可以得到相应的目录。而传统目录中每种目录都有与其它目录不同的组织方法和排列方法;

4.机读目录是"一条记录,多种形式输出"。机读目录是通过计算机处理后才能使用的。计算机具有打印功能、显示功能、缩微品输出等功能。所以,机读目录的输出形式也是多种多样的。可以打印卡片式目录、书本式目录、缩微式目录,书目信息还可以在计算机终端屏幕上显示,而且可以任意指定书目信息排列的格式。这些特点传统目录是不具备的;

5.机读目录中的书目内容是按标记符号识别的。传统目录为各种著录项目规定一定的位置和排列次序,人们根据不同的排列位置和次序就可以识别不同的著录项目。其项目的性质以及项目开始与结束一般无标记符号,都是由人脑和眼判断的。机读目录则必须把这些人眼判断的信息明确地表示出来,给各种项目规定特有的标记符号,计算机就是按照这些标记符号来识别各种项目性质的,所以机读目录有一套完整的和复杂的标识符号系统。这套标识符号在机读目录的使用中起着重要的作用;

6.为了适应计算机的需要,机读目录有严密的格式结构。每条记录一般由头标区、目次区、数据区等部分构成,每个部分都有特殊的作用。传统目录在格式上没有这些特殊的规定;

7.机读目录的编制以手工编制为基础,但在输入和输出时,必须以计算机为处理工具,有一系列机器操作和运行过程,必须借助于计算机才能进行。这些特点是传统目录没有的。但传统目录如卡片目录却有一系列的排卡工作,劳动量是很大的;

8.机读目录的保管环境要求严格,一般是将磁带、磁盘等直立在带(盘)架(柜)里存放的。要求环境恒温、防静电、防磁、防阳光直射等。传统目录保管条件相对灵活,一般存放在卡片盒中插在目录柜里就可以,所占空间较大,机读目录所占空间小。

四、机读目录的使用

由手工目录转换成机读目录是一项费力费时的工作,它要求一系列严格的操作过程。转换成机读目录以后,用途却是非常大的。它以磁带或磁盘形式可以提供给任何一个图书情报部门使用。尤其在网络化的编目系统里,机读目录信息是共享的。所以机读目录有极高的使用效率。

(一)使用机读目录的操作过程

1. 检索和打印。在正式使用某一种机读目录之前,首先要按照一定的项目进行检索并打印出结果。检索过程包括:将机读目录读入计算机中。这里要注意与所用计算机及有关设备的一致性。如磁带机读目录一般有半吋和一吋二种,使用时要有相应的磁带机。检索时,可按某种标识输出打印一套目录。通过打印,可以明确此种机读目录的著录格式、著录项目及一条记录的长度等。为正式使用作好准备;

2. 所使用的机读目录在没有配备相应软件的情况下,必须自己编制应用软件,才能使用;

3. 由于磁带增多,对于大量磁带需要集中管理。为了使用方便,还可按照不同主题要求或分类要求重新组合新的磁带文档。

(二)机读目录在图书馆工作中的具体应用

机读目录在图书馆工作中的应用是多方面的,主要表现有:

1. 机读目录是图书采访工作的书目情报源。机读目录中的书目数据可以用来进行采访检索。如从标准书号、分类、主题、著者等多个项目进行检索,能够帮助查重和选择图书,可以编制采访目录等;

2. 编目应用。机读目录可以生产几乎所有由编目形成的印刷品。计算机输出目录时,可以按字顺、分类等不同的目录要求,打印出款目,自动排好顺序,印出目录,减少了手工排卡的工作量;

3. 图书流通应用。在自动化图书流通系统中,必须有一个书目文档以供读者查目使用。机读目录信息可以全部或部分的被用来建立这种文档。减少了重新输入书目数据的工作;

4. 书目参考工作的应用。机读目录实际上是一个完整的出版物数据库,可以进行各种综合性和专题性的书目参考咨询。在回答咨询或编制某种目录时,书目参考人员只要规定有关标识、标准书号、分类号、主题词以及排列打印规格,就能准确迅速地打印多种工作性参考文献目录。使书目参考人员节省了大量收集文献、打字、手抄等繁重的文献索引转录工作,也减少了人工转录时产生的错误,提高了目录的准确性。

在定题服务方面,机读目录的优越性体现得更明显。可以根据用户的要求从多种角度编印定题新书资料目录,提供服务;

5.图书馆学研究的应用。机读目录的建立为图书馆学研究提供了方便。编目规则的变化,主题词的选取,检索语言的使用及发展等,都能在机读目录中迅速得到比较全面的素材和数据。所以机读目录的出现对图书馆学研究具有多方面的影响。

第三节　计算机编目系统

一、计算机编目系统构成的条件

(一)计算机技术及有关设备

1.计算机硬件部分

计算机是信息处理的工具,计算机技术发展很快,计算机类型很多,一般有大型、中型、小型和微型计算机之分。目前,一般的计算机都可用来进行文献的编目工作。

计算机能够输入信息、(文字、数据、符号等),存贮信息,加工处理信息,最后能将处理的结果从计算机里输出。计算机的这些功能是由计算机的输入装置、内存贮装置、运算装置、输出装置和控制装置等五个部分来完成的。

输入装置的作用是把来自计算机外部的信息(书目信息)接收下来,转变成可以存放在计算机内部的形式,然后将信息传送到计算机内存贮器中保存起来。它是信息(书目信息)进入计算机的入口,编目时书目信息就是通过输入装置输入到计算机内部去的。计算机输入装置类型很多。编目工作一般常用的输入装置有终端键盘,光电输入机等类型。终端键盘是用手指按字符键输入文献。按键后,字符被转化成计算机可接收的形式输入到计算机的内存贮装置中。光电输入机是先将编目数据由穿孔机穿成穿孔纸带或穿孔卡片,然后通过光电输入机的光电感应将穿孔卡片或带上的信息输入到计算机内存中。

内存贮装置也叫内存贮器,是计算机的核心部分。它是计算机的"记忆"装置。它在计算机中的作用是"记住"解题的方法、步骤和存入的书目信息等待使用。内存贮器是由许多"细胞"。——存贮单元——构成的。这种存贮单元的数量被称为计算机的内存贮容量或"记忆"容量。存贮单元越多,计算机的内存贮容量就越大,存放的书目数据就越多。但是任何计算机的内存贮器的容量都是有限的,都不可能存贮完几乎是无限的书目信息。为了弥补这一不足,书目信息一般都不存贮在计算机的内存贮器中,而是存贮在计算机的外存贮器上。外存贮器一般有磁带、磁盘等类型。外存贮器和计算机是相对独立的,能够装上和卸下,可供多次使用。

运算装置是把输入装置输入到计算机内存贮器中的各种书目信息,在程序的控制下进行加工处理的装置。

输出装置是把计算机中运算加工后产生的结果输送到计算机外部,成为使人能够认识的文字,打印在纸上,显示在荧光屏幕上或者以缩微品的形式输出的装置。输出装置一般有打印机,屏幕显示器,缩微胶卷输出(COM)设备、磁带输出设备等。输出是信息在计算机中处理的最后一道工序。

控制装置相当于人的中枢神经系统。它根据程序一步一步地控制计算机的各个部分进行协调的工作,完成各种加工处理的任务。

上述五个部分构成了一个完整的计算机系统,一般称为硬件部分。

编目工作对计算机性能的要求一般是:运算速度快;内存容量较大;能够设立终端进行联机处理;具有多种输出功能和相应的输出设备,如显示输出、打印输出、缩微品输出、磁带输出等。在输出打印纸质卡片时,还要有一定质量的卡片纸。

对于不同文种的文献编目,还应具有对不同文种的处理设备。中文编目必须具备中文输入输出设备。目前,我国中文输入输出设备种类很多,已经得到广泛应用,在建立中文编目系统时,应作精心的选择。一般应选择操作简便,汉字输入输出方式多样,处理字种较多(如能满足古籍中汉字的需要等)的机型。计算机选定以后,必须有良好的环境安置。机房要求无尘、恒温、防潮、防静电等,应符合适合计算机运行的条件和有关规定。

2.计算机软件部分

软件是相对计算机硬件而言的。计算机必须具备相应的软件才能进行各种工作,没有软件支持,计算机是不能动的。软件部分包括系统软件和应用软件两大部分。系统软件是计算机本身具有的运行和处理功能的软件,如操作系统软件等。应用软件是为解决某一问题而编制的程序部分,如编目工作的程序等。系统软件一般是在制造计算机时配备的,已成为计算机一个固有的部分。应用软件一般是在解决现实问题时设计的。计算机编目,必须设计编目程序,在编目程序的控制下,计算机才能进行文献的编目工作。编目程序一般由编目人员和计算机人员共同编制来完成。

(二)编目系统的有关人员

计算机编目系统的人员大致由四部分构成。其数量须根据编目系统的规模、处理的书目数据量的大小来决定。

1.编目人员。这是计算机编目系统的主体。当计算机编目系

280

统建立起来以后,其主要的编目工作就是由这部分人员进行的。这部分人员负责对输入计算机的文献进行评定和著录,应具有熟练的编目技能和一定的计算机知识;

2. 编目系统分析和设计人员。这部分人员是从系统角度分析原有编目工作的工作流程、环节;分析和确定建立计算机编目系统的工作流程、步骤、环节,各项指标;选择计算机设备,确定功能,制定目标,设计系统框图,安排设计次序,计算工作量和费用,组织人员培训,制定规划等。这类人员一般由图书馆自动化系统分析人员、设计人员和编目人员等组成;

3. 程序设计人员。负责计算机编目系统运行前的具体程序设计工作。包括编制程序,上机调试程序,修改程字,直到系统能够投入实际使用,进行编目工作;

4. 机器操作和维护人员。负责编目数据的输入工作。其中有数据输入人员,对机器进行日常维护管理人员等。

二、计算机编目系统建立的步骤

计算机编目系统的建立,是指从确定计算机编目的目标到编目工作实现计算机化的过程。大致可分为四个阶段。

(一)系统分析阶段

系统分析是对建立编目系统各种要素作出分析,以明确系统各项功能要求和设计步骤。主要包括以下几方面的内容。

1. 目标分析

目录分析是对建立编目系统达到的功能和目的的分析,分析的目的是制定系统目标。建立计算机编目系统一般应和图书馆的其它自动化系统如索引系统、文献检索系统等作全面的考虑。目标的确定也必须和图书馆的任务相一致。制订目标的目的,在于明确编目系统在整个图书馆自动化中所处的位置与作用,明确系统需要输入数据的类型、输出数据的类型,系统应满足编目工作的哪些要求等等。制定出系统目标和系统功能。

一般的计算机编目系统应该具备的功能有：输入书目数据；修改书目数据；建立书目数据库；打印、显示、缩微品、磁带等输出；对书目数据库进行多种途径检索等。每种功能都有具体的要求和规定。如打印的卡片格式是什么样，书目数据库的容量是多少，磁带的规格是哪一种等等。

2. 系统因素分析

系统因素分析是对建立系统的各种因素的具体分析。主要包括设备分析、工序分析等方面。

设备分析是根据系统目标进行的。编目系统的特点是：目录数据贮存量大，数据增加的速度快，所以要求计算机要有一定的内存容量和处理速度，同时，要有完善的外存贮器。如磁带、磁盘等。在网络联机编目系统里，还需要终端和相应的通讯设施。文献的文字种类很多，中文编目，计算机必须具备处理汉字的功能。汉字的输入方式主要有：汉语拼音方式，字根合成方式，整字输入方式，代码输入方式等多种形式。输入设备有：键盘输入形式，光电输入形式，光笔输入形式等。需根据实际情况选择使用。设备分析和选择是编目系统的关键问题。计算机发展很快，应把近期目标和长远目标结合起来考虑。

设备分析必须和费用一起考虑。费用包括以下几方面：设备费用，有机房、计算机主机、各种输入输出设备，各种载体（磁带、盘，纸带，卡），安装、调试等费用；研制费用，有编制软件费用、系统设计、试运行等费用；操作费用，有编制一条机读目录的费用，输出打印一套目录的费用，输出缩微品的费用等。

工序分析，是把编目工作从手工方式到实现计算机处理整个过程中的每一个步骤及先后连接形式作全面分析的过程。分析的目的是对各个设计步骤进行优化，找出与计算机联系最直接的工作环节，明确工作状态，区分手工作业和机器作业的内容。工序分析一般要划出工序流程图,所使用的符号一般有方框、平行四边形、菱形、有向线段等。下边是一个计算机编目流程粗框图的例子。

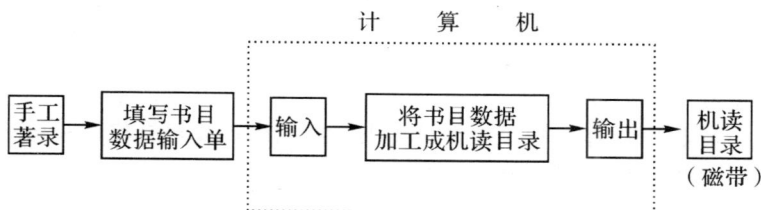

从框图中可以看出,手工著录和填写书目数据输入单等都属于数据准备阶段,从输入数据、处理数据到输出磁带(机读目录),这部分属于计算机工作阶段,这里需要一系列的计算机程序和一系列的机器操作、运行过程。工序分析的结果用框图描述,直接、明了。

系统分析是建立编目系统的第一个要解决的问题,它对系统设计提供依据。系统的宏观功能和微观功能都受到系统分析的制约。

(二)系统设计阶段

系统设计是在系统分析的基础上进行的,是对系统分析的各项目标具体实现的过程。系统设计主要包括以下设计内容:

1.输入设计。输入设计是把原始书目数据转换成计算机处理形式的设计。输入的质量、数量直接影响到编目输出的质量和数量。输入设计包括输入方式和输入格式的设计,输入方式设计是指选定某种输入设备进行输入,输入格式一般是制备书目数据输入工作单,工作单记录输入的内容和各项目的安排次序,要准确和标准化;

2.输出设计。输出设计包括输出方式和输出格式两方面。输出方式有打印输出、显示输出、缩微品输出、磁带输出、磁盘输出以及使用中文、外文等不同文种的输出等。输出方式的确定必须依靠相应的输出设备进行。没有相应的输出设备就不可能设计出某种输出方式。例如缩微胶卷目录的输出必须有 COM 装置才能够实现。输出方式确定以后就要进行输出格式的设计。一般的输出格式有：卡片格式、索引格式等。设计时，要规定纸张种类、规格、每行字数、行距和字距等，以便为程序设计提供准确的数据；

3. 程序设计。程序设计是将书目数据由计算机转换成机读形式的工作，是用各种指令形式描述计算机执行编目的顺序和功能。程序设计是面对计算机的设计。它的目的是由程序控制计算机完成编目工作。这一部分主要用计算机硬件和软件知识，一般由具有计算机硬件和软件专门知识的人员进行。程序设计一般分为两部分。

（1）选择程序设计语言。人与计算机进行信息交换，要使用"语言"。这种语言是人和计算机的共同语言，人能够使用它，计算机亦能够认识它。人的意图用这种语言描述，计算机按照步骤执行，从而完成人的意图。目前世界上有近 500 种程序设计语言，但其中只有少数是通用的。COBOL，BASIC 都是常用的语言。其中 BASIC 是人机交互式程序设计语言，在终端上使用很方便。这些语言大部分都是用准确的英语词汇来表示计算某一操作功能的。要设计编目程序，就必须掌握和使用一种程序设计语言。程序设计语言的选择必须按照计算机的系统性能进行，不是任何一种计算机都可以使用任何一种语言。语言选定以后就可以进行程序编制。

（2）程序。编制程序是把编目的各种要求用程序设计语言加以具体化，使解决问题的内容变为计算机能够接受的指令或语句系列。程序编制一般按下列顺序进行：

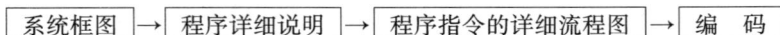

| 系统框图 | → | 程序详细说明 | → | 程序指令的详细流程图 | → | 编　码 |

→ 程序调试 → 试验运行

系统框图的内容是确定系统的处理范围,系统的处理功能,系统运行的流程,选择的存贮介质(磁带、磁盘、缩微品等),是总的设计方案。程序详细说明是对系统设计中每个部分功能的具体说明。程序指令的详细流程图是表示计算机如何执行操作的流程图,是直接表示程序执行的功能图。编码是把流程图翻译成程序指令,也就是编制成程序。程序调试是在计算机上调试和修改已编制的程序,然后试验运行。

(三)系统运行阶段

程序调试工作完成后,就可开始系统运行。系统运行是在系统设计、程序编制完成的基础上进行的。系统首先要试验运行。其目的,主要检验系统是否达到了系统目标规定的要求和各项指标。实验运行必须按照输入设计、输出设计的规格进行。实验运行必须用实际数据,以检查输入和输出产品的质量和存在的问题,实验运行过程也是系统修改完善的过程。在一般情况下,由于科学技术的发展,也可在实验运行过程中配置新的设备,或增加新的系统功能,最后投入正式运行。系统运行后将会取代传统的手工系统,这之间的过渡称为系统转换。系统转换有以下几种方式:

1. 完全型转换。这种转换方式是直接使用计算机编目系统而废除手工系统的方式。采取这种方式要求对系统设备、功能及技术都要有充分的准备和熟练的操作人员作为保障,以免在废除手工系统后,新系统出现问题而影响整个编目工作;

2. 分阶段转换。是把系统分为几个部分,逐渐转换的方式。例如:先完成输出打印目录卡片、索引等工作。在这些功能完善的基础上,再完成输出磁带等机读目录,或者输出缩微目录等工作,一步一步的完善,最后形成完整的编目系统;

3. 并行运行。这是计算机编目系统和手工系统同时发挥作用的转换方式。由于是两种编目处理方式并存,所以,当新的编目系统出现意外事故时,手工系统仍然可以使用。这是一种比较稳妥的转换方式。到底采取哪一种转换方式为好,要根据实际情况而定。

系统正式运行后,应该编制一份详细的系统使用说明书,以便供编目人员使用。说明书一般包括系统目标,系统功能,系统使用的各种命令、适应的机种、输入输出方式及格式的各种要求、规格、系统的可变更性和扩充性,系统需要的环境条件以及具体使用系统的操作方法等。系统使用说明书一般应由系统分析人员、系统设计人员、编目人员及程序编制人员等共同完成。

(四)系统评价阶段

一个编目系统建立起来,还必须作最后的评价。系统评价的目的,是检查新系统的效果,是否达到系统设计阶段所预想的要求,为系统的改进和发展提供依据。系统效果,分直接效果和间接效果两个方面。直接效果如是否缩短了编目时间,提高了编目的准确性,可生产多种形式的目录等。直接效果一般可用数量计算直接表示出来,短期内就可看到。间接效果如是否提高了服务质量、管理水平、使编目工作内容、形式及机构产生了不同程度的变化等。这些效果一般需要较长的时间进行考核,才能评价出来。所以在系统评价过程中应该全面考虑。一般主要依据以下各项:

1.经济性。编目系统建立的全部费用。即:系统设计费、程序设计费、机房、用品、系统维持,以及操作使用等费用;

2.时间性。是否缩短了编目时间;

3.可靠性。系统应少出故障,出现故障有排除的措施;

4.准确性。编目数据输出错误的最低程度;

5.限制性。编目系统对编目人员的限制越少越好,系统应力求使用方便。

(五)机读目录的著录与组织

建立计算机编目系统的工作从宏观上可分为两大部分。一部分是编制编目软件工作,另一部分是书目数据转换(输入工作)工作。开始时,编制软件是关键问题,一旦完成,系统进入正常运行以后,软件便具有相对稳定性和长期使用性。这时,书目数据就成为计算机编目系统赖以生存的唯一的"食粮",需要一定人力长期向系统输入书目数据。

书目数据准备与传统文献著录基本相同,所不同的是与计算机相关的部分。

机读目录著录分以下几步:

1. 把文献按照著录规则、条例等进行著录;

2. 对每个字段填加字段指示符、子字段指示符、字段终止符、记录终止符等标识符号;

3. 根据排检次序,按照字段标识号的大小顺序排列,形成完整的一条记录;

4. 填写输入工作单,书面校对后开始输入。

计算机把存入的数据,通过编目程序处理成所需要的目录结构,即编制成具有头标区、目次区、数据区等部分构成的机读目录。计算机编制的机读目录一般存贮在磁带、磁盘上,以供随时使用。到此编目工作完成。

三、我国计算机编目的发展

我国计算机编目开始于 70 年代后期。1974 年国家开始汉字信息处理工程的研制,汉语主题词表的编制,图书馆自动化也随之开展起来。编目工作作为图书馆现代化的一个方面受到重视。1976 年我国开始介绍和研究美国国会图书馆机读目录格式,分析设计原则,在借鉴国外技术的基础上,引进了 MARC 原版磁带,1984 年北京图书馆使用计算机对外开展了 MARC 磁带的书目服务工作。1985 年中国科学院文献信息中心筹建大型数据库的研制工作。许多单位在大型、中型、小型和微型机上作了大量的研究。到 1987 年全国图书情报机构使用计算机及研制编目的单位有 400 多个,出现了一批中、外文编目系统,生产了部分机读目录以及输出某些学科的索引、通报等。在这期间,我国汉字处理得到迅速发展,为中文计算机文献编目创造了良好的条件。1980 年出版了《汉语主题词表》,1982 年国家标准总局发布了《中华人民共和国国家标准 GB2901 – 82 文献目录信息交换用磁带格式》。北京图书馆 1986 年 12 月研制了《中国机读目录通讯格式(讨论稿)》,北京大学图书馆 1985 年研制了《中文机读编目格式》,1982 年台湾省研制出了《中国机读编目格式》。机读目录及计算机编目在我国从无到有,走上了一条发展的道路。

第十一章　图书馆文献编目
工作的组织管理

图书馆文献编目工作是图书馆的一项基础工作。它通过对文献的内容和形式的揭示，编制各种图书馆目录，在读者与文献之间架起一座桥梁，便于读者利用馆藏；同时又便于工作人员管理藏书，使成千上万册图书在书架上排列得井井有条，易存易取，方便借阅。所以，编目工作实际上是图书馆开展读者服务，传递情报信息的准备工作。

编目工作是由编目部门通过对入藏的文献进行整理和加工来完成的。图书编目部门的职责范围大致如下：

（1）从采购部门接收新书；

（2）进行图书分类；

（3）进行图书编目；

（4）进行图书加工；

（5）组织公务目录与读者目录

（6）进行目录的宣传、管理与目录的整顿；

（7）制定目录制度；

（8）拟定工作计划，进行工作统计与工作总结；

（9）将已编图书交典藏部门；

（10）编制新书通报，协助其它部门进行有关目录的组织、检查、补片等工作。

编目工作是一系列严密的、细致的、连续的工作。它要求具有稳定性、连贯性、一致性与准确性。要使编目工作的各个工作环节能够紧密衔接，互相配合，使编目工作顺利进行并不断提高编目工作的效率与质量，这就需要研究编目工作的组织管理。编目工作的组织管理是指根据编目工作的程序以及编目工作的任务采取一系列的组织措施与技术措施，使编目工作在数量上与质量上达到最佳化的工作。编目工作组织管理的内容主要包括：编目工作的程序及其实施，编目工作机构的设置，编目工作的定额管理与质量管理等。

第一节　编目工作的程序及其实施

一、编目工作的程序

广义地说，文献编目工作的全过程主要是由分类、著录、加工、目录组织等环节构成的，每个环节又是由一系列上下联系的工序所组成。在编目工作中各个环节、各道工序的工作是相互制约、相互配合的。要使各个环节、各道工序之间环环紧扣，紧密衔接，使编目工作有条不紊地、高效率地进行，必须要事先规定编目工作各个环节、各道工序的工作内容与工作顺序，确定一个严密的工作步骤，以便工作人员按次序逐步地进行工作，这个工作步骤就是编目工作的程序。

如，图书编目工作的程序：

（一）接收新书

及时验收采购部门送来的新书，按批核对书的总册数、种数，经验查无误，即由收书者在送书本上签字，然后在编目部门的收书本上按批数记录收书日期、起讫登录号、图书的总册数和种数。

接 收 新 书

查 复 本

复　本 → 注登录号 → 抄索书号

多卷书、丛书、连续性出版物（集中处理）→ 抄分类号 书次号 → 取卷次号

不同版本 → 抄索书号 → 取版本区分号

如有统编卡片 → 审核分类号 取书次号 → 确定辅助款目

不是复本 → 图 书 分 类

图 书 著 录

印 制 款 目

分 检 款 目

加　　工 ← 印制书标 书 袋 卡

组织公务目录

总检查、移交图书

组织读者目录

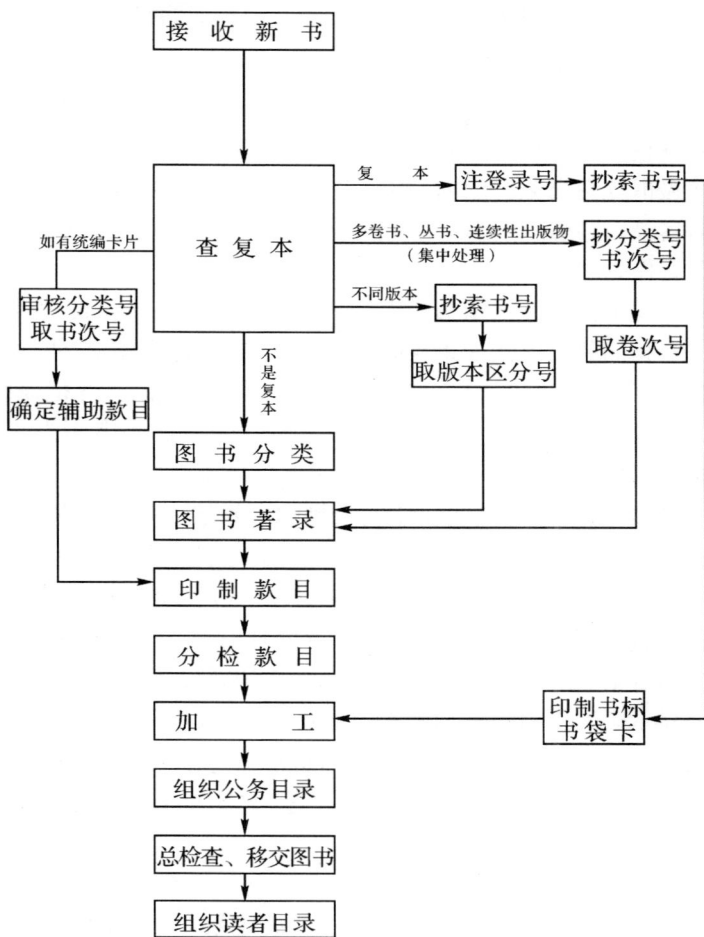

图书编目工作程序图

（二）查复本

预订有全国统编卡的图书馆，要把收到的新书与铅印卡核对，如果所核对的书有铅印卡，即把铅印卡片抽出夹在相应的书中，把有铅印卡的书与无铅印卡的书分别集中在一起，然后查复本。没有预订全国统编卡的图书馆，就没有核对铅印卡的工序，可直接将所要分编图书的样本进行查复本工作。

在进行图书分类之前，要把应分编图书的样本逐一核对公务书名目录，这就是查复本，也称查重工作。在查重过程中遇到下列情况要作分别处理。

1. 复本。复本是指书的内容、书名、著者、开本、页数、版刻、版次完全相同的图书。如果被查对的书是复本书，就把这种书的起讫登记号记在公务目录书名主要款目的有关位置上，并把该种款目上的索书号写在新入藏的复本图书（样本）的书名页左上方。不必另编各种款目，只需要进行加工然后与其他新书一起送库。

2. 多卷书、丛书或连续性出版物的新卷册。如果是集中处理的多卷书、丛书、连续性出版物的新卷册，应把原索书号写在待编图书（样本）的书名页上，同时在索书号后写上此书的卷次号，便可转入多卷书著录工序；像这样分散处理的丛书、多卷书、连续性出版物的新卷册，就应该按新书编目程序进行工作。

3. 不同版本书。不同版本书是指书名、著者相同，而内容有修订、增订的图书。对于这种书，应把原索书号写在该书样本的书名页上，并按所使用的著者号码表的要求或书次号使用规则取版本区别号，然后转入著录工序。

4. 有统编铅印卡的书，一般来说仍应进行查重工序。在查重时要审校铅印卡的分类号，取书次号，确定编制应有的辅助款目，即可制片、加工。

（三）图书分类

1. 类分图书

图书经过查复本,除复本书与集中处理的丛书、多卷书、连续性出版物的新卷册外,其它新书均要分类。图书分类首先要分析与鉴别图书的学科内容和其它显著特征,然后根据本馆所使用的图书分类法取分类号与同类书排列号码,并将目录分类号与索书号写在每种新书样本的书名页的左上方。

2.分类审校

分类完毕,由专人审校图书的分类号是否正确,是否符合分类规则与图书内容,这是保证图书分编质量的重要环节。

3.分类查重

对于分类排架与组织分类目录来说,为了避免重号,并进一步检查类号是否准确还要进行分类工作的第二次查重工序,即把已类分的图书的索书号与公务分类目录核对,对于两种不同的书,如果索书号完全相同,则应为新类分的图书的书次号加区分号。

(四)图书著录

1.写草卡

根据著录规则,为新书编制通用款目,并将该书的业务注记写在草片上。

2.审校著录

审校草卡上著录的内容、著录格式、著录项目与标识符号是否符合著录规则的要求,所编款目的种、数是否得当,图书馆业务注记是否齐全,文字有无错误等。

(五)印制款目

对经审校过的草卡刻写或打字印刷。印刷卡片前还须将打字,或刻字的蜡纸校对一遍,以求准确无误。然后按规定的款目种类与数量印刷款目,按书的册数印制书标和书袋卡。要求整洁、清晰,种与数正确。

(六)分检款目

把各种款目按本馆目录的种类分检,即按公务目录、读者目录的各种目录分别集中待排。

（七）加工

包括贴书标、书袋、限期单。书标一般贴在距书脊下端 2.5cm 处，书袋、限期单贴在书末空白页，注意不要覆盖版权记录、附录与正文。同时把书袋卡插入书袋。

（八）组织公务目录

包括组织书名目录与分类目录。在排片前都应事先把有关款目进行初步的排列，先把卡片大体上排好一个顺序，然后再插入目录盒。同时注意检查有无同书异号或有异书同号的情况，如有错误应及时纠正。

（九）总检查与移交图书

1. 总检查

移交图书之前，要进行一次总的检查，看书的书标、书袋卡、排架片是否完整无缺，每种书是否都有相适应的款目，书、卡是否相符。

2. 移交图书

移交图书时按批进行统计，清点本批书的类别、种、册数、起讫登记号，填写好送书单（一式两联），随书一并送流通部典藏组验收，签字。收回送书单中的一联。

（十）组织读者目录

读者目录的款目一般是在该批书入库上架以后即排出。读者目录的组织，宜由编目部门负责，因它是编目的重要阶段，是编目工作的最终完成，同时在组织目录的过程中又可审查著录的效果，从而提高编目的质量。至于读者目录的管理与使用，可由流通部门经常代管，但遇到编目中的问题，还是应由编目部门来处理解决。

以上介绍的编目工作程序既适用于大型图书馆，也适用于中小型图书馆。按照编目工作程序进行工作，有以下好处：（1）程序详细地规定了编目工作的内容和步骤,可以使工作人员工作时分清轻重缓急,克服工作中紊乱、重复的现象;(2)程序说明了编目工作中的各种联系与相互关系,可以避免工作中互相推诿,无人承担责任的现象。

二、编目工作程序的实施

在按照编目工作程序工作时,应注意采取如下相应的工作措施:

(一)应做到分工合理,人员配备适当

程序不是一个固定的模式,关于工序的划分可以根据图书馆的类型、规模、条件来进行。大型图书馆编目工作量大,机构分工较细,工序就划得细一些;中小型图书馆编目部门工作量小,机构层次简单一些,工序就可以划得粗一些,有些工序可以合并。

在人员配备方面,应注意以下几点:

(1)在划分工序的基础上,考虑本馆人员的实际情况及工作情况,确定各个工作岗位必须配备多少人和配备什么样的人;(2)对各工序配备工作人员时,要使每人的工作尽可能与本人的业务专长、技术职称、业务技能等方面的条件相适应,能够各尽其才;(3)对于一些小工序的流水作业,如图书加工、油印等,工作人员必要时可以灵活地轮换工作,便于培养工作人员多种工作能力,提高工作人员的积极性。

对于每个工序的工作人员都要有明确的工作岗位与职责范围,建立相应的责任制。岗位责任制的内容应对工作人员从思想上、业务上和工作态度上提出具体要求,作出明确规定。对不同职称的工作人员要规定出不同的工作定额、质量要求与具体的考核与检查办法。以上几种作法,一般简称为:定岗位、定人员、定职责、定指标。

(二)要正确处理分工与协作的关系

编目工作实行定额管理,既要注意明确分工,又要强调协作。编目工作是一种严密细致的、多工序的工作,每道工序各有其特点。显然,要搞好编目工作,需要有明确的、细致的分工,这对于提高编目人员专业化的程度,调动他们的工作积极性,提高工作效率与质量有重要的作用。但是,编目工作又是具有连续性、节奏性、均衡性的工作,各道工序之间需要环环紧扣,密切配合,这就要求编目人员加强协作,使编目工作有条不紊地进行。同时,人们由于在知识水平、业务能力、健康状况等方面的原因,在工作中难免会遇到这样或那样的困难,而协作能把个人的力量汇集成集体的力量,往往能有效地解决个人和集体工作中的难题,提高工作效率。因此,要求分工明确,并不等于分家,而是要做到在分工的基础上加强协作。这不仅有利于顺利地完成编目工作的任务,而且也有利于培养工作人员的集体荣誉感与团结互助的精神,使工作人员感到集体的温暖与同志间的友爱。

　　与此有关的一个问题是:要做到在分工基础上的协作,一方面固然需要编目人员具备团结协作的精神,但另一方面还需要具备协作能力。如果只有良好的协作愿望,缺乏协作的能力,协作也是搞不好的。因此,要加强编目人员协作能力的培养,也就是说,要求编目人员努力做到"一专多能",并为他们积极创造条件。

　　(三)编目室的布局必须与编目工作程序相适应

　　编目室的布局是否合理,设备是否齐全,是保证工作效率与工作质量,缩短工作周期的重要条件。编目室的布局与组织工作主要包括两个方面:一是装备编目室的业务设备,并供应每道工序所需要的一切图书馆用品;二是创造良好的工作条件与工作环境,保证编目人员的身心健康。例如编目室的目录柜、用于存放所编图书的书架、传输设备等应设计得实用、合理,必备的编目用品在数量上与质量上应满足要求,分编工作所必备的参考工具书应该齐全。编目工作所用设备的布局,应按工序直线地排列,尽量减少往返、曲折的图书交接或传递。各工序工作人员的工作台应安排在彼此相邻的地方，以保持工作中的衔接。人员与设备的安排应方便工作，便于管理，一切设备、用品的位置要固定，取用起来可得心应手。编目室要经常保持清洁和整齐等等。总之，编目室的设备与合理布局，是合理地调整编目人员与工作对象之间的关系的有效措施，这能使工作人员在良好的工作条件和环境下工作，有利于保护工作人员的身心健康，有利于保质保量地完成工作任务。

编目室的布局与组织在往被人们所忽视，在实际工作中，或因陋就简，或沿用旧的传统作法，不愿研究改进编目过程中的布局问题。据某学院图书馆对编目室的布局及操作法进行改进的统计：第一次改进后提高工作效率 22%，第二次改进后提高工作效率49.6%。说明了不断改善编目室的布局、设备与人员的关系，是提高编目效率的重要方面。如果忽视这个问题，编目人员便会陷于无效的忙乱之中。

此外，还应重视不断地改进编目工作的方法技术，一方面对传统的编目工作法进行改革，同时要积极地采用现代科学技术手段，这也是编目工作的迫切任务。

第二节　编目工作的机构设置

图书馆要高效率、高质量地进行编目工作，必须要设置合理的编目工作机构。设置编目工作机构应以科学管理为原则，既不能脱离编目工作本身所固有的规律性，又要符合本馆的实际情况，体现出本馆的特点。

一、设置编目工作机构的依据

编目工作机构的设置应该从本馆的实际情况出发，分析各种客观情况,拟定设置编目工作机构的合理方案。那么,这些客观依据是什么呢?

（一）本馆的藏书类型、藏书文种与藏书量

各种类型的各个图书馆,由于各自的性质不同,所担负的具体任务与读者对象不同以及历史基础不同,其藏书类型、藏书文种及藏书量是不相同的。如省、市、自治区公共图书馆的藏书中,一般除有图书、期刊、资料外,还拥有数量较大的古籍与地方文献。除设置图书、期刊、资料等类型出版物的编目组外,还有必要设置古籍编目组;而理工科高等院校图书馆又不同于省、市图书馆,其藏书具有专业性强,文种复杂,以及期刊、特种文献资料、检索书刊、教学用书数量大的特点,编目机构的设置也应根据其藏书类型、文种和藏书量来考虑。依据图书馆的藏书类型、文种与藏书量设置的编目机构,便能担负起本馆不同类型、不同文种文献的编目业务的职能,具体负责各种类型、文种藏书的编目工作。总之,在大型图书馆里,一般某类型、某文种的藏书量大,则应考虑单独设置编目机构;在中小型图书馆,某类型、某文种的藏书量少,则不单独设立编目机构,可把有关编目业务分工到专人。

（二）编目工作的性质和特点

编目工作的对象是各种类型、各种语文的出版物,而各种类型、各种语文出版物的编目工作固然有共性的方面,但又有着各自的特殊性。同时,在编目工作中,就性质相同的某项工作来说,由于出版物的类型不同,文种不同,其工作特点也往往有很大区别。例如中文图书著录,西文图书著录与连续出版物著录,虽然三者都属于著录工序,但是因为所著录的对象不同,著录事项与格式也有差别,对这三种类型出版物就各有突出的著录要求与特定的著录规则。所以设置编目机构时,应充分考虑这些特定的情况,根据编目工作的性质和特点来设置机构。

（三）图书馆的规模与人员的实际情况

图书馆要建立合理的编目工作机构,要考虑图书馆的规模、人员的数量及其业务素质方面的情况。图书馆的规模大,人数多,各类型、各文种的出版物藏量大,就有条件在编目部下(或采编部)设置各种编目组,如图书馆的规模小,人员少,显然不宜多头地细分各种编目机构,而要根据本馆的实际来设置。

　　设置编目工作机构还应根据本馆人员的业务素质。各个图书馆由于本身的发展历史不同,干部的来源不同以及培养程度不同,各馆编目人员的业务素质往往是不相同的,甚至有很大的差异。设置编目机构,应该符合本馆干部的实际情况。同时要尽可能地使编目人员发挥各自的特长,做到人尽其才。例如,有的省馆集中了人数较多的中文、历史专业人员,又有丰富的古籍,那么,就有条件单独成立古籍编目组。如果图书馆需要设置的编目机构而又缺乏相应的专业人员,那么,应积极地培养有关专业干部或通过人才交流的办法来解决。

　　(四)图书馆内其它业务部门的设置情况

　　在大型图书馆里与编目部门有关的业务部门主要有流通部、报刊部、特种文献资料部、古籍部、非书资料部等业务部门。一个图书馆在确定编目工作的组织机构时,要有全局观念,要考虑到是否有利于各业务部门工作的开展。如有的图书馆建立了非书资料部,如果非书资料的采、整、藏、用等工作是在该部进行的,那么,有关非书资料的编目工作就宜划归非书资料部。这有利于对非书资料部门工作的统一管理,有利于及时解决编目工作中的各种问题。可以缩短工作流程,也方便读者利用。这比把非书资料编目组附设在采编部更为有利。

　　上述几个方面不是孤立的,而是相互联系的。图书馆在设置编目机构时,应该全面地、有联系地综合分析各个方面的情况,在此基础上来确定本馆编目工作组织机构。

二、编目工作组织机构的类型

建立在上述客观实际基础上的编目工作组织机构的类型是不相同的。但是大型图书馆应该设置编目部（或采编部），在编目部门（或采编部）下再根据情况设置各种编目组。目前图书馆的编目工作组织机构大体上有以下几种类型：

（一）按出版物的语文划分

这就是根据文献的不同语种，将编目工作机构区分为中文编目组、外文编目组，或将外文编目组再细分为西文编目组、俄文编目组、日文编目组等。把其它语种文献的编目归入有关的编目组，如将波兰语图书归俄文编目组编目。按出版物的语文划分编目组，这是大型图书馆编目机构的基本类型。设置这类型的组织机构是十分必要的，对于外文文献藏量较大的图书馆更有必要将外文编目组加以细分。

（二）按出版物类型划分

这就是根据出版物的类型在编目部（或采编部）下设置普通图书编目组、古籍编目组、资料编目组、期刊编目组、非书资料编目组等。这种划分方法的优点在于考虑到了各类型出版物的特点及其在编目工作方面的特殊性。

（三）按出版物所反映的学科内容划分

这种划分方法就是根据出版物所反映的学科性质与内容将编目部门分为社会科学编目组、自然科学编目组或再进一步加以细分。如在专业性图书馆按专业成立相应的专业文献编目组。按出版物的学科内容来划分编目组的好处是便于编目人员熟悉有关学科、有关专业知识，深入研究编目工作的有关问题，提高编目工作质量。

（四）按编目工作的程序划分

这就是根据编目工作的流程对编目部进行纵向的划分，使之成为一系列直线型的组织。即按照编目工作的程序设立不同职能的业务组,如分类组、著录组、加工组、目录组织组等,其它工序分别归入有关的业务组。如查重工序归入分类组。这种组织形式的优点是:(1)便于工作人员对自己承担的某一工序的工作进行深入的研究;(2)各组人员比较稳定,可以保证图书分编的一致性;(3)一种图书资料的编目需要经过一系列的工作环节才能完成,可使其工作质量受到多次的检验,及时地发现差错,纠正差错;(4)各工序之间联系紧密,各业务组便于相互协作。

上述编目工作组织机构的四种类型各有其特点。大型图书馆的编目机构很少只采用一种划分标准,而是把几种划分标准结合起来灵活运用。一般首先按出版物的不同语文设置各种编目机构,再结合本馆的具体情况兼用其它方法。例如:将中文图书编目组可细分为中文社会科学图书编目组、中文自然科学图书编目组,或不细分为组,而按学科分工到人。

第三节　编目工作的定额管理

一、编目工作定额的意义和作用

编目工作定额是指从事某道工序的工作人员在一定的工作条件下,在单位时间内应完成的工作量或是完成某项工作所需要的时间。这是一个数量的限额,体现了一定时间内编目工作的水平,也体现了为提高编目水平应争取达到的目标。

编目工作定额管理是指定额的制订,定额的贯彻执行,定额的统计与分析,定额的平衡与修订等等。编目工作定额管理是图书馆科学管理的一项重要内容。建国以来,我国有些图书馆曾实行过定额管理,特别是近几年来,许多图书馆对编目工作的定额管理进行了积极的探索与实践。实践证明,做好这项工作,对于编目部门组织工作,调动编目人员的积极性,提高工作质量与工作效率,都有着十分显著的作用。

编目工作定额的作用,主要表现在以下几个方面:

(一)编目工作定额是编目部门组织编目工作的重要依据

由于编目工作的各个工序联系紧密,要科学地组织工作,使整个工作过程有节奏地、均衡地进行,就要防止工作时松时紧,前后脱节的现象。为此,就必须要规定在一定时间内应完成的工作量或是完成某项任务所需要的时间,这就是制订工作定额。马克思在《资本论》中说过:"在一定劳动时间内提供一定量的产品,成了生产过程本身的技术规律"。这对于图书馆编目过程也是同样适用的。同时,在编目工作组织中,还需要依据工作定额来制订工作计划,分配任务,考虑各个环节的人员安排以及各工作环节之间的协调。

(二)编目工作定额是科学地衡量工作人员成绩、考察干部的重要依据

编目人员在一定时间内完成工作定额的情况,反映了他的工作态度、业务能力和工作水平,是衡量工作人员素质的一个重要方面。因此,编目人员完成工作定额的情况,可以作为干部晋升、晋级的依据之一。

在实行奖励制度的图书馆,对工作成绩显著的工作人员给予精神上和物质上的奖励,也要以工作人员完成定额的情况作为主要依据。因为是否完成或超额完成定额的情况,反映了工作人员在某段时期内的工作数量与质量,能正确地衡量工作人员的成绩与贡献的大小。如果没有工作定额,要实行按劳分配的原则,实行奖励制度,就会缺乏依据,也不利于调动工作人员的积极性。

(三)编目工作定额能使工作人员增强工作责任心,促进工作人员努力钻研业务,提高工作效率

有了工作定额,每人都明确自己的工作任务,并争取完成或超额完成任务。由于编目工作定额的制订是建立在先进合理的水平上,要经过努力才能达到,这就能促使工作人员努力提高自己的业务水平与学科知识水平,加强业务技能的熟练程度。此外,在编目工作中,往往因为一个环节的工作达不到定额要求,就会影响下一个环节的工作,这就出现了工作间的协作,并要求工作人员具有协作的精神与能力。即要求工作人员力求做到"一专多能",既要熟练地掌握本职工作的技能,达到自己工作的定额要求,还要熟悉其他工序,特别是要熟悉与本职工作联系比较紧密的那些工作的技能,为搞好协作创造条件。

二、编目工作定额的制订

(一)编目工作定额的种类

1. 按定额的表述形式分为时间定额与工作量定额。时间定额是完成一项工作(如著录一种图书)所规定的时间。工作量定额是指在一个单位时间(一分钟、一小时或一个工作日)内必须完成的工作量。如一小时应完成中文图书分类若干种。时间定额与工作量定额互为倒数关系,并均以工作时间作为衡量劳动消耗量的基本尺度;

2. 按工序的范围分为分项定额与综合定额。分项定额是指单项工作所规定的单位时间的工作量。例如某馆将编目工作分为若干项工序,其中规定中文著录每小时若干种,中文复本查重每小时若干种等等。大型图书馆因为分工很细,往往采用分项定额。综合定额是指完成一系列衔接的工序或几道主要的衔接工序所规定的单位时间的工作量或是指完成一系列衔接的工序所需要的时间。例如某馆一人兼搞几种工作(中文分类、著录、打印目录卡、排目录卡等),规定每天完成若干种(在有统编卡的情况下)。中小型图书馆多采用综合定额;

3.按完成定额的人数分为个人定额与集体定额。在实际工作中,无论分项定额与综合定额,往往有个人定额与小组定额之分。如分为个人分项定额、个人综合定额、集体综合定额等。上述分项定额与综合定额的例子均是个人定额。集体综合定额是指一个编目小组或部门在单位时间内完成分编工作的一系列工序的工作量。例如,某馆规定外文编目组全组(若干人)在全工序(包括分类、著录、油印、加工、目录组织等)的工作中,每日完成工作量是:若干种,每月完成工作量是:若干种。

图书馆在制订定额指标时,可根据各种定额的特点来考虑制订工作定额的原则与方法。

(二)什么是先进合理的工作定额

编目工作实行定额管理,首要的一个问题就是要制订先进合理的工作定额。什么是先进合理的定额呢? 先进合理的工作定额应该是:既要体现出本馆与同类型图书馆编目工作的先进水平,又要结合本馆编目人员的业务能力、工作条件等实际情况。这种定额应该是处于馆内外的先进水平与平均水平之间的标准,这就是先进合理的工作定额。这种工作定额一方面体现了它的先进性,另一方面也便于依据这个比较统一的标准范围,根据各自的实际情况(如人员素质、历年完成工作量的情况,工作条件等)来确定本馆的定额,体现其合理性。

(三)编目工作定额的制订方法

编目工作定额制定的方法大体上有以下几种:

1.经验估计法

这种方法主要是根据有工作经验的同志完成工作量的情况,并参照工作实际来制订的。例如,根据某些同志的经验,完成20种中文图书的著录审校工作,需要1小时,就以"20种/小时"作为图书审校著录的定额。这种方法简单易行,但由于它主要是凭经验进行估计,对于完成定额的时间与对工作的影响因素分析研究不够,根据不足,制订工作定额有一定的主观性与局限性,因而工作定额不能达到十分合理。

2. 技术测定法

这是在一定工作条件下,通过对工作实际的观察和用时间测定来制订定额的方法。一般由本馆编目部门业务熟练程度不同的同志,在同一时间内试完成同一项工作,根据测定的结果,以大多数人经过努力可以达到的标准作为工作定额,这种方法有一定的技术依据,有一定的群众基础,但测试者只限于本馆人员,所以仍然有一定的局限性。

3. 统计分析法

这种方法是一方面根据对本馆编目人员完成工作量的统计资料,另一方面参考兄弟馆编目工作的定额,加以分析、对比、综合,定出符合本馆大多数人经过努力能够达到的标准作为定额指标。采用这种方法能制订比较先进合理的定额标准,这种制订定额的方法也是比较科学的。使用统计分析法制订工作定额,要求有比较准确、齐全的统计资料与同类型图书馆的编目工作定额资料。

各馆在制订工作定额时,应根据制订定额方法本身的科学性与采用的可能性来选择采用一种方法,或几种方法结合起来使用。

应该强调指出,无论采用何种方法制订定额标准,必须充分考虑影响定额指标的各种因素。如前所述,应根据编目人员的素质、业务熟练程度、工作方法、技术职称、身体条件、工作条件、设备、历年完成工作量的情况等;另外,还要根据所编图书的具体情况,如有无统编卡片,是否复本,所编款目种、数的多少(如有的大部头丛书集中著录时,需要编许多分析款目)等,这些直接影响编目工作定额指标的因素必须充分加以考虑。总之,在制订编目工作定额时,既要从实际出发,又要采用比较科学的制订方法,才能使编目工作定额制订得比较合理、先进。例如:北京图书馆的著录定额是:一级编目员:13 种/时,二级编目员:11 种/时,三级编目员:9

种/时;而西安交通大学图书馆规定著录定额是:7.5 种/时。可见各馆制定的定额均取决于本馆的主观与客观方面的因素。

三、编目定额工作的日常管理

制订了编目工作定额以后,重要的是如何贯彻、执行定额,并要坚持日常工作记录与统计来反映定额的执行的情况。编目工作定额的日常管理主要是指定额统计、定额平衡与修订工作。

（一）定额统计与分析

定额统计就是统计定额执行的情况。通过统计,可以确切地了解编目人员是否达到了定额水平,了解图书分编的数量与质量,为修改定额提供依据。定额统计可从以下几方面来进行:

1. 个人工作统计

个人工作统计主要内容包括每人每天完成的工作量、质量、实际工作时间、加班、缺勤等情况。这就要每天填写个人工作记录表。个人工作记录表的格式可根据各人从事的工序特点及工作实际来设计。例如著录工作记录就要求填写清楚著录文献的种、册数,款目的种类、数量、差错数、工作时数、缺勤时数等等。除每日填写个人完成工作量情况外,还要定期(一周、一月、一年)按人进行工作统计。

在统计项目中,为了便于比较每个人的工作情况,可以把完成的工作量折算为完成定额工时数。计算方法如下:

$$一项工作完成定额工时 = \frac{完成的工作量}{定额指标}$$

由于日常工作记录与统计,具有直接性、经常性,因此能全面地反映每个人完成定额的情况。

2. 集体工作统计

这是指对编目组在一定时期内完成工作量的情况进行统计。集体工作统计可按工时进行统计,即对编目组在一定时期内的总工时、实作工时、工作量进行统计。统计表如下：

全组人数	全月人数	总工时				各工序工时						
		总计	缺勤	外勤	实作工时	复本查重		分类		著录		……
						工作量	定额	工作量	定额	工作量	定额	
填表人						审核人						

年　　　月　　　编目工时统计表

通过工时统计，可以了解全组工时利用的情况，总结充分利用工时的经验，找出影响完成定额工时的原因，以便改进工作。

此外，还可以按学科分类统计，按文种统计编目工作，以便了解各类书，各文种图书的分编数量、质量情况。

（二）编目工作定额的平衡与修订

在实行定额管理过程中，要经常注意定额标准的平衡，使不同工作的定额松紧程度大体上一致。由于编目工作在工作方法上有繁简、难易之分，在技术上有高低之分，例如图书分编工作在方法上就比别的工序要繁、难一些，有时还需查考工具书，占用的时间就比别的工序多一些；此外工作人员的知识水平，认识水平与技能的熟练程度不同，这一切都使完成工作的时间与完成的工作量有很大的不同，所以在定额制订以后，还要注意不同工序的定额的平衡，以免产生松紧不一、忙闲不均的现象。

随着工作人员技术熟练程度与业务水平的不断提高，工作组织管理的不断改善，原订的工作定额逐渐不能适应工作的要求，所以还应注意对原来的定额进行相应的修订，使定额经常保持在先进合理的水平上。这样经常刷新旧的定额，才能不断推广先进经验,使编目工作保持高效率、高水平。

第四节　编目工作的质量管理

编目工作的质量主要是指编目工作的成果与分编规则的符合程度。例如,某馆以我国文献著录标准与《中图法》的规则来衡量编目工作的成果,凡是符合要求的,就是符合质量要求的,否则是不符合质量要求的。广义地说,编目工作的质量也是指所编的目录与图书在流通工作中能够完成其报导、揭示馆藏文献的性能,能够满足读者各种各样的检索需要,为读者服务的性能,亦即分编工作的成果在读者工作中的适用性与科学性。目录的质量越高,其适用性与读者检索的查全率、查准率就越高;分编的文献差错越少,读者工作中的拒借率就越少。因此,编目工作的质量直接影响着读者工作的服务质量。

编目工作的质量问题一直是编目工作者重视并致力于解决的问题。由于编目部门所有的工作岗位与人员都直接或间接地关系到编目工作的质量,这就有必要实行编目工作质量管理。

编目工作质量管理是指为保证和提高编目工作质量所进行的调查研究、组织协调、质量检查以及质量信息反馈等各项活动的总称。具体来说,也就是为保证与提高编目工作的质量而采取一系列组织上与技术上的措施,以及所进行的工作。现分述如下:

一、在制定各项定额的同时,规定出明确的质量要求

我们知道,定额是一个数量的限额。在编目工作中,数量和质量是统一的,两者之间,工作质量是首要的,要在保证质量的前提下力求完成和超额完成定额指标,这是十分重要的。因此必须在制订各项定额的同时,规定出明确的质量要求。

规定质量要求,一方面要规定采用哪些文献工作标准,制订与修订各项工作的工作细则与操作规程;另一方面要对各道工序除规定工作数量以外,还要规定质量标准。例如,某馆规定定额及质量标准为:著录:40 种／日,要求准确率达 98％,字迹工整清晰;排字顺目录:300 张／日,要求排错率不超过 1％;贴书标,450 张／日,要求书标位置正确,贴牢不掉等。这种方法是可取的。各馆可以根据工作实际规定质量标准。此外,对各项工序的质量要求,还应该包括有关工作责任与工作范围方面的内容。例如,对组织公务目录工序,其质量要求除规定要做到排片准确、及时外,还要规定排片人员在排片中要检查分类与编目中的差错。

二、建立质量检查制度、开展群众性的质量检查工作

在质量管理中,如果只提出质量要求,而缺乏必要的检查制度,要高质量地完成工作任务,仍然是难以保证的。为了保证质量与提高质量,建立质量检查制度,开展群众性的质量检查工作是十分必要的。

质量检查就是通过自检、互检、专检与总检等形式,对各道工序的成果及时进行审查与校核,检查工作成果是否符合质量要求;通过审查与校核,发现工作差错并及时纠正。所谓自检是工作人员对自己的工作成果进行检验;互检是工作人员互相对工作成果进行检验;专检是由专门检验的人员对工作成果进行检验;总检提对一批书分编完毕后的工作成果进行检验。自检、互检、专检和总检符合全面质量管理的作法,即道道工序都把关,保证工作质量。

传统的质量检查,局限于校核人员对分类、著录的校核以及最后的总检查,主要依靠少数专业人员按分类规则与编目规则对分编成果进行审查,判断其是否正确。这种检查方法能发现并纠正分编工作中的差错,但有两个缺点:(1)不能防止差错的产生;(2)容易产生编目组长或专业人员与工作人员的矛盾,不利于分析与解决质量方面的问题。

科学的质量检查,强调发挥全体编目人员重视提高质量的积极性与主动性,将编目后的检查把关变为工序控制,人人都参加质量检查,使每道工序都得到严格的检查,差错得到及时纠正,并减少了无效的劳动,提高了工作质量。要做好质量检查工作,应注意两个问题:(1)质量检查要形成制度,对编目工作的主要工序应加强质量检查,管理人员要严格把关;(2)全体编目人员都要重视质量检查,人人参与质量检查活动,要自觉地、虚心地、认真地做好自检、互检与总检等工作。

三、建立健全质量信息反馈系统

数学家与"控制论之父"维纳说:反馈就是"根据过去的操作情况去调整未来的行为"。又说:"反馈是控制系统的一种方法"。反馈方法就是用反馈的概念去分析和处理问题的方法,它的特点是用系统活动的结果来调整系统活动的方法。反馈方法在编目工作中的应用,对提高工作质量有极大的意义。编目工作质量反馈就是指从编目的成果在读者工作中所达到的质量效果,来不断总结经验与教训,尽量消除差错与防止差错,不断改进编目工作,增强准确性,使编目工作质量达到最佳化。这里所指的质量信息反馈不只是对平时偶然地或不自觉地反映到编目部门的质量问题作出处理,而是包括有组织地、有目的地进行收集、分析、整理质量信息与处理质量问题等一系列的工作。例如,调查研究读者使用目录时的情况,了解读者与工作人员在排架与借阅工作中发现的编目差错,对所收集的问题进行整理、分析并及时解决。

质量信息反馈是经常性的工作,应建立相应的质量信息反馈系统,要规定编目部门与各部门的协作关系以及质量信息传递的具体要求,以便编目部门随时收集质量信息,及时进行反馈。有的图书馆实行质量信息反馈,已明显见效。例如,某流通部门发现每次所分编的图书在分类给号方面,存在着约 1～3% 的差错。编目部门对这些意见进行调查分析,认为流通部门的意见中有合理的,也有不合理的。其中合理的成分是:确有一部分差错是在于工作人员的业务水平差与质量把关不严等原因所造成的。编目部门认真对待,根据差错的原因提出了提高人员素质以及认真做好质量检查工作的措施,以改进工作,编目质量得以提高。对于其中不合理的意见,如流通部门对一部书的分编持有不同的意见,经过用分编规则来衡量,不算差错的。这种情况通过两个部门有关人员共同学习、研究分编规则,协商得到较好的解决。可见质量信息反馈,关键在于在编目工作中做到持之以恒,并建立健全有关制度,才能保证与提高编目工作的质量。

在质量信息反馈中有对编目各种差错的分析,这对于防止工作差错,不断提高工作质量是非常重要的方面。编目工作差错分析的实质在于分析产生差错的主要原因,但往往因各种各样的因素混杂而不易找出主要原因,所以在进行差错分析时也应讲究方法。首先将编目工作常见差错分成若干类型,然后对每种类型的差错进行分析,找出其形成的原因。在分析差错原因时必须听取各工序编目人员的意见,将他们的意见与看法认真记录下来,经过分析、整理,找出主要原因。如果能用图形来表示差错原因,效果更好。因为图形能直观地表明差错与原因的因果关系,有利于研究采取相应的改进措施。例图(见下页):

此外,也可按编目工作程序流程图的次序,逐一分析原因,作出各工序差错原因分析图。

四、提高编目人员的职业素养

提高编目人员的职业素养是编目质量管理中的重要方面。在编目工作中,人是最重要的因素,编目人员必须具备一定的学科知识、专业知识与业务技能,否则不能胜任,更难完成工作定额与质量要求。编目人员应该具备怎样的职业素养？一般认为：

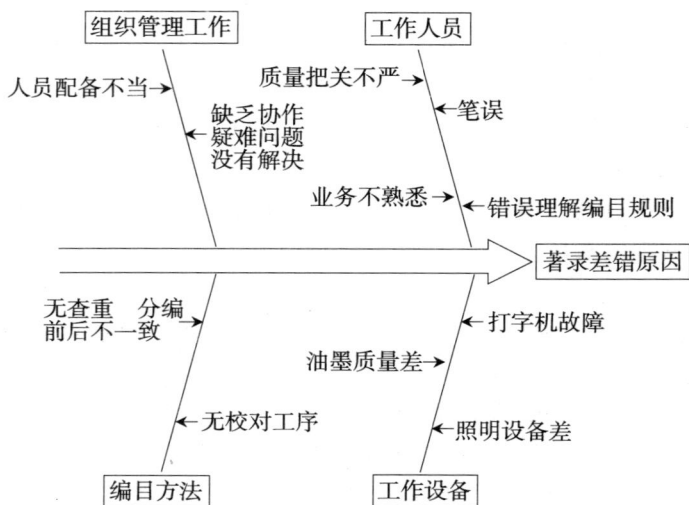

编目差错原因分析图

1．热爱自己所从事的工作，具有献身于图书馆工作的事业心，工作认真、细致、负责，有搞好工作的积极性，具有提高工作效率与工作质量的责任感；

2．能够运用图书情报学的基本理论，运用分类规则、编目规则比较独立地、科学地完成自己的工作，具有分析问题与解决问题的能力与熟练的业务技能，并且有勇于改革的精神；

3．具有一定的学科知识水平与外语知识水平，并注意不断地完善符合编自工作需要的知识结构；

4．能够迅速、独立地使用各种文献，熟悉图书馆目录与各种参考工具书；

5．掌握新的编目技术方法，具有计算机方面的知识，致力于编目技术的改进与提高；

6. 管理者应具有组织与管理编目工作的能力,善于正确地组织编目工作。

提高编目人员的职业素养是图书馆紧迫的、也是长期的任务。这需要多方面的努力,一方面各级领导要重视人才的培养,创造条件,积极支持工作人员的学习与提高,对成绩优秀者加以鼓励;另一方面,编目人员要加强职业修养的自觉性,坚持不懈,刻苦努力,争取成为优秀的编目工作者。

五、实行合理的奖励办法

图书馆编目工作实行定额管理、质量管理,应该实行相应的奖励办法,这是进一步提高编目人员的积极性,提高工作效率与质量的有力保证。我们知道,在社会主义现阶段,劳动仍然是谋生的手段,社会实行按劳分配的原则。因此从贯彻按劳分配的原则,尊重和承认工作人员的劳动成果,体现党对群众的关心与调动人们的工作积极性来说,对于完成与超额完成工作任务,并在质量方面做出显著成绩的人员给予表扬或奖励;同时,对于不认真工作,不能完成任务与质量要求的人员给予批评教育,以致扣除奖金,这是必要的。这对于促进定额管理与质量管理工作能起到积极作用。事实上,目前各馆在实行定额管理、质量管理的过程中,已普遍重视了劳动与报酬的一致性,把劳动报酬与劳动成果密切地联系起来,建立切实可行的奖励制度,以鼓励先进,鞭策后进,取得了积极的效果。

奖励的内容包括精神鼓励和物质奖励两个方面。精神鼓励是以表扬先进,给予荣誉称号,发给奖状等方式来鼓励人们的工作热情,鼓励革新精神与不断探索实践的精神,并使他们受到人们的尊敬,成为大家学习的榜样。成绩显著者所获得的荣誉,应记入业务档案,作为工作人员晋升、提级时的参考依据。物质奖励是从物质利益上来关心完成与超额完成定额与质量要求的集体和个人。工作成绩显著者,应多得物质利益,如奖金、津贴等劳动报酬,反之,扣除其奖金、津贴等。这具体体现了按劳分配的原则。

实行物质奖励,对于图书馆来说,有一个现实问题,就是奖励资金的来源如何解决?目前各馆做法不一,由于图书馆的情况、条件不一样,因此解决奖励资金的来源问题,各馆采取不同的作法,也是正常的。某些馆试行对完成与超额完成工作定额、保证质量的人员给予学术假的奖励办法。这种办法也符合许多工作人员的愿望,据了解,绝大多数工作人员积极工作,努力完成工作任务,其目的并不是为了领取奖金,而是出于一种自觉的职业责任感。许多工作人员具有强烈的事业心,白天紧张工作,业余时间刻苦钻研,他们非常希望有一定的时间来从事研究工作,这种愿望是良好的,应尽可能地予以满足。而采用学术假的办法,符合他们的愿望与要求,并能促使他们更好地为发展图书馆事业作出贡献。此外,对不认真完成工作任务,工作质量差劣的人员,有的馆对他们罚以加班完成好工作任务,这对他们也是一种促进。

总之,在编目工作组织管理的实践中,会不断出现并提出新题问,对这些问题必须进行必要的研究与总结,对存在的问题,要设法解决,使编目工作的组织管理不断地完善。

主要参考文献

1. 图书馆目录　刘国钧等编　北京　高等教育出版社　1957 年
2. 图书馆目录　李纪有等编著　北京　书目文献出版社　1986 年
3. 新编图书馆目录　黄俊贵、罗健雄编著　北京　书目文献出版社 1986 年
4. 图书馆目录　傅椿徽主编　武汉大学图书情报学院　1984 年
5. 中华人民共和国国家标准《文献著录总则》(GB3792.1-83)　国家标准局批准　北京　中国标准出版社　1983 年
6. 中华人民共和国国家标准《普通图书著录规则》(GB3792.2-85)　国家标准局批准　北京　中国标准出版社　1985 年
7. 中华人民共和国国家标准《连续出版物著录规则》(GB3792.3-85) 国家标准局批准　北京　中国标准出版社　1986 年
8. 中华人民共和国国家标准《非书资料著录规则》(GB3792.4-85)　国家标准局批准　北京　中国标准出版社　1986 年
9. 中华人民共和国国家标准《地图资料著录规则》(GB3792.6-86)　国家标准局批准　北京　中国标准出版社　1986 年
10. 中华人民共和国国家标准《中国标准书号》(GB5795-86)　国家标准局批准　北京　中国标准出版社　1986 年
11. 标准化概论　李春田主编　科学出版社　1982 年
12. 我国文献著录标准述略　黄俊贵　载《图书馆学通讯》　1984 年第 1 期
13. 中国目录学史稿　吕绍虞著　合肥　安徽教育出版社　1984 年
14. 图书馆目录的过去、现在和将来　汪长炳　载《图书馆学通讯》

1979 年第 1 期

15. 关于图书馆目录学基本概念的几个问题　黄俊贵　载《云南图书馆》1981 年第 3~4 期

16. 便捷的工具:图书馆目录及其作用　宋玉良、容应沂译　载《云南图书馆》　1983 年第 2 期

17. 关于目录工作现代化的几个问题题　阎立中　载《图书馆工作》1978 年第 3 期

18. 关于我国目录著录标准化问题　林德海　载《北图通讯》　1980 年第 9 期

19. 关于中文图书著录标准化问题　黄俊贵　载《北图通讯》　1979 年第 2 期

20. 分类目录主题索引编制法　肖自力等编译　北京　书目文献出版社 1980 年

21. 图书资料的分类　（日）宫坂逸郎、石山洋等编　宋益民译　北京 书目文献出版社　1982 年

22. 汉语拼音字顺目录组织规则　北京图书馆中文编目组　载《北图通讯》　1980 年第 3 期

23. 使用汉语拼音组织书名目录的排检规则　武汉测绘学院图书馆编

24. 谈谈中文字顺目录的排检法　黄俊贵　载《北图通讯》　1978 年第 2 期

25. 图书馆目录体系问题探讨　刘国钧著　载《图书馆》　1961 年第 2 期

26. 科学图书馆目录体系　顾家杰著　载《图书馆》　1961 年第 1 期

27. 《中国标准书号》的制订与实施　方厚枢　载《图书情报工作》1986 年第 5 期

28. 编目工作的发展趋势　宋继忠　载《图书情报工作》　1985 年 6 期

29. 中国机读目录通讯格式（讨论稿）　北京图书馆自动化发展部编 1986 年

30. 中文机读编目格式　北京大学图书馆研究室　1985 年

31. 中国机读编目格式　台湾　"国立中央图书馆"印行　1982 年

32. 中华人民共和国国家标准文献目录信息交换用磁带格式（GB2901 –

82）　技术标准出版社　1982 年

33. 图书馆现代技术　刘荣等编　武汉大学出版社　1986 年

34. 中日文图书编目　张玉麟　北京　中国科学院图书馆　1982 年

35. 关于大型图书馆图书编目工作组织　载《刘国钧图书馆学论文选
集》　北京　书目文献出版社 1983 年

36. 图书馆的组织与管理　（苏）福鲁明（Фрумин, и. м.）著　赵连生等
译　北京　书目文献出版社　1985 年

37. 全面质量管理　邹依仁编著　上海　上海科学技术出版社
1984 年

38. 关于编目反馈工作　虞俊喜　载《图书情报工作》　1986 年第 3 期

39. 谈谈编目工作的质量管理　黄葵　载《湖南高校图书馆工作》
1987 年第 2 期

40. 谈谈编目工作的定额管理　黄葵　载《湖南高校图书馆工作》
1984 年第 3 期

41. Описание　Многотомных　Изданий　Фирсов, Г. Г. Москва,
Госкультпросветиздат, 1954.

42. 西安交通大学图书馆规章制度汇编（1986 年修订本）　西安交通大
学图书馆办公室编　1986 年 1 月